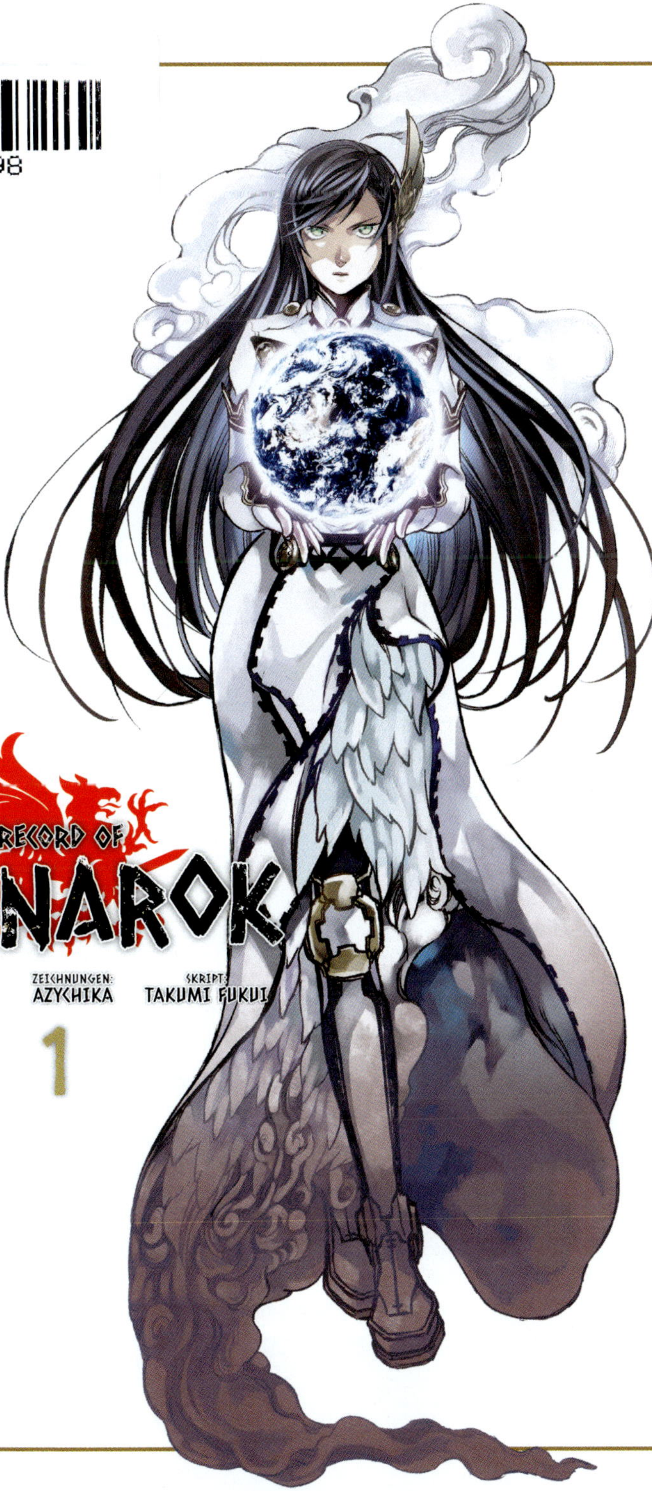

RECORD OF RAGNAROK

STORY:
SHINYA UMEMURA

ZEICHNUNGEN:
AZYCHIKA

SKRIPT:
TAKUMI FUKUI

1

RECORD OF RAGNAROK

1

RECORD OF RAGNAROK

RECORD OF RAGNAROK

Die sieben Millionen Jahre währende Geschichte der Menschheit neigt sich ihrem Ende zu.

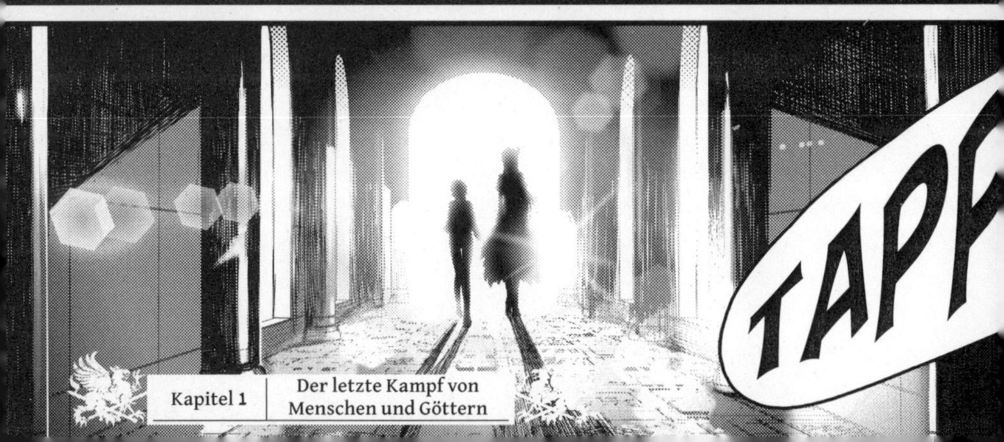

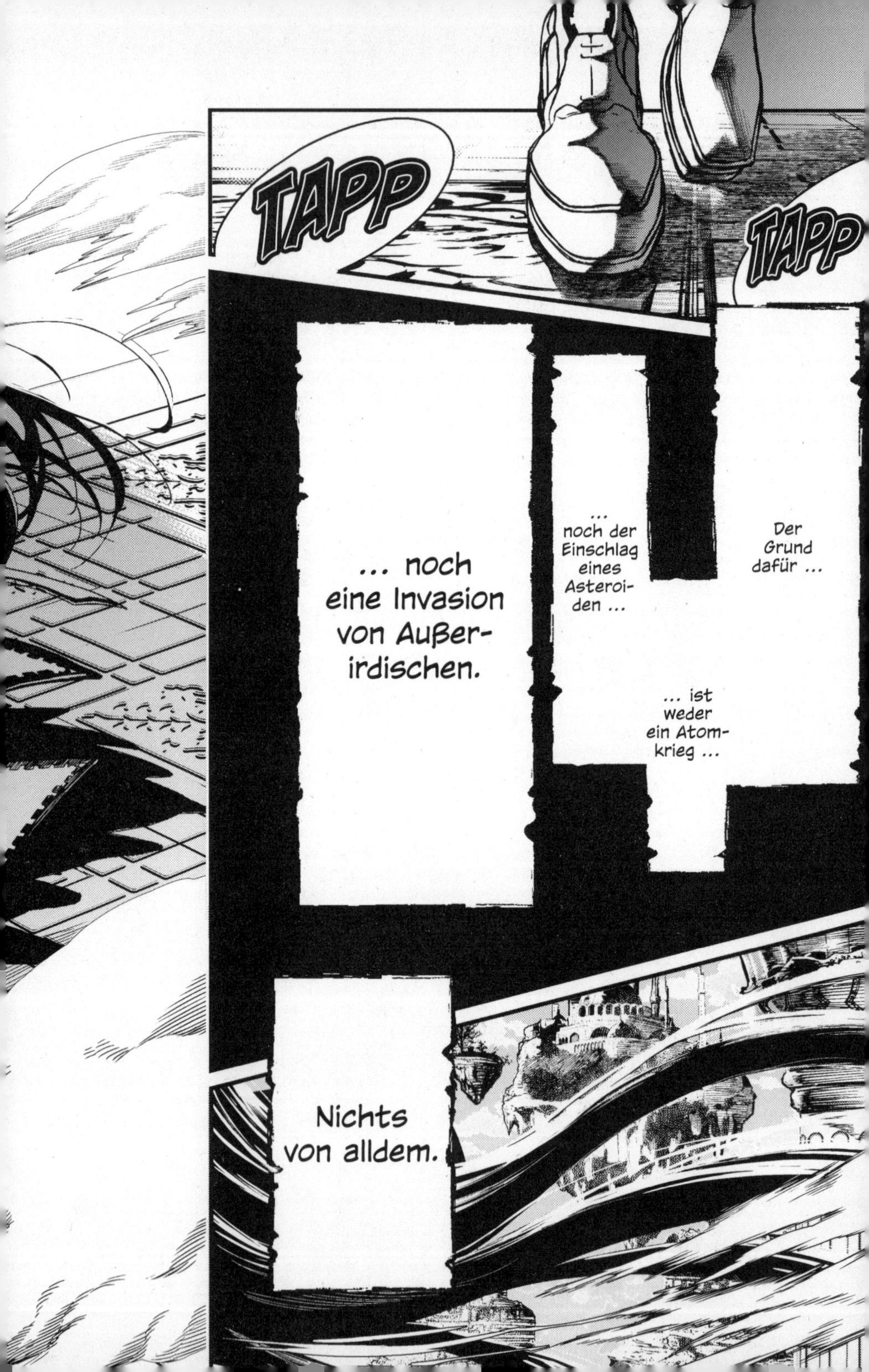
TAPP
TAPP
Der Grund dafür …
… ist weder ein Atomkrieg …
… noch der Einschlag eines Asteroiden …
… noch eine Invasion von Außerirdischen.
Nichts von alldem.

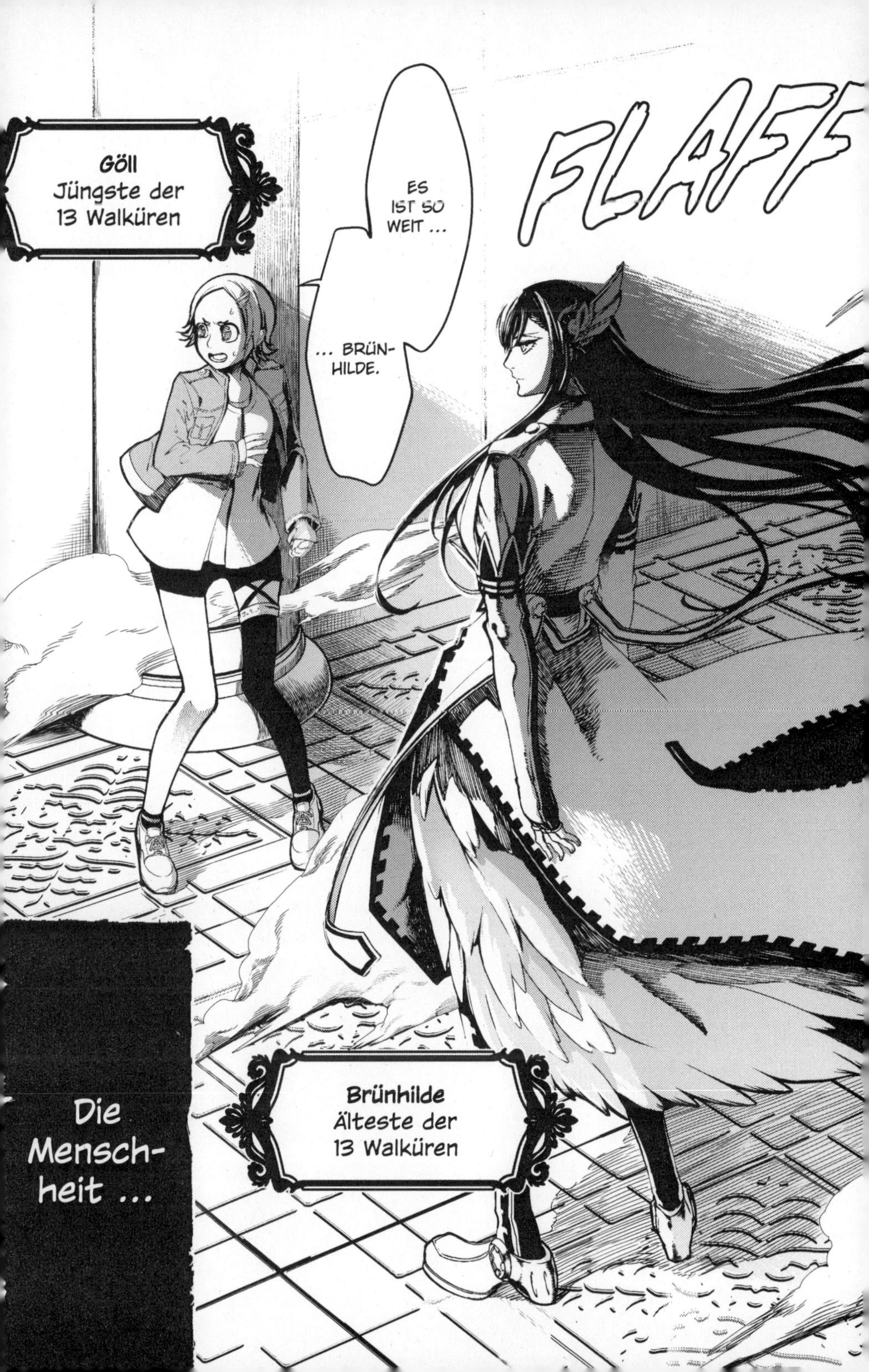
FLAFF
Göll
Jüngste der
13 Walküren
ES IST SO WEIT …
… BRÜNHILDE.
Brünhilde
Älteste der
13 Walküren
Die Menschheit …

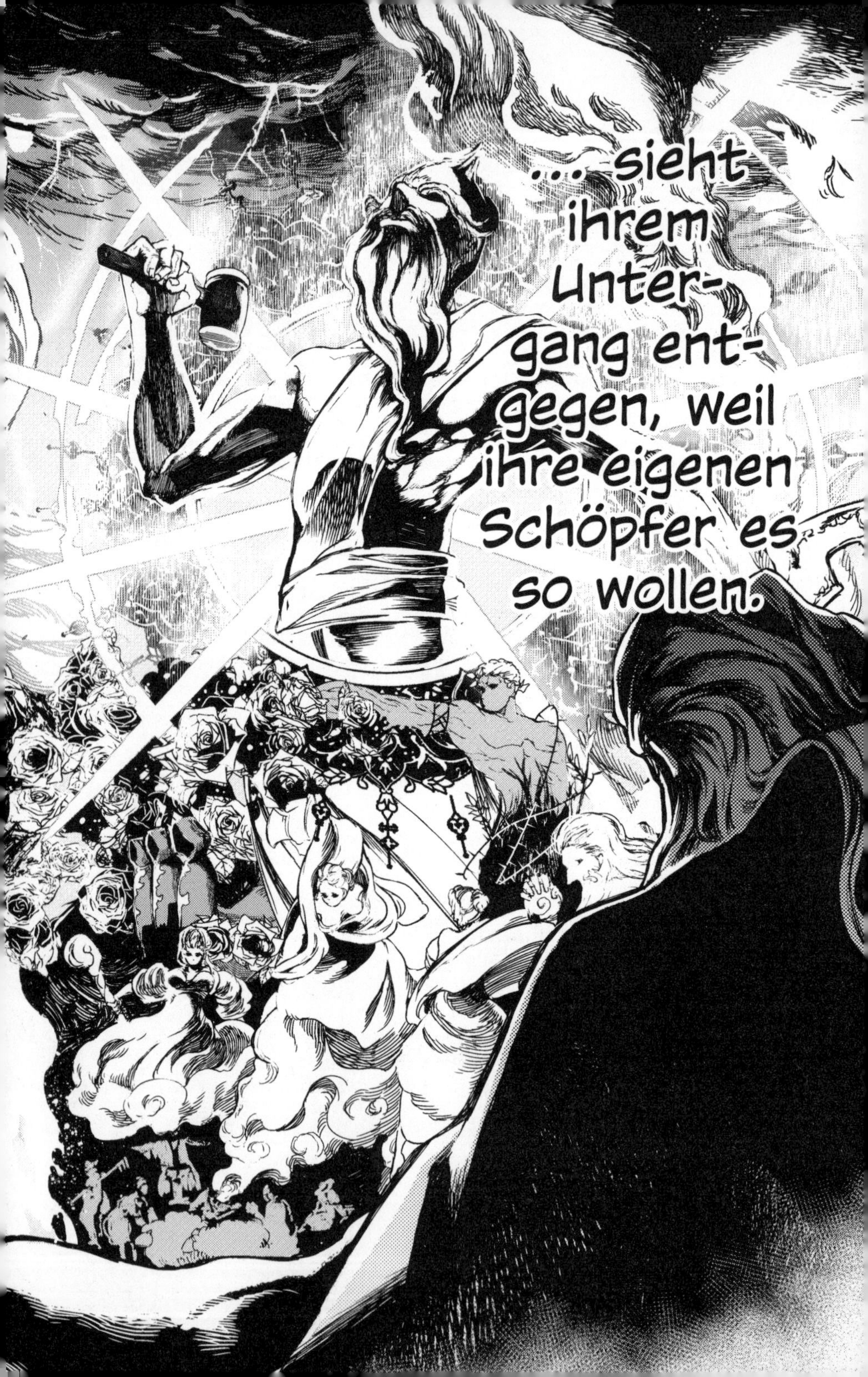
... sieht ihrem Unter-gang ent-gegen, weil ihre eigenen Schöpfer es so wollen.

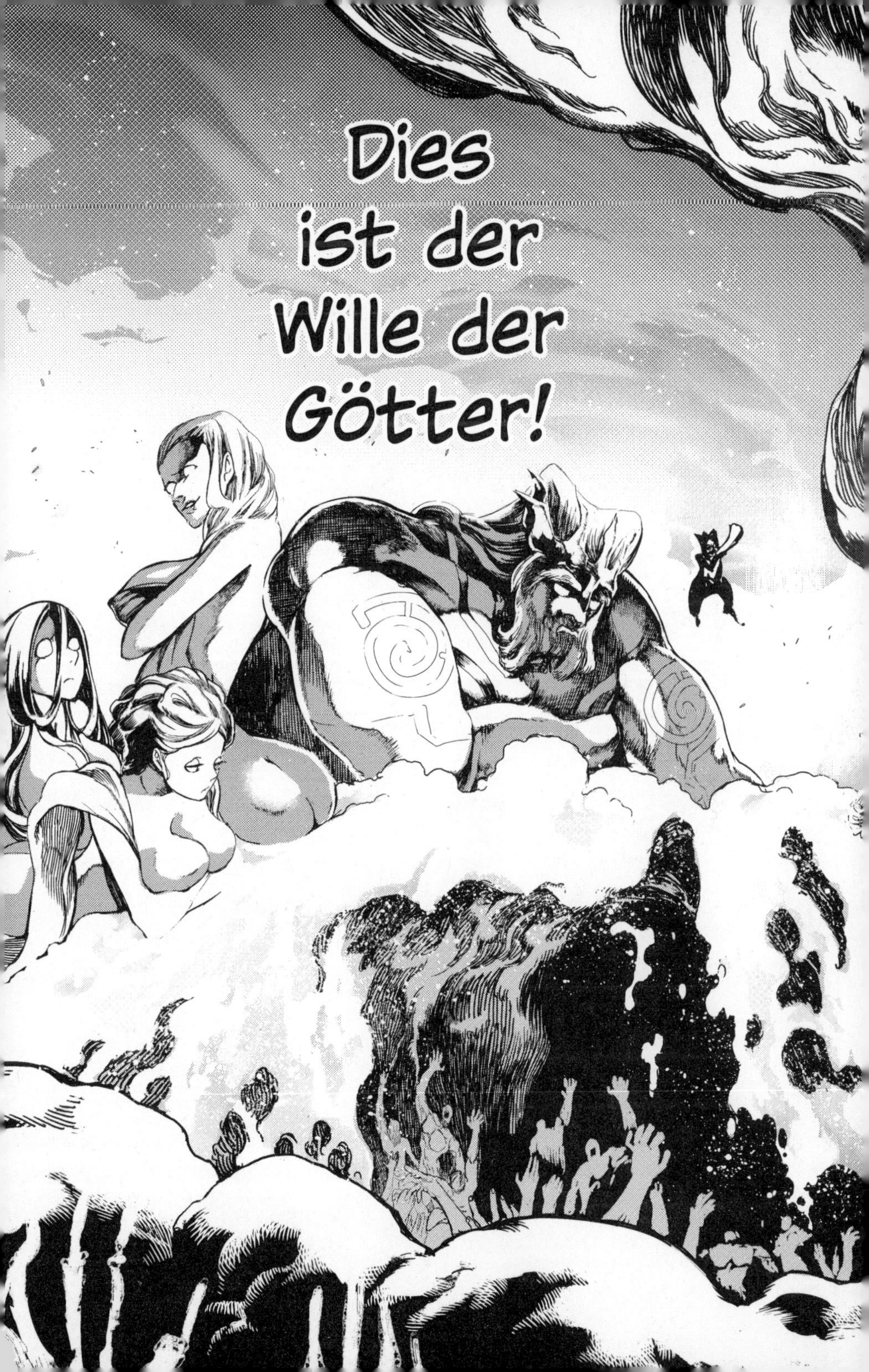
Dies ist der Wille der Götter!

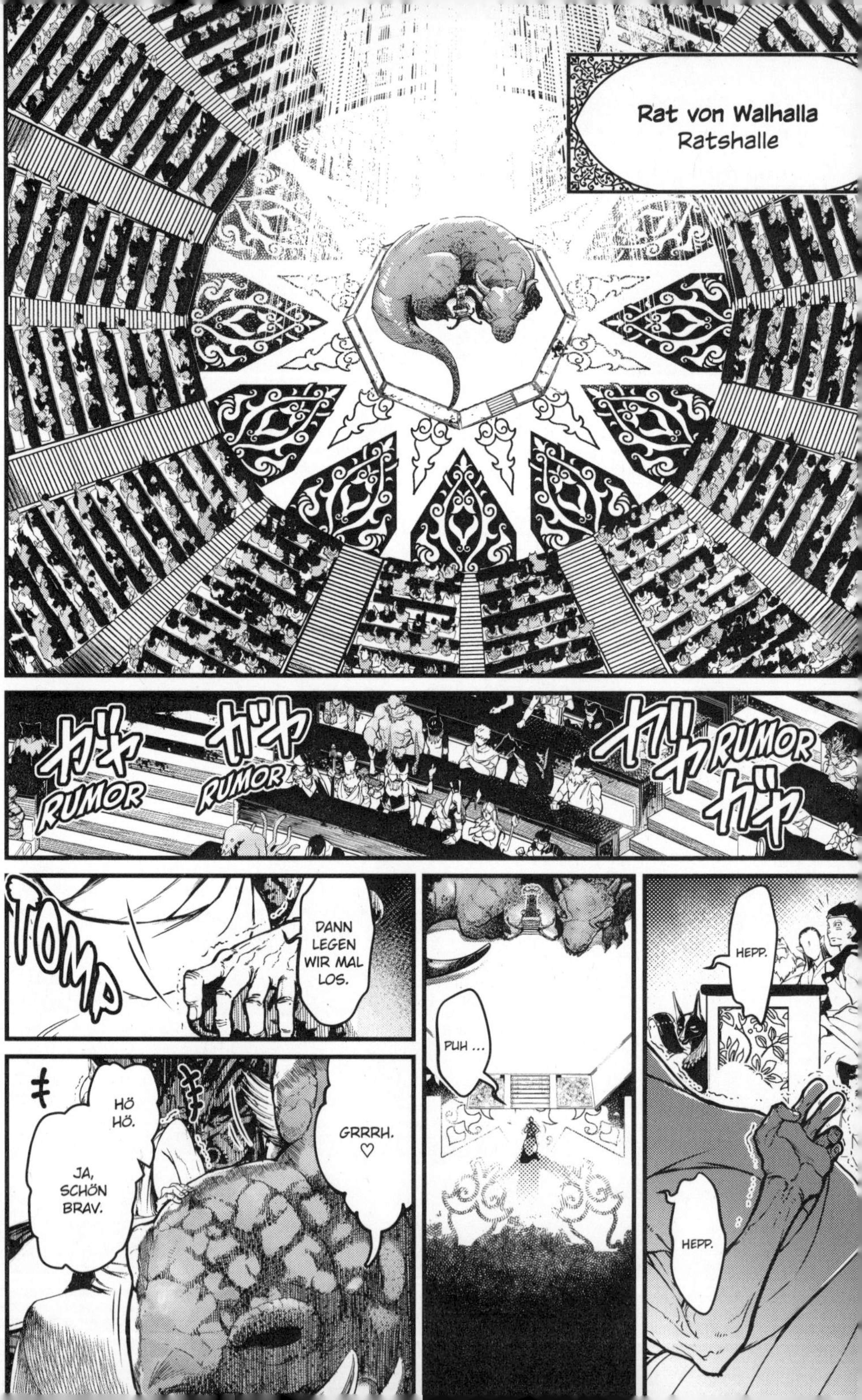
Rat von Walhalla
Ratshalle
RUMOR
RUMOR
RUMOR
HEPP.
HEPP.
PUH …
DANN LEGEN WIR MAL LOS.
TOMP
GRRRH. ♡
HÖ HÖ.
JA, SCHÖN BRAV.

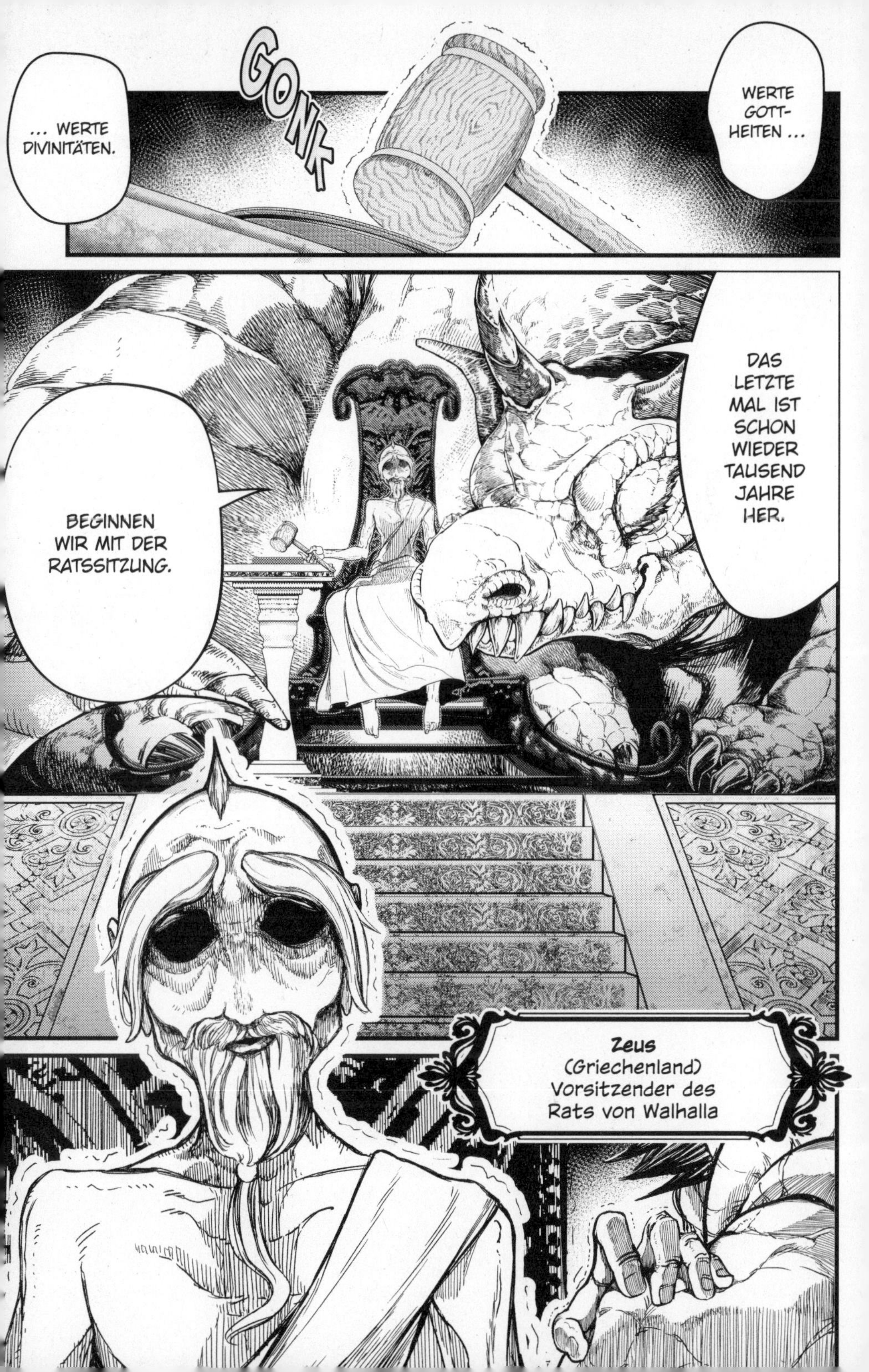
WERTE GOTT-HEITEN …
GONK
… WERTE DIVINITÄTEN.
DAS LETZTE MAL IST SCHON WIEDER TAUSEND JAHRE HER.
BEGINNEN WIR MIT DER RATSSITZUNG.
Zeus (Griechenland) Vorsitzender des Rats von Walhalla

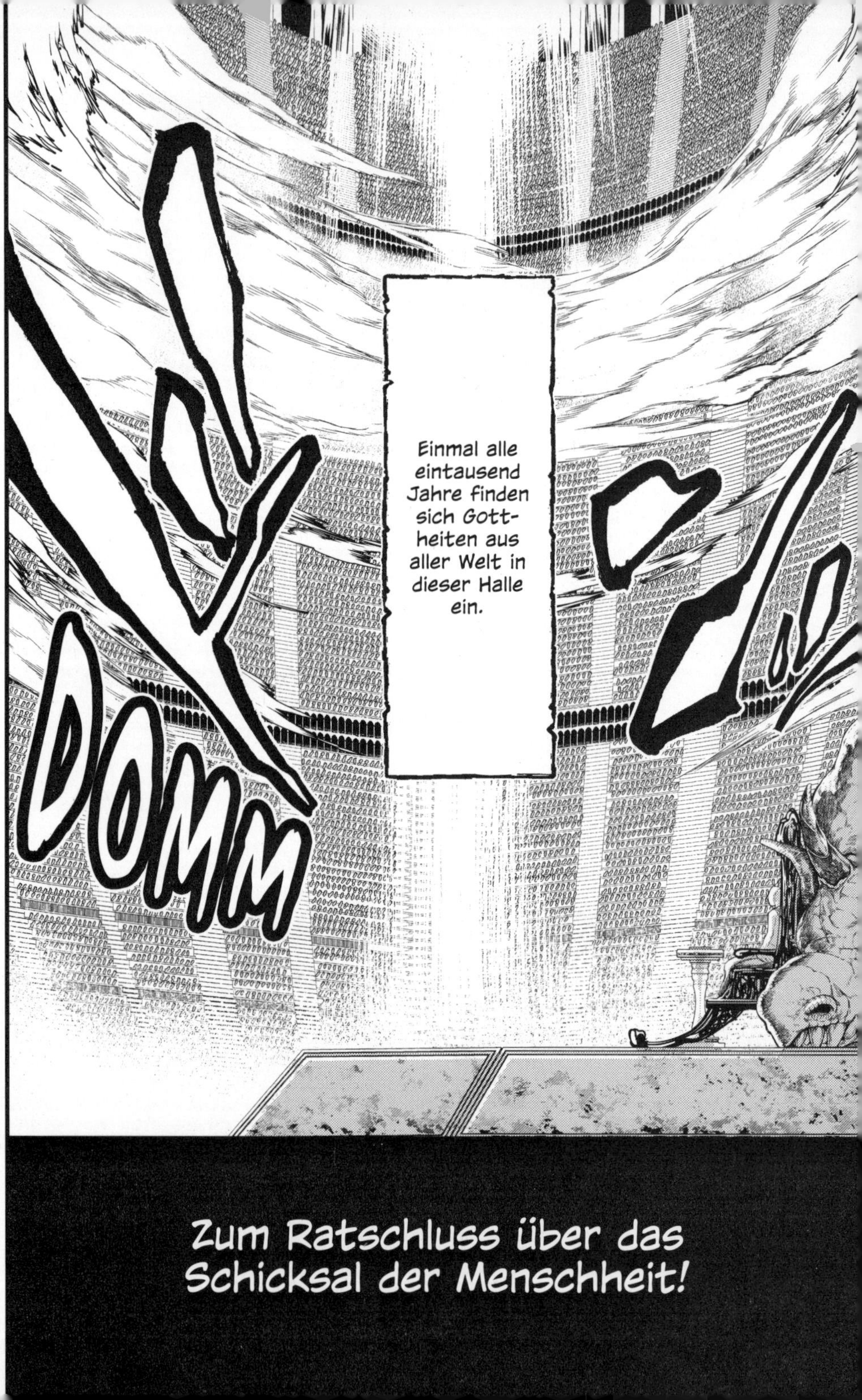
Einmal alle eintausend Jahre finden sich Gottheiten aus aller Welt in dieser Halle ein.
DOMM
Zum Ratschluss über das Schicksal der Menschheit!

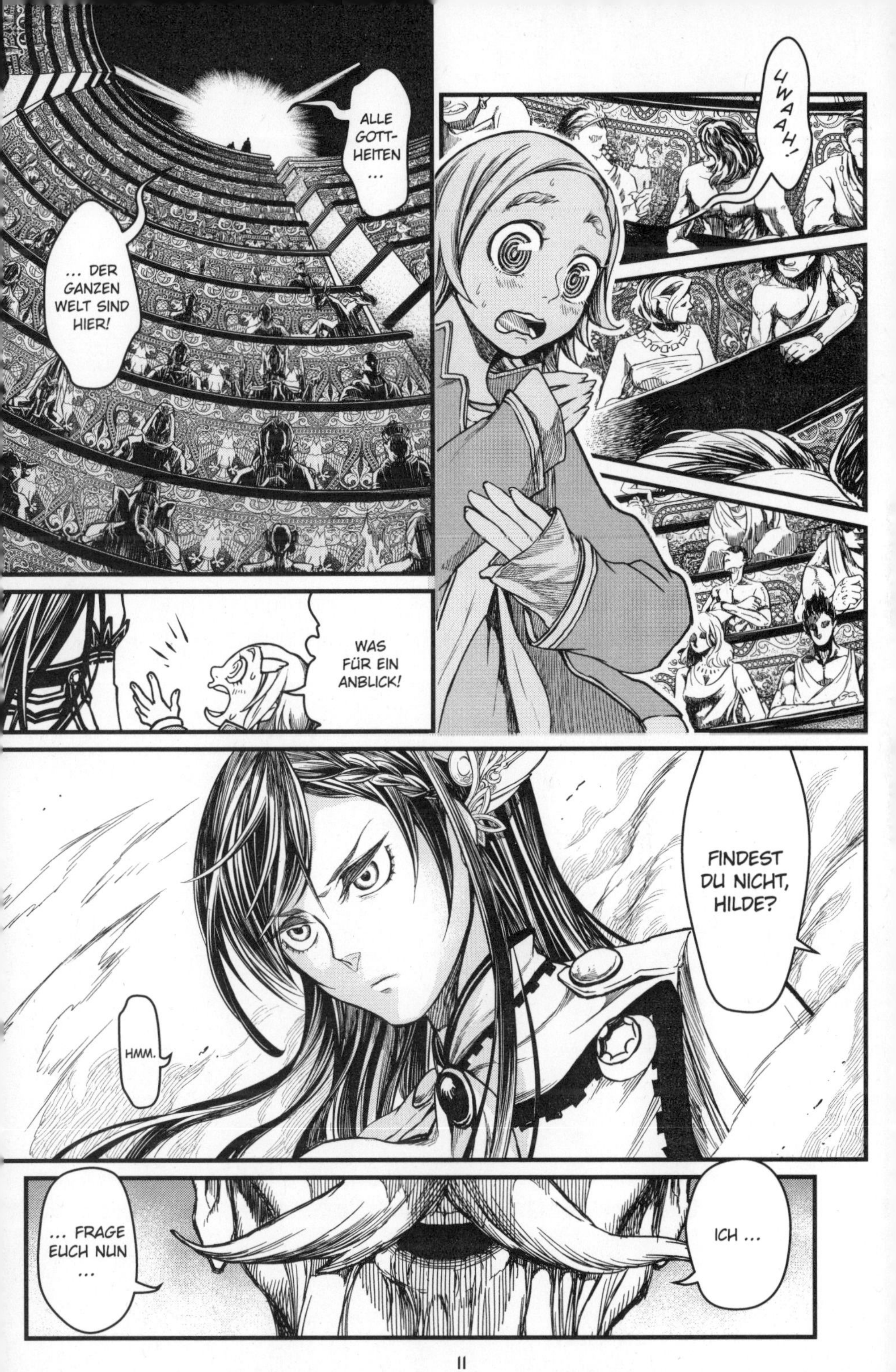
ALLE GOTT-HEITEN …
… DER GANZEN WELT SIND HIER!
UWAAH!
WAS FÜR EIN ANBLICK!
FINDEST DU NICHT, HILDE?
HMM.
ICH …
… FRAGE EUCH NUN …

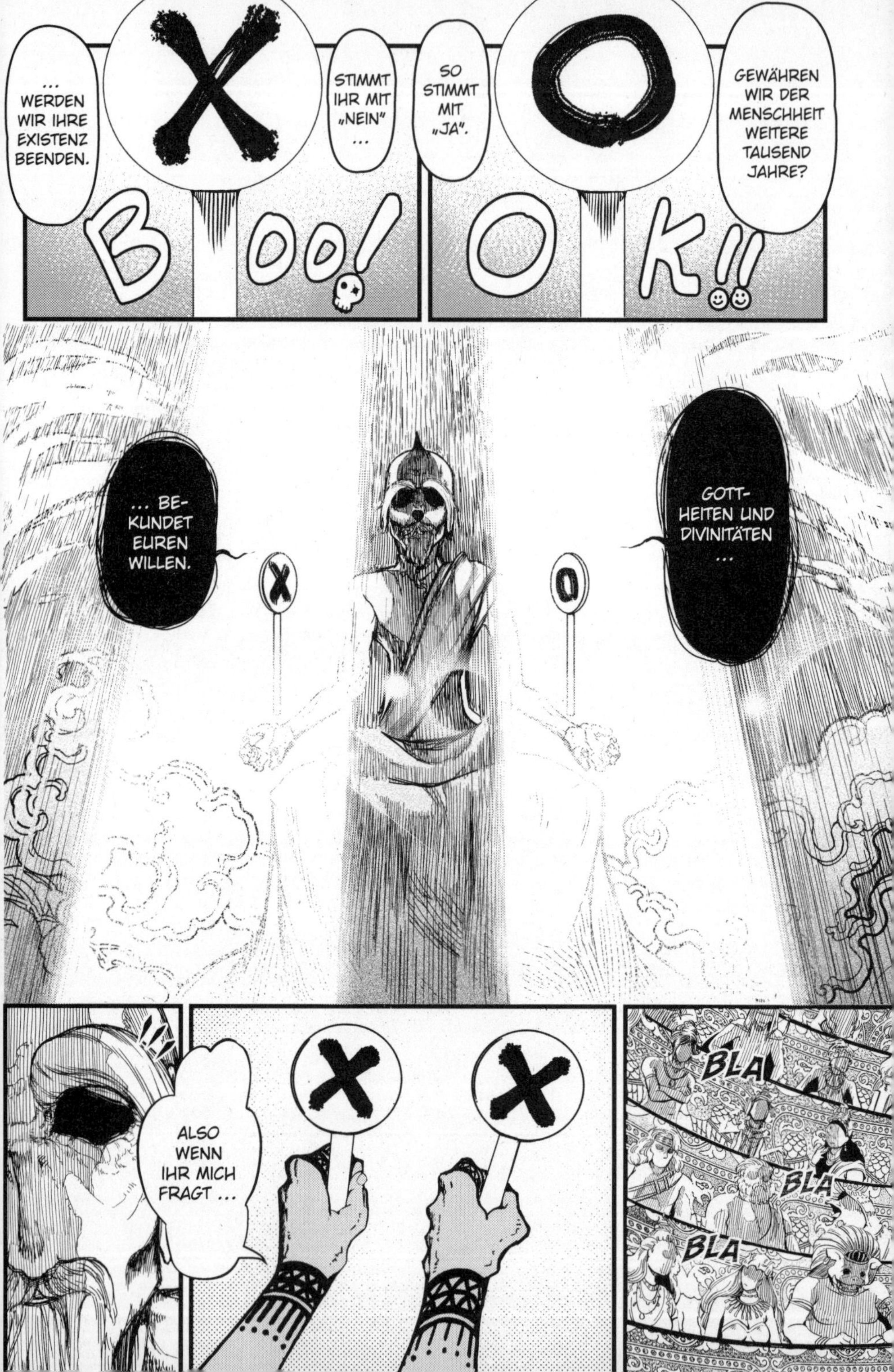
GEWÄHREN WIR DER MENSCHHEIT WEITERE TAUSEND JAHRE?
SO STIMMT MIT „JA".
OK!!
STIMMT IHR MIT „NEIN" …
… WERDEN WIR IHRE EXISTENZ BEENDEN.
BOO!
GOTTHEITEN UND DIVINITÄTEN …
… BEKUNDET EUREN WILLEN.
BLA
BLA
BLA
ALSO WENN IHR MICH FRAGT …
!!

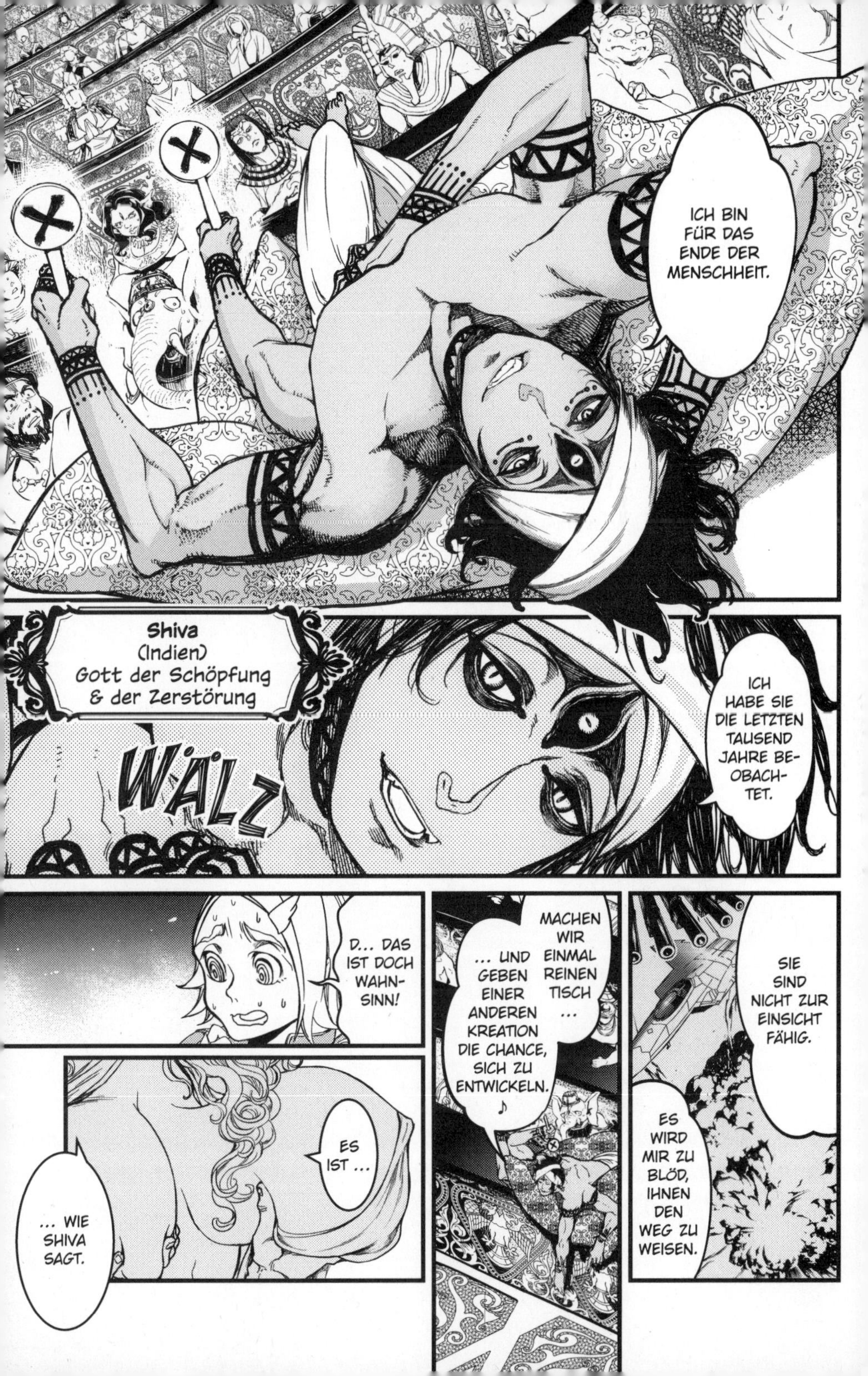
ICH BIN FÜR DAS ENDE DER MENSCHHEIT.
Shiva (Indien) Gott der Schöpfung & der Zerstörung
ICH HABE SIE DIE LETZTEN TAUSEND JAHRE BE-OBACH-TET.
WÄLZ
SIE SIND NICHT ZUR EINSICHT FÄHIG.
ES WIRD MIR ZU BLÖD, IHNEN DEN WEG ZU WEISEN.
MACHEN WIR EINMAL REINEN TISCH …
… UND GEBEN EINER ANDEREN KREATION DIE CHANCE, SICH ZU ENTWICKELN. ♪
D… DAS IST DOCH WAHN-SINN!
ES IST …
… WIE SHIVA SAGT.

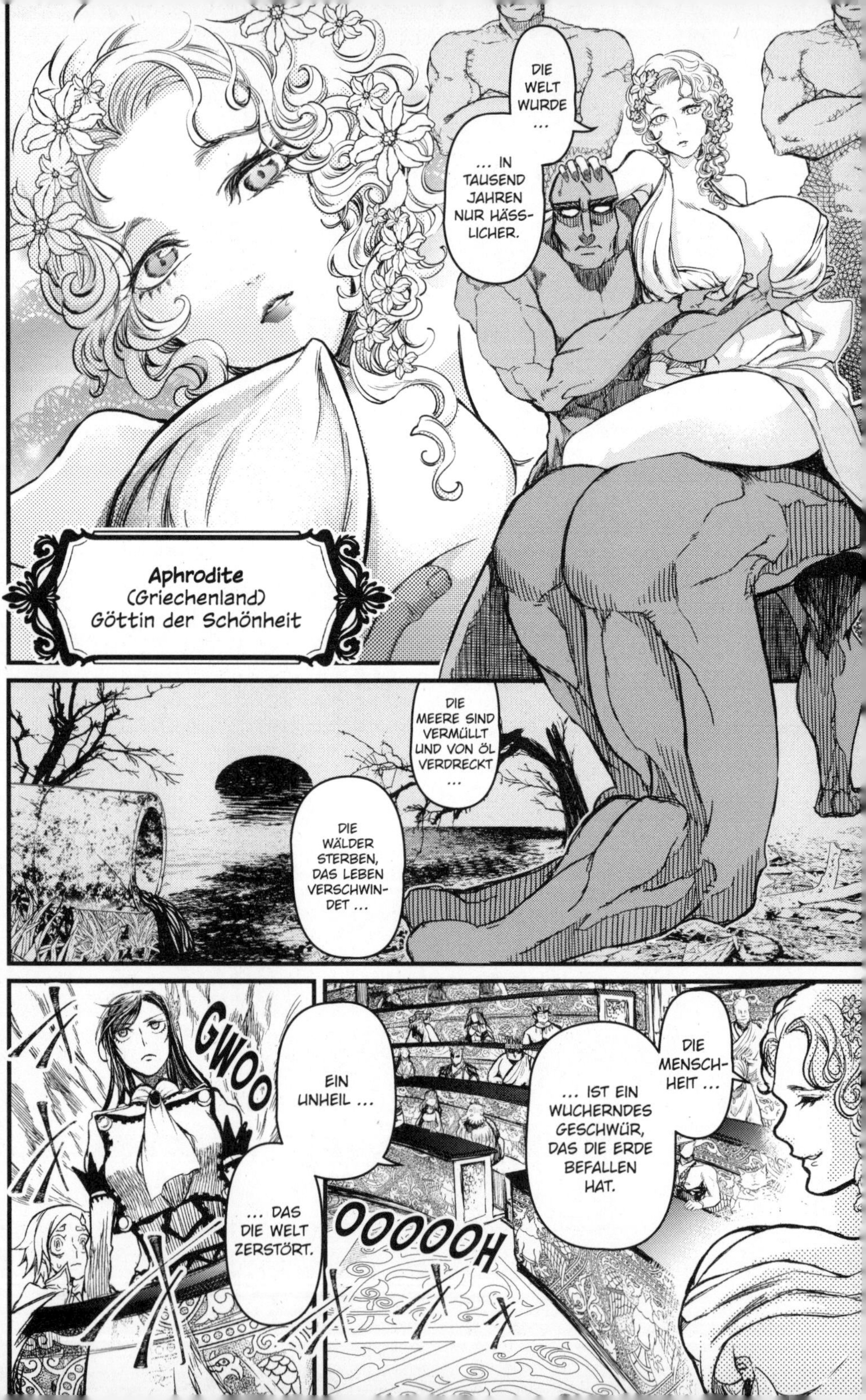
DIE WELT WURDE …
… IN TAUSEND JAHREN NUR HÄSSLICHER.
Aphrodite (Griechenland) Göttin der Schönheit
DIE MEERE SIND VERMÜLLT UND VON ÖL VERDRECKT …
DIE WÄLDER STERBEN, DAS LEBEN VERSCHWINDET …
DIE MENSCHHEIT …
… IST EIN WUCHERNDES GESCHWÜR, DAS DIE ERDE BEFALLEN HAT.
EIN UNHEIL …
… DAS DIE WELT ZERSTÖRT.
GWOOOOOOOH

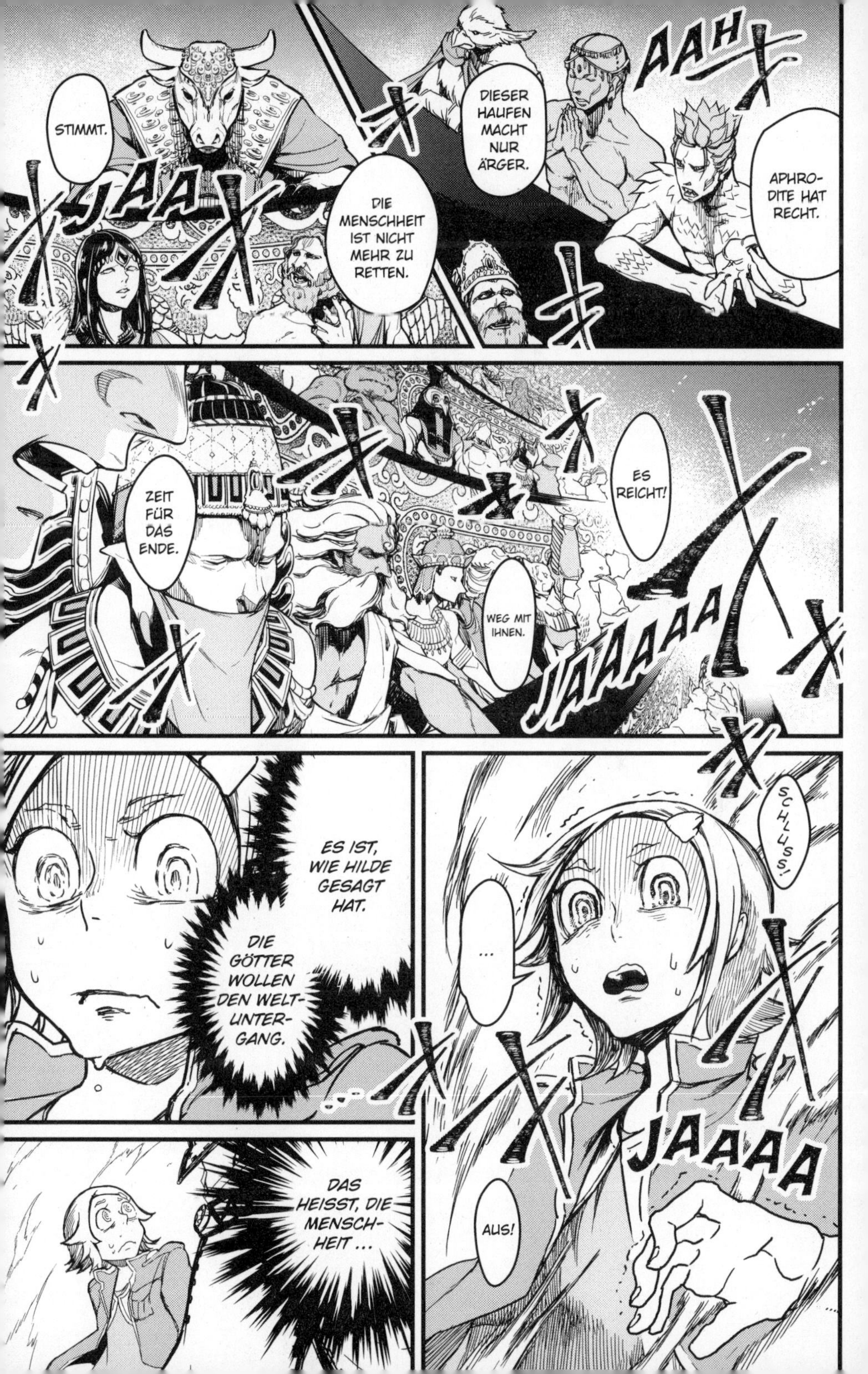
APHRODITE HAT RECHT.
DIESER HAUFEN MACHT NUR ÄRGER.
AAH
DIE MENSCHHEIT IST NICHT MEHR ZU RETTEN.
STIMMT.
JAA
ES REICHT!
WEG MIT IHNEN.
ZEIT FÜR DAS ENDE.
JAAAAAA
SCHLUSS!
…
JAAAA
AUS!
ES IST, WIE HILDE GESAGT HAT.
DIE GÖTTER WOLLEN DEN WELTUNTERGANG.
DAS HEISST, DIE MENSCHHEIT …

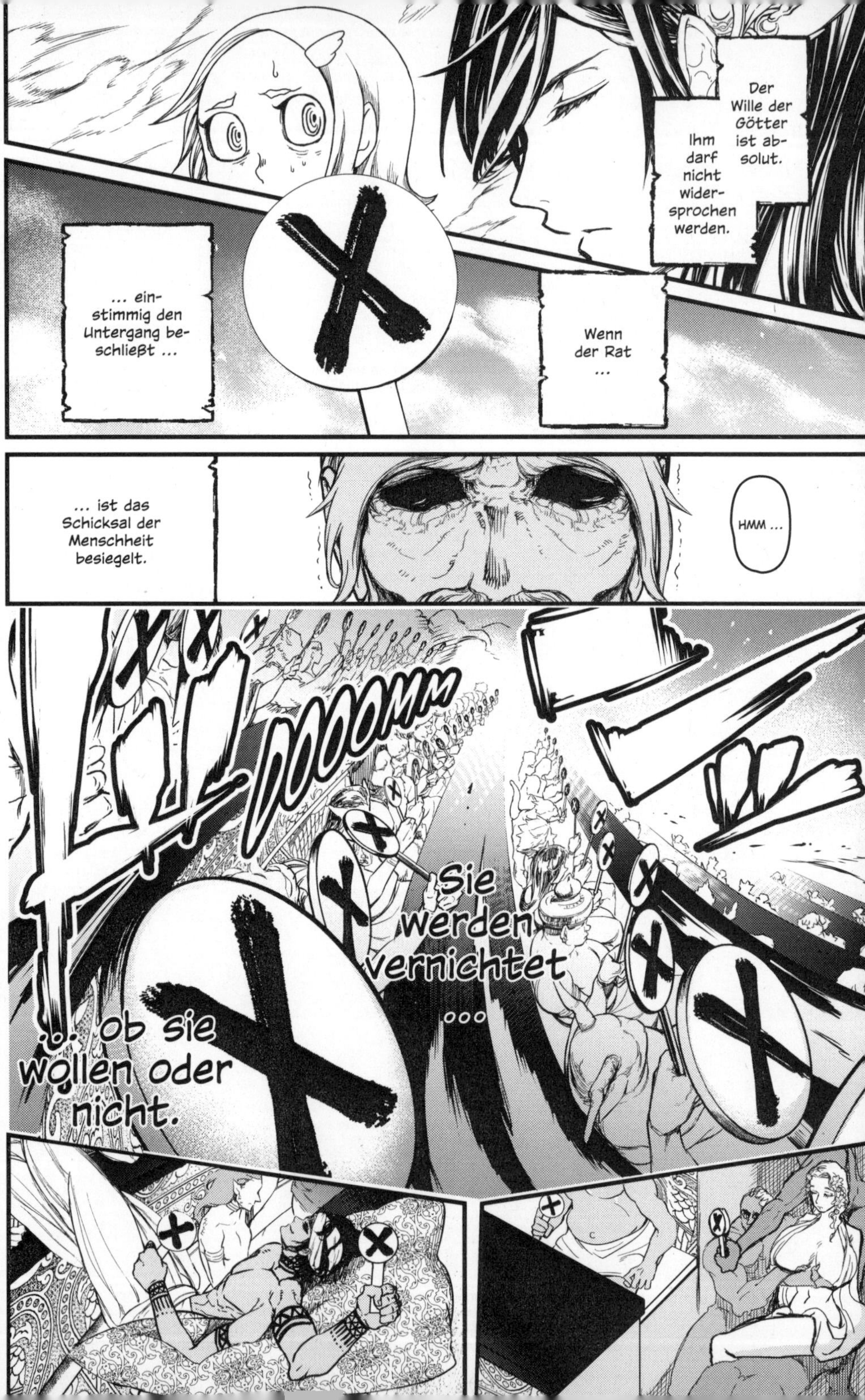
Der Wille der Götter ist absolut.
Ihm darf nicht widersprochen werden.
Wenn der Rat ...
... einstimmig den Untergang beschließt ...
HMM ...
... ist das Schicksal der Menschheit besiegelt.
DOOOMM
Sie werden vernichtet ...
... ob sie wollen oder nicht.

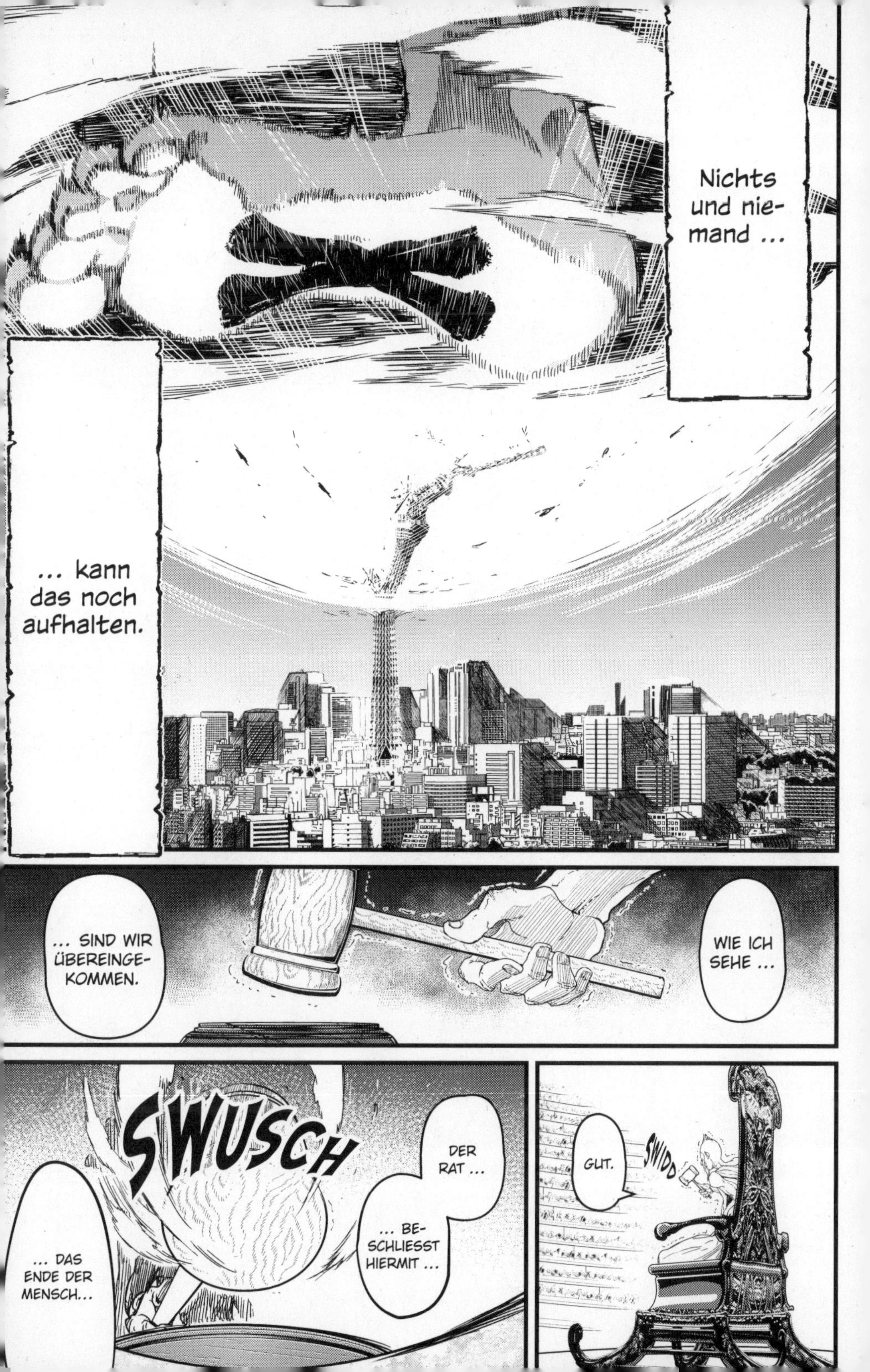
Nichts und niemand ...
... kann das noch aufhalten.
WIE ICH SEHE ...
... SIND WIR ÜBEREINGEKOMMEN.
GUT.
SWIDD
DER RAT ...
... BESCHLIESST HIERMIT ...
SWUSCH
... DAS ENDE DER MENSCH...

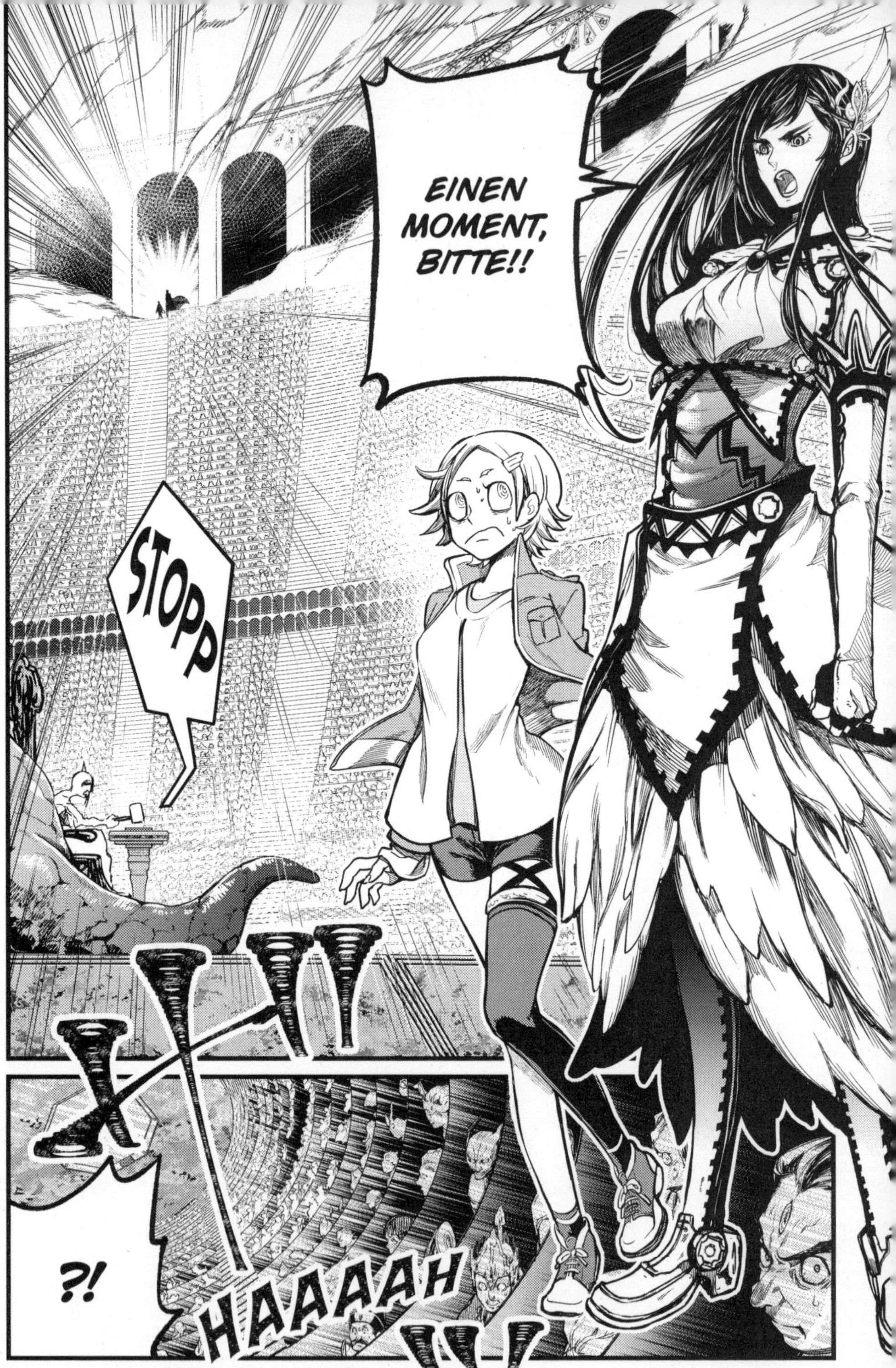

EINEN MOMENT, BITTE!!
STOPP
HAAAAAH
?!

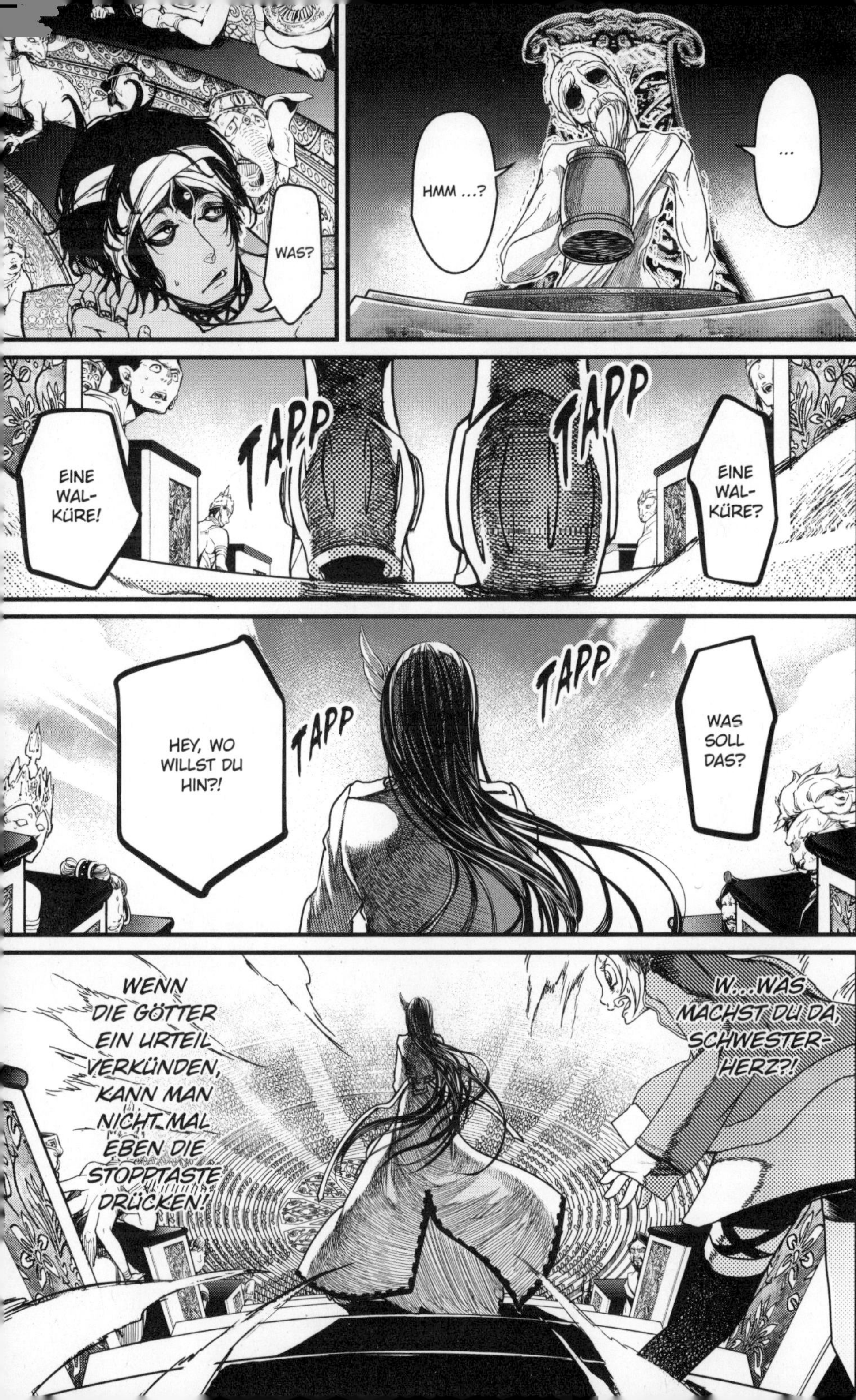
…
HMM …?
WAS?
TAPP
EINE WALKÜRE?
TAPP
EINE WALKÜRE!
WAS SOLL DAS?
TAPP
TAPP
HEY, WO WILLST DU HIN?!
W…WAS MACHST DU DA, SCHWESTERHERZ?!
WENN DIE GÖTTER EIN URTEIL VERKÜNDEN, KANN MAN NICHT MAL EBEN DIE STOPPTASTE DRÜCKEN!

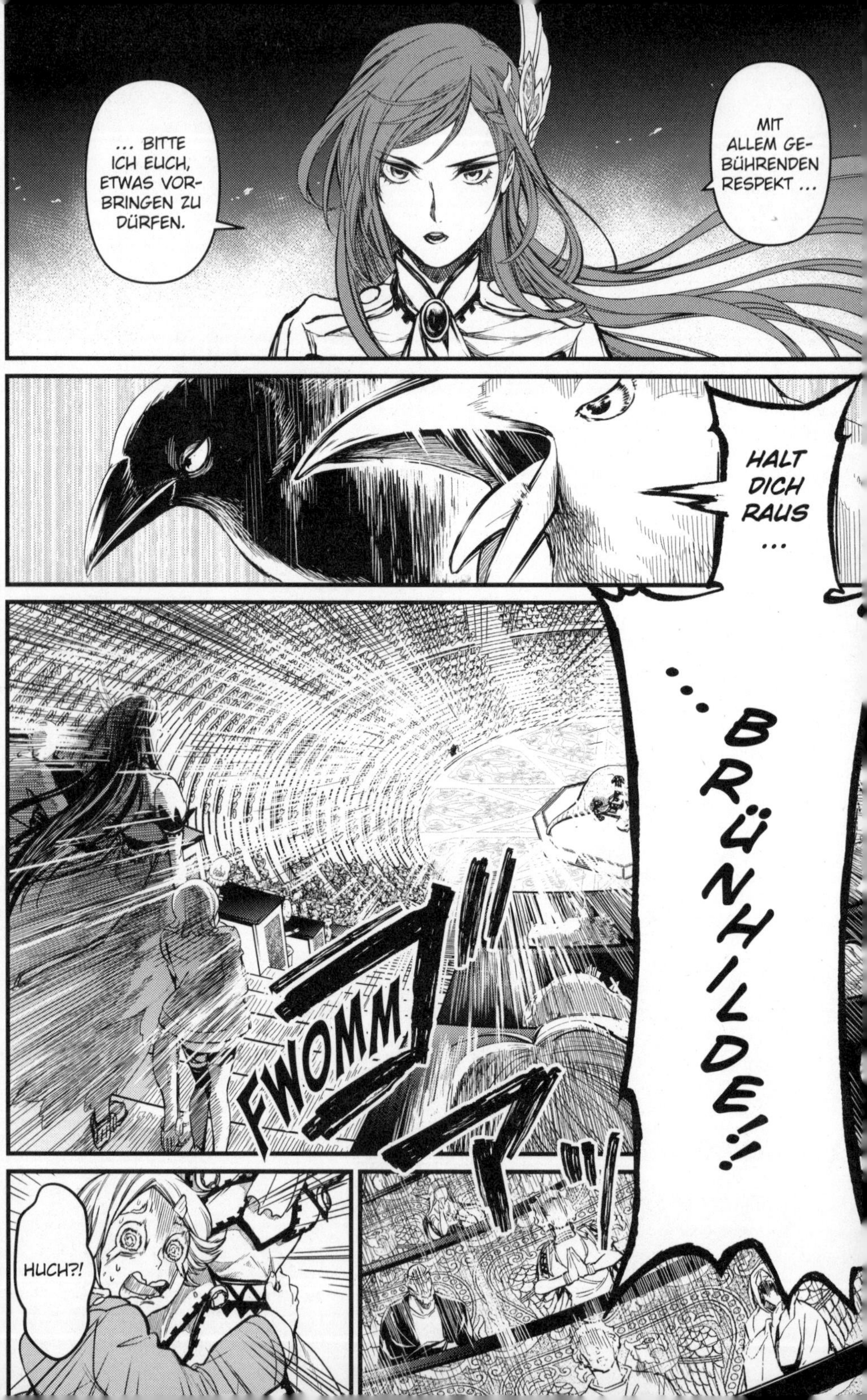
MIT ALLEM GEBÜHRENDEN RESPEKT …
… BITTE ICH EUCH, ETWAS VORBRINGEN ZU DÜRFEN.
HALT DICH RAUS …
… BRÜNHILDE!!
FWOMM
HUCH?!

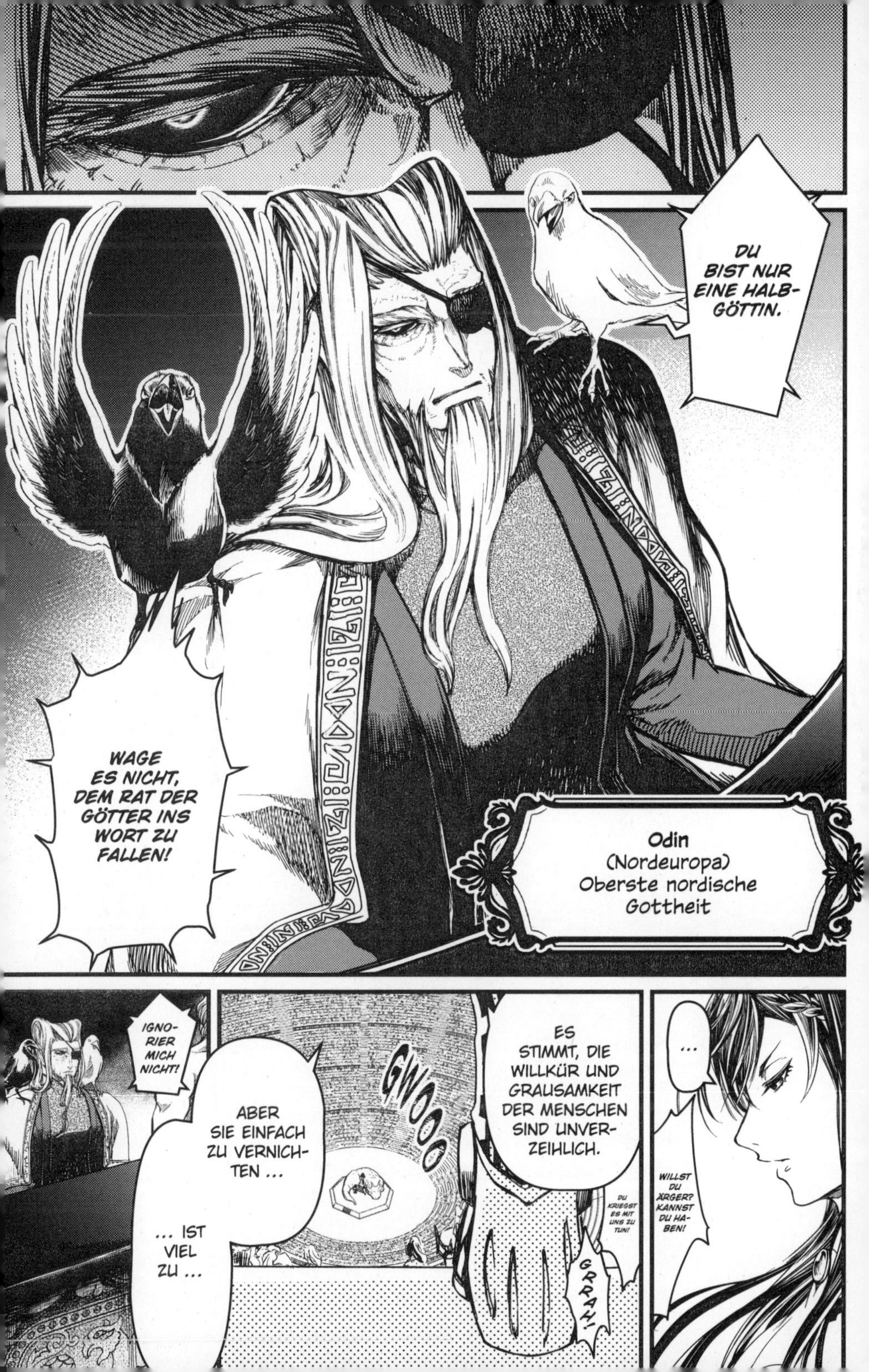
DU BIST NUR EINE HALB-GÖTTIN.
WAGE ES NICHT, DEM RAT DER GÖTTER INS WORT ZU FALLEN!
Odin (Nordeuropa) Oberste nordische Gottheit
…
ES STIMMT, DIE WILLKÜR UND GRAUSAMKEIT DER MENSCHEN SIND UNVER-ZEIHLICH.
WILLST DU ÄRGER? KANNST DU HA-BEN!
DU KRIEGST ES MIT UNS ZU TUN!
GRRAH!
GWOOO
ABER SIE EINFACH ZU VERNICH-TEN …
… IST VIEL ZU …
IGNO-RIER MICH NICHT!

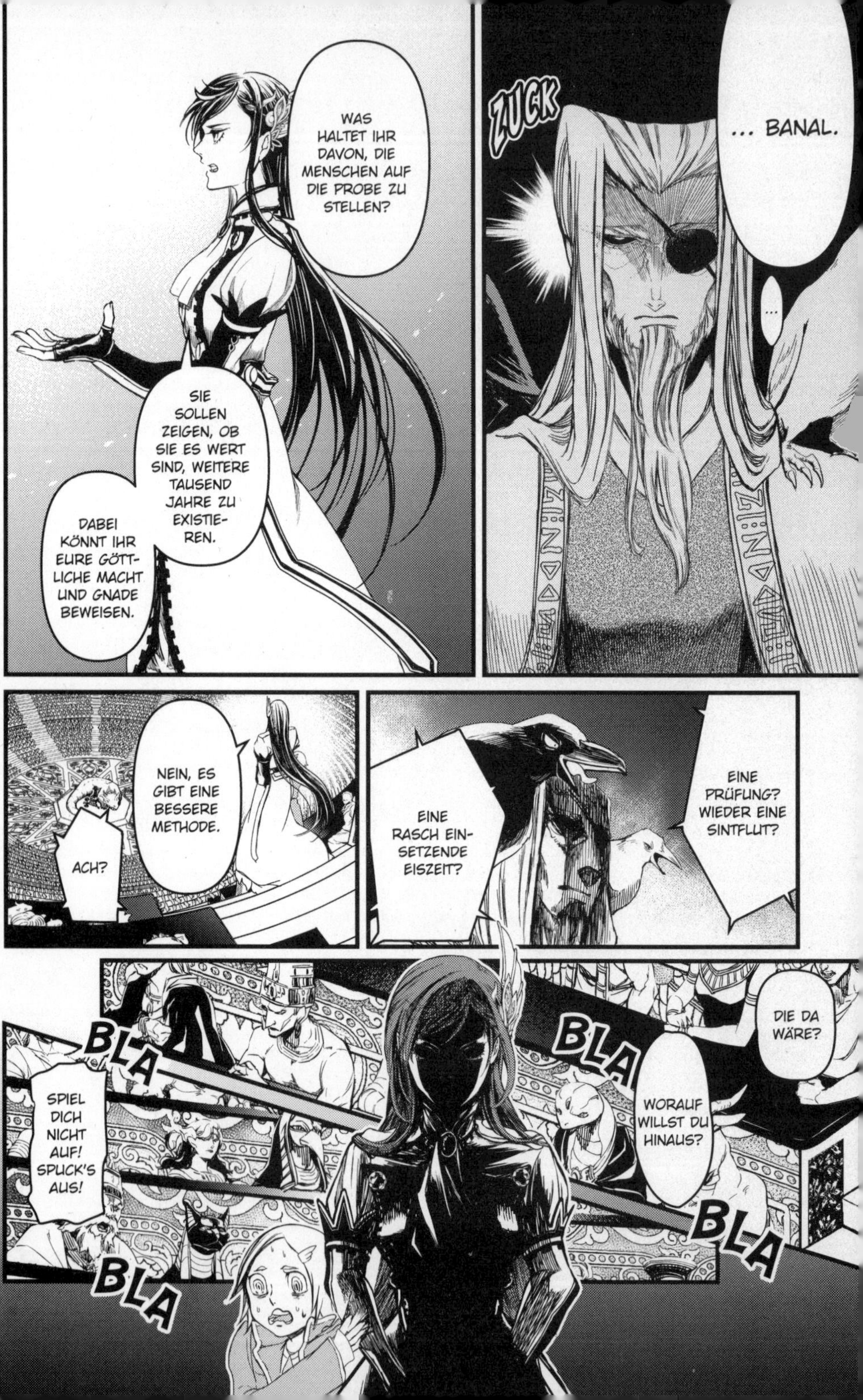
WAS HALTET IHR DAVON, DIE MENSCHEN AUF DIE PROBE ZU STELLEN?
SIE SOLLEN ZEIGEN, OB SIE ES WERT SIND, WEITERE TAUSEND JAHRE ZU EXISTIEREN.
DABEI KÖNNT IHR EURE GÖTTLICHE MACHT UND GNADE BEWEISEN.
ZUCK
... BANAL.
...
EINE PRÜFUNG? WIEDER EINE SINTFLUT?
EINE RASCH EINSETZENDE EISZEIT?
NEIN, ES GIBT EINE BESSERE METHODE.
ACH?
DIE DA WÄRE?
WORAUF WILLST DU HINAUS?
SPIEL DICH NICHT AUF! SPUCK'S AUS!
BLA
BLA
BLA
BLA

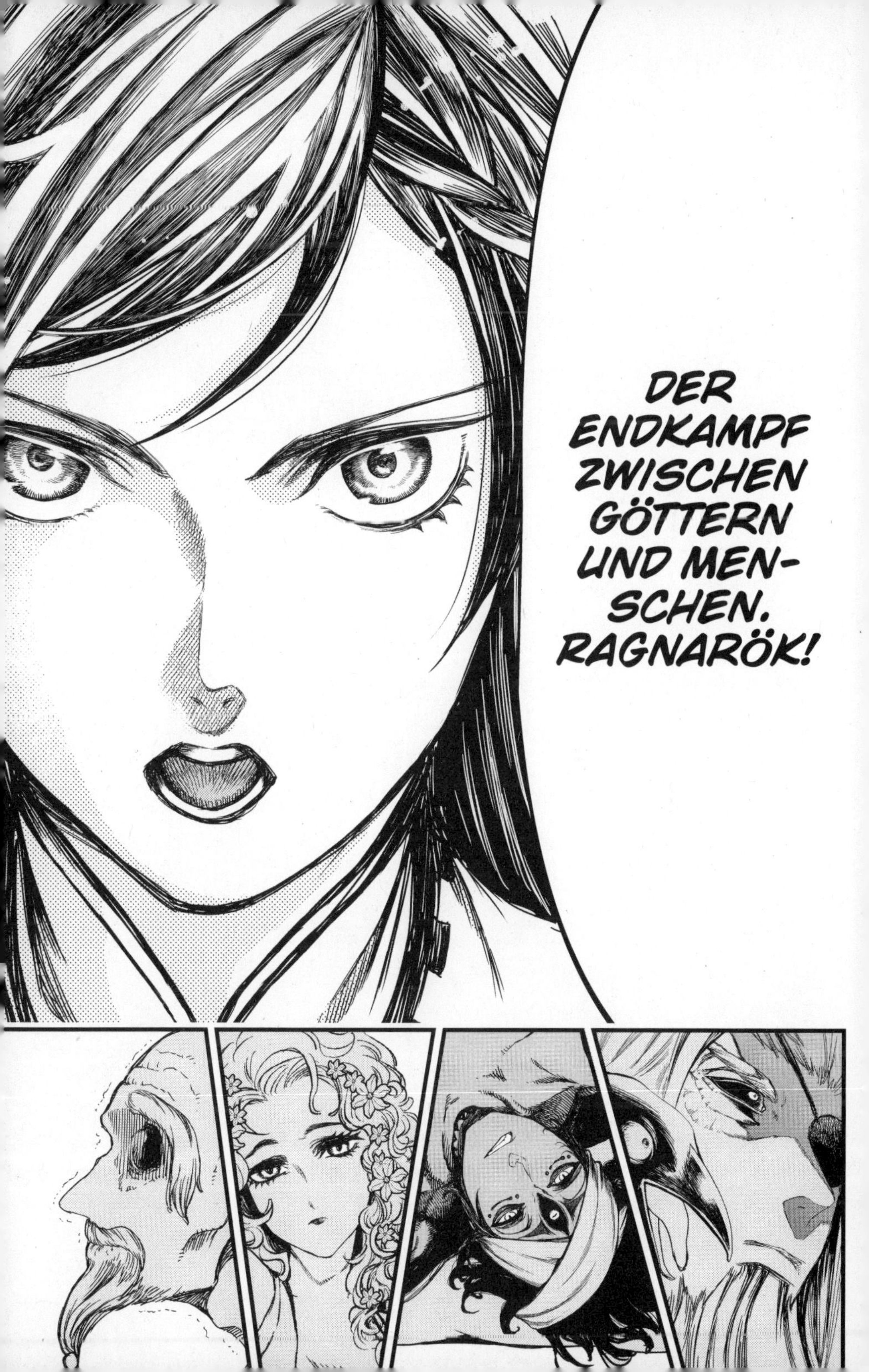
DER ENDKAMPF ZWISCHEN GÖTTERN UND MEN-SCHEN. RAGNARÖK!

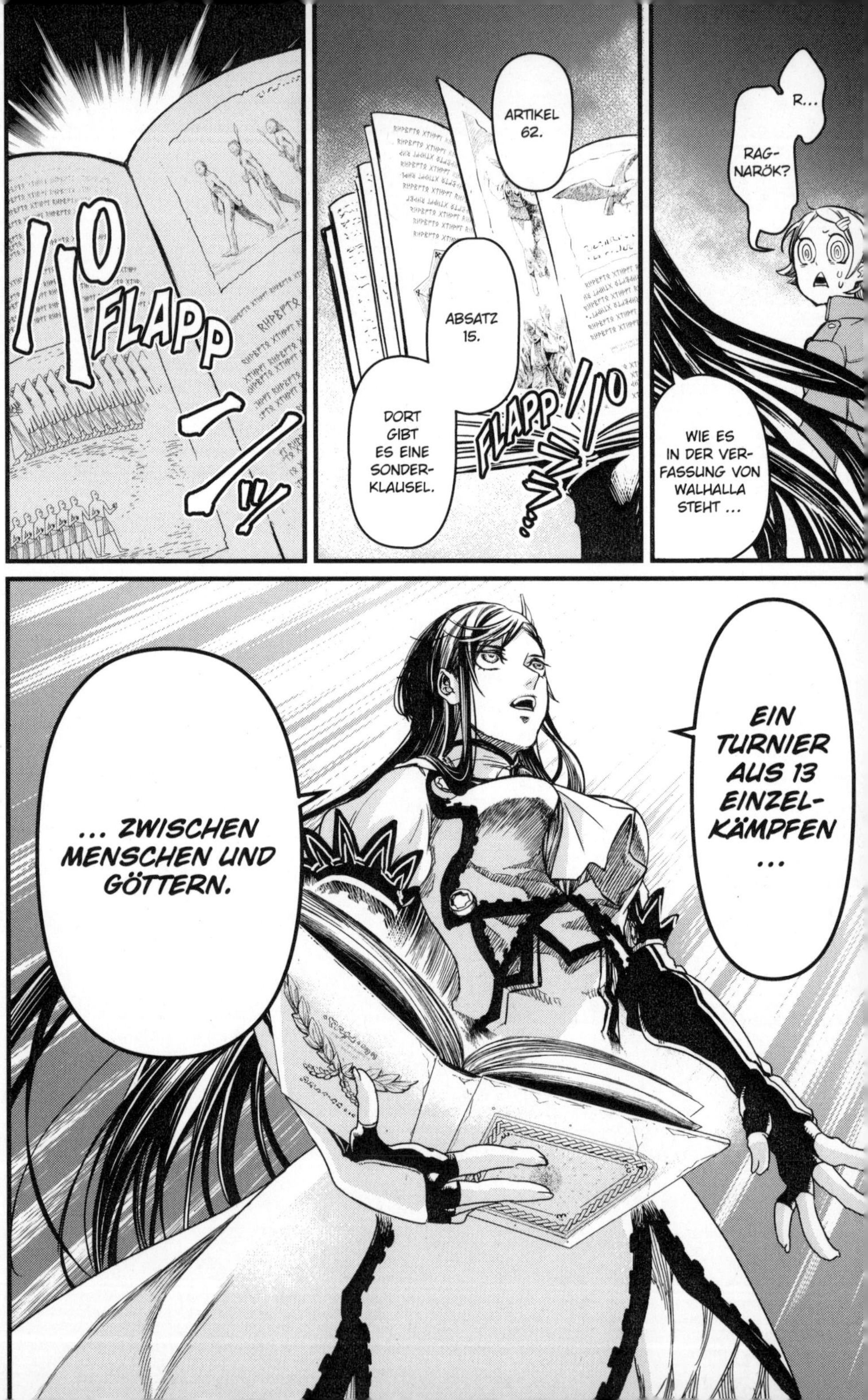
R…
RAG-NARÖK?
WIE ES IN DER VERFASSUNG VON WALHALLA STEHT …
ARTIKEL 62.
ABSATZ 15.
FLAPP
DORT GIBT ES EINE SONDERKLAUSEL.
FLAPP
EIN TURNIER AUS 13 EINZELKÄMPFEN …
… ZWISCHEN MENSCHEN UND GÖTTERN.

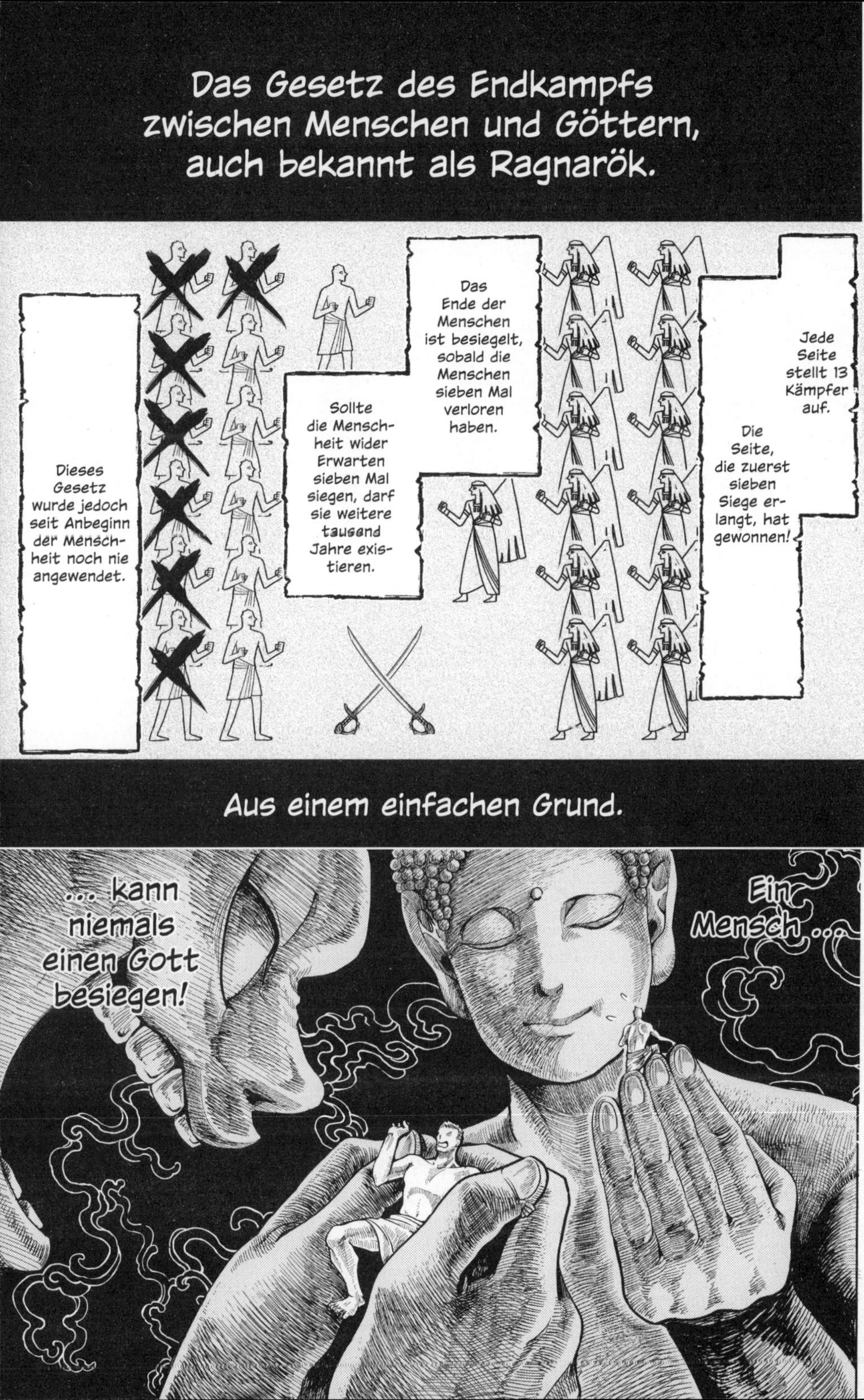
Das Gesetz des Endkampfs zwischen Menschen und Göttern, auch bekannt als Ragnarök.
Jede Seite stellt 13 Kämpfer auf.
Die Seite, die zuerst sieben Siege erlangt, hat gewonnen!
Das Ende der Menschen ist besiegelt, sobald die Menschen sieben Mal verloren haben.
Sollte die Menschheit wider Erwarten sieben Mal siegen, darf sie weitere tausend Jahre existieren.
Dieses Gesetz wurde jedoch seit Anbeginn der Menschheit noch nie angewendet.
Aus einem einfachen Grund.
Ein Mensch ...
... kann niemals einen Gott besiegen!

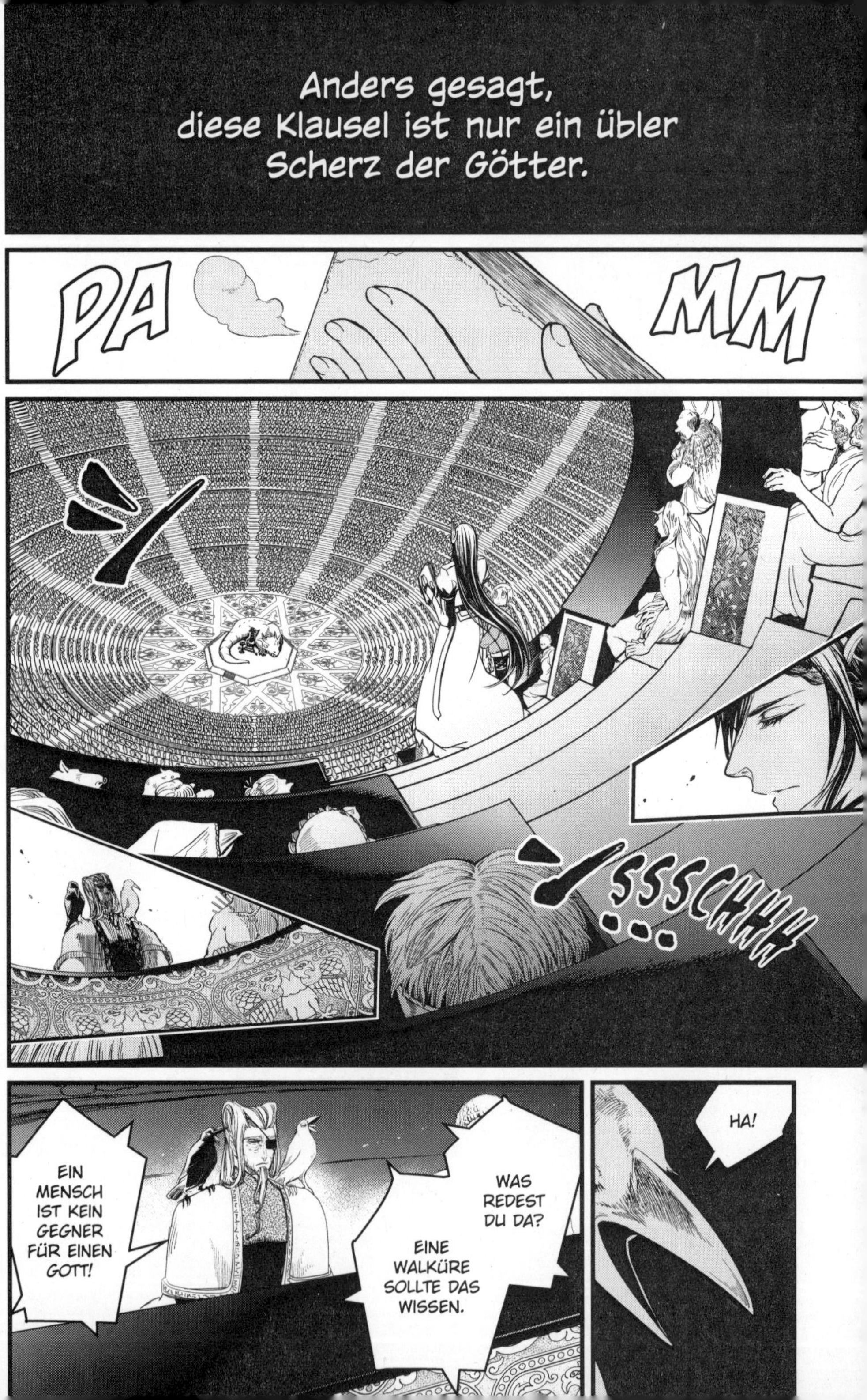
Anders gesagt, diese Klausel ist nur ein übler Scherz der Götter.
PA
MM
SSSCHHH...
HA!
WAS REDEST DU DA?
EINE WALKÜRE SOLLTE DAS WISSEN.
EIN MENSCH IST KEIN GEGNER FÜR EINEN GOTT!

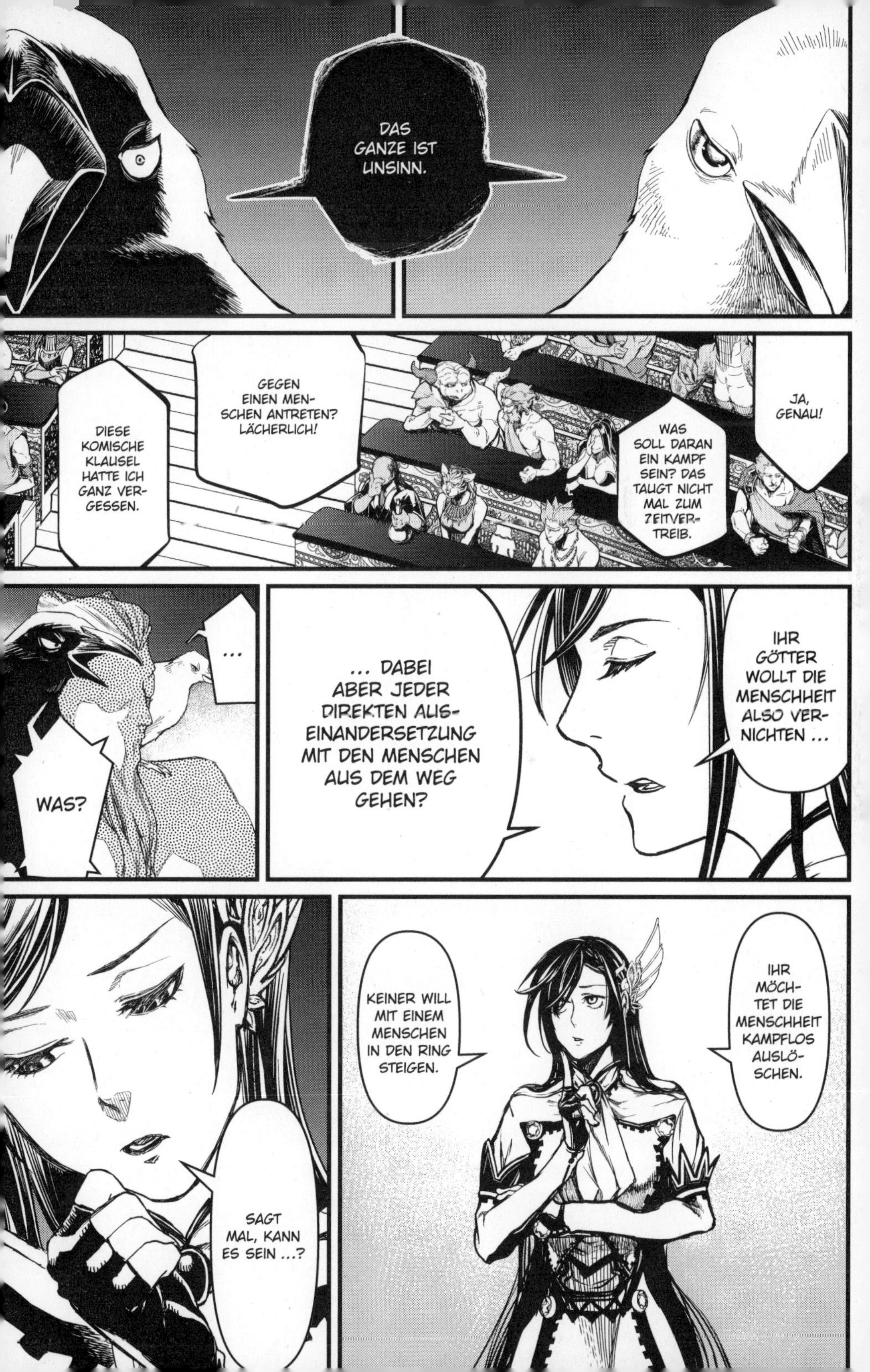
DAS GANZE IST UNSINN.
JA, GENAU!
WAS SOLL DARAN EIN KAMPF SEIN? DAS TAUGT NICHT MAL ZUM ZEITVERTREIB.
GEGEN EINEN MENSCHEN ANTRETEN? LÄCHERLICH!
DIESE KOMISCHE KLAUSEL HATTE ICH GANZ VERGESSEN.
IHR GÖTTER WOLLT DIE MENSCHHEIT ALSO VERNICHTEN …
… DABEI ABER JEDER DIREKTEN AUSEINANDERSETZUNG MIT DEN MENSCHEN AUS DEM WEG GEHEN?
…
WAS?
IHR MÖCHTET DIE MENSCHHEIT KAMPFLOS AUSLÖSCHEN.
KEINER WILL MIT EINEM MENSCHEN IN DEN RING STEIGEN.
SAGT MAL, KANN ES SEIN …?

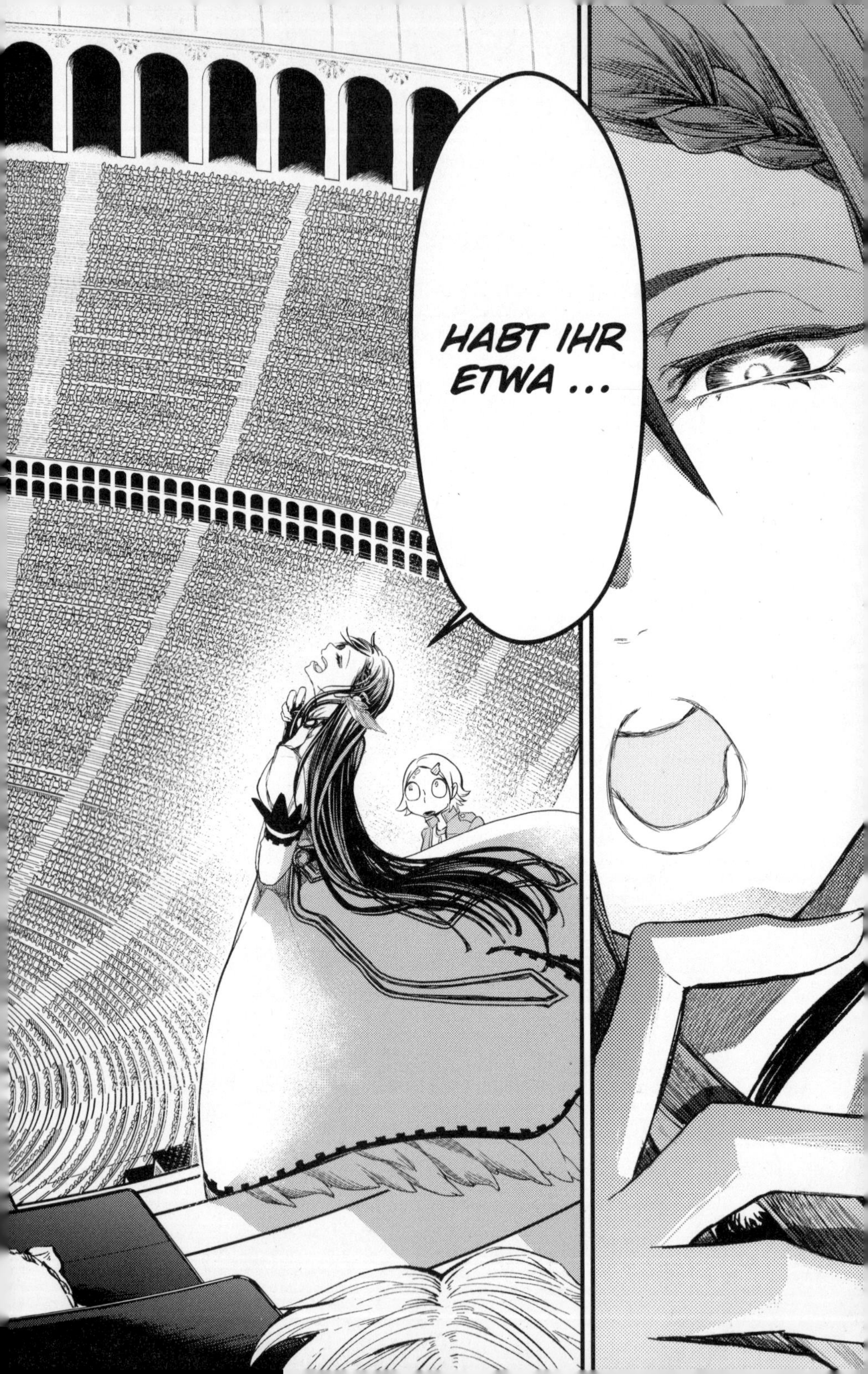
HABT IHR ETWA ...

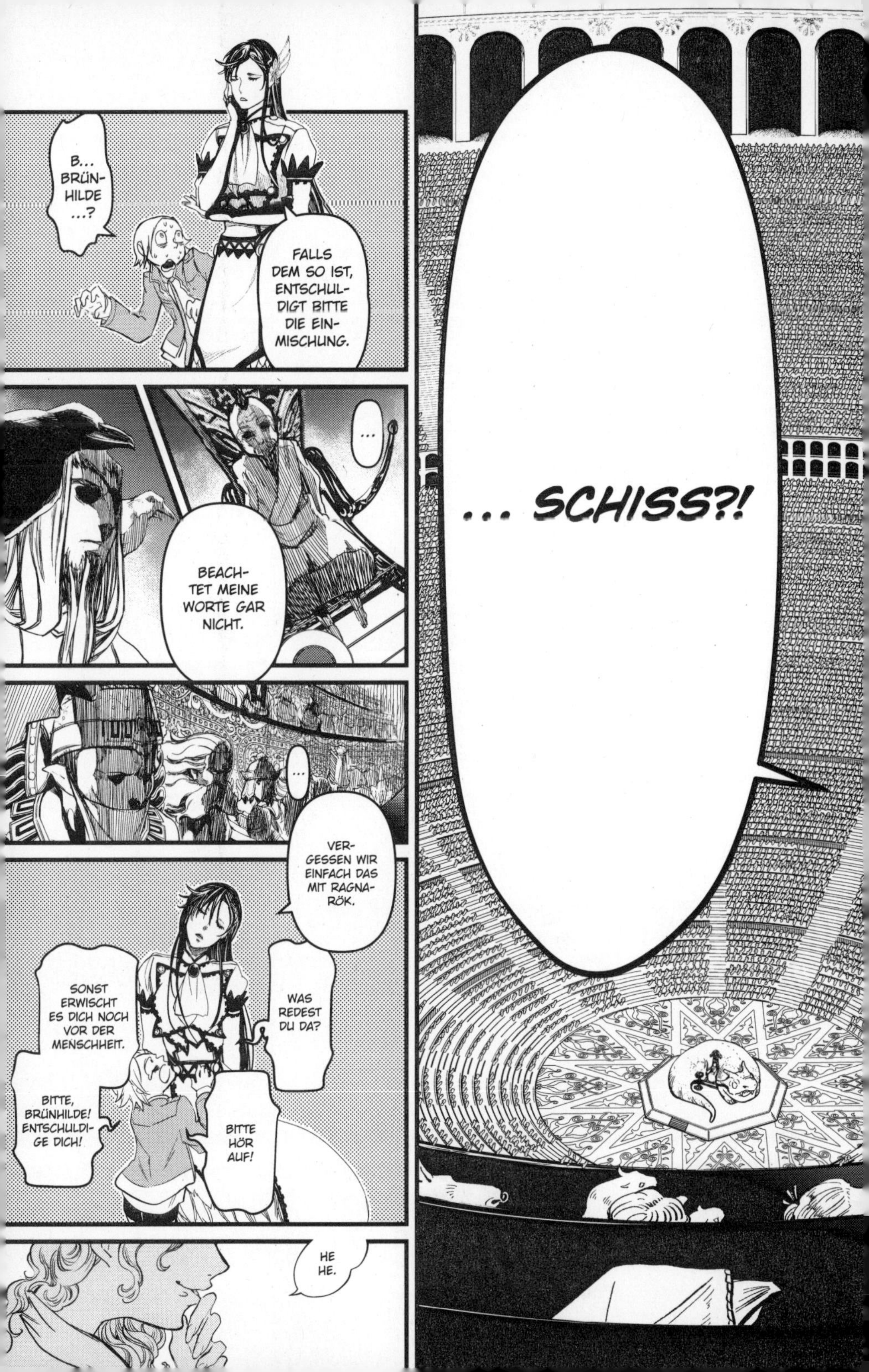

FALLS DEM SO IST, ENTSCHULDIGT BITTE DIE EINMISCHUNG.
B… BRÜNHILDE …?
…
BEACHTET MEINE WORTE GAR NICHT.
…
VERGESSEN WIR EINFACH DAS MIT RAGNARÖK.
WAS REDEST DU DA?
SONST ERWISCHT ES DICH NOCH VOR DER MENSCHHEIT.
BITTE HÖR AUF!
BITTE, BRÜNHILDE! ENTSCHULDIGE DICH!
HE HE.
… SCHISS?!

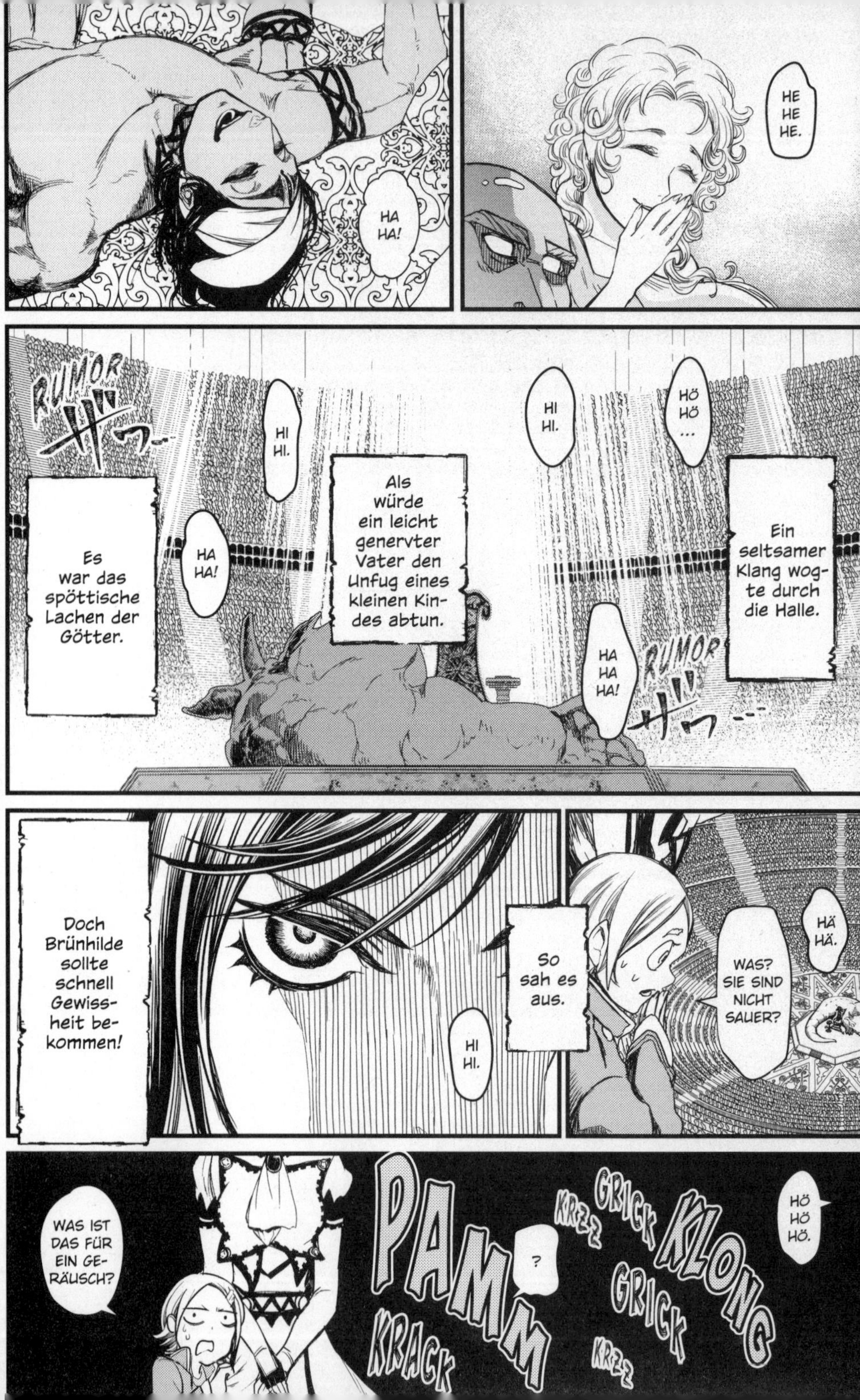

HE HE HE.
HA HA!
Ein seltsamer Klang wogte durch die Halle.
HÖ HÖ ...
RUMOR
HA HA HA!
HI HI.
Als würde ein leicht genervter Vater den Unfug eines kleinen Kindes abtun.
HI HI.
HA HA!
Es war das spöttische Lachen der Götter.
RUMOR
HÄ HÄ.
WAS? SIE SIND NICHT SAUER?
So sah es aus.
HI HI.
Doch Brünhilde sollte schnell Gewissheit bekommen!
HÖ HÖ HÖ.
KLONG
GRICK
KRZ-Z
GRICK
KRZ-Z
?
PAMM
KRACK
WAS IST DAS FÜR EIN GERÄUSCH?

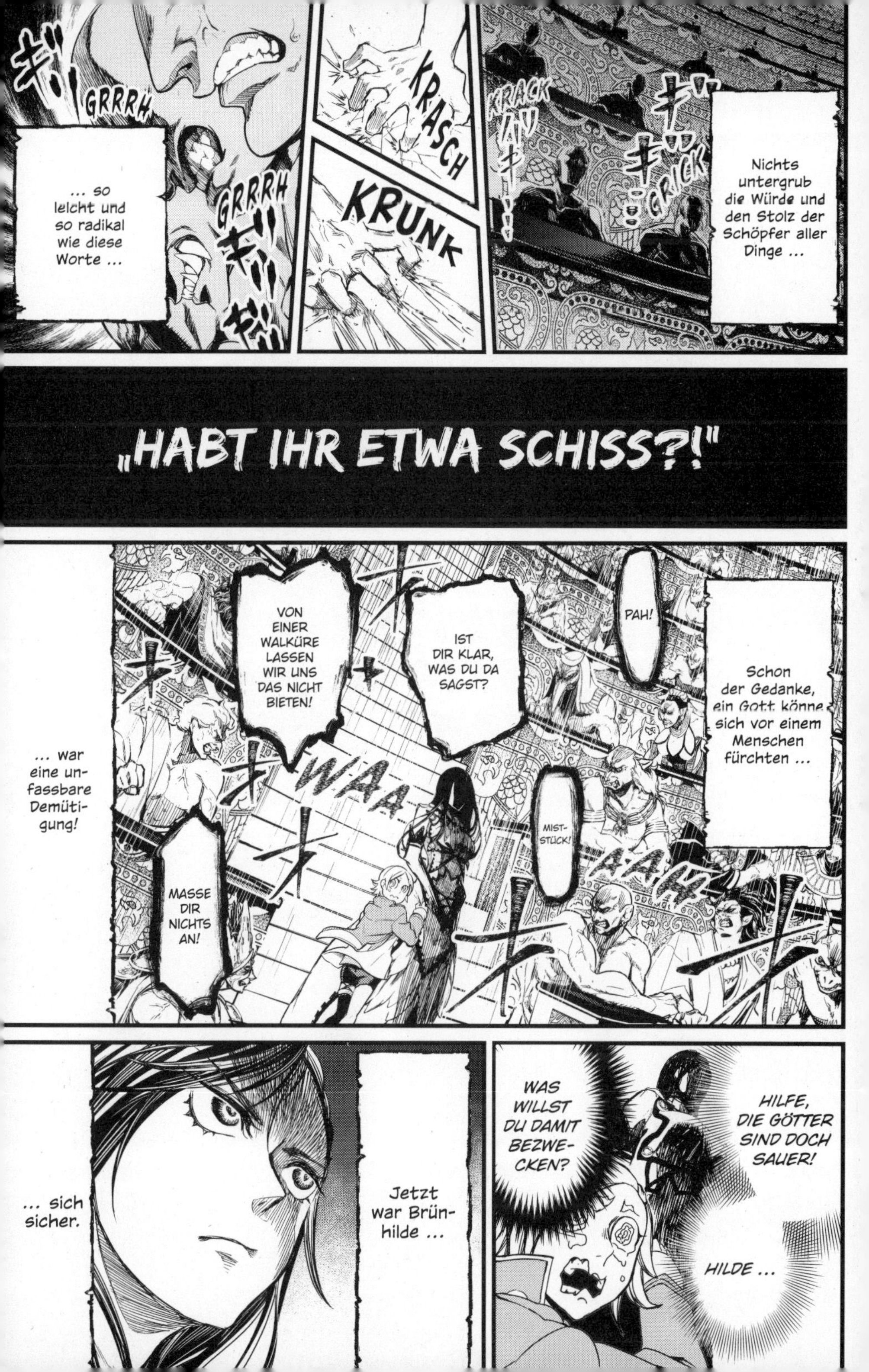

Nichts untergrub die Würde und den Stolz der Schöpfer aller Dinge …
KRACK
GRICK
KRASCH
KRUNK
GRRRH
GRRRH
… so leicht und so radikal wie diese Worte …
„HABT IHR ETWA SCHISS?!"
Schon der Gedanke, ein Gott könne sich vor einem Menschen fürchten …
PAH!
IST DIR KLAR, WAS DU DA SAGST?
VON EINER WALKÜRE LASSEN WIR UNS DAS NICHT BIETEN!
MIST-STÜCK!
WAA
AAA
MASSE DIR NICHTS AN!
… war eine unfassbare Demütigung!
HILFE, DIE GÖTTER SIND DOCH SAUER!
WAS WILLST DU DAMIT BEZWECKEN?
HILDE …
Jetzt war Brünhilde …
… sich sicher.

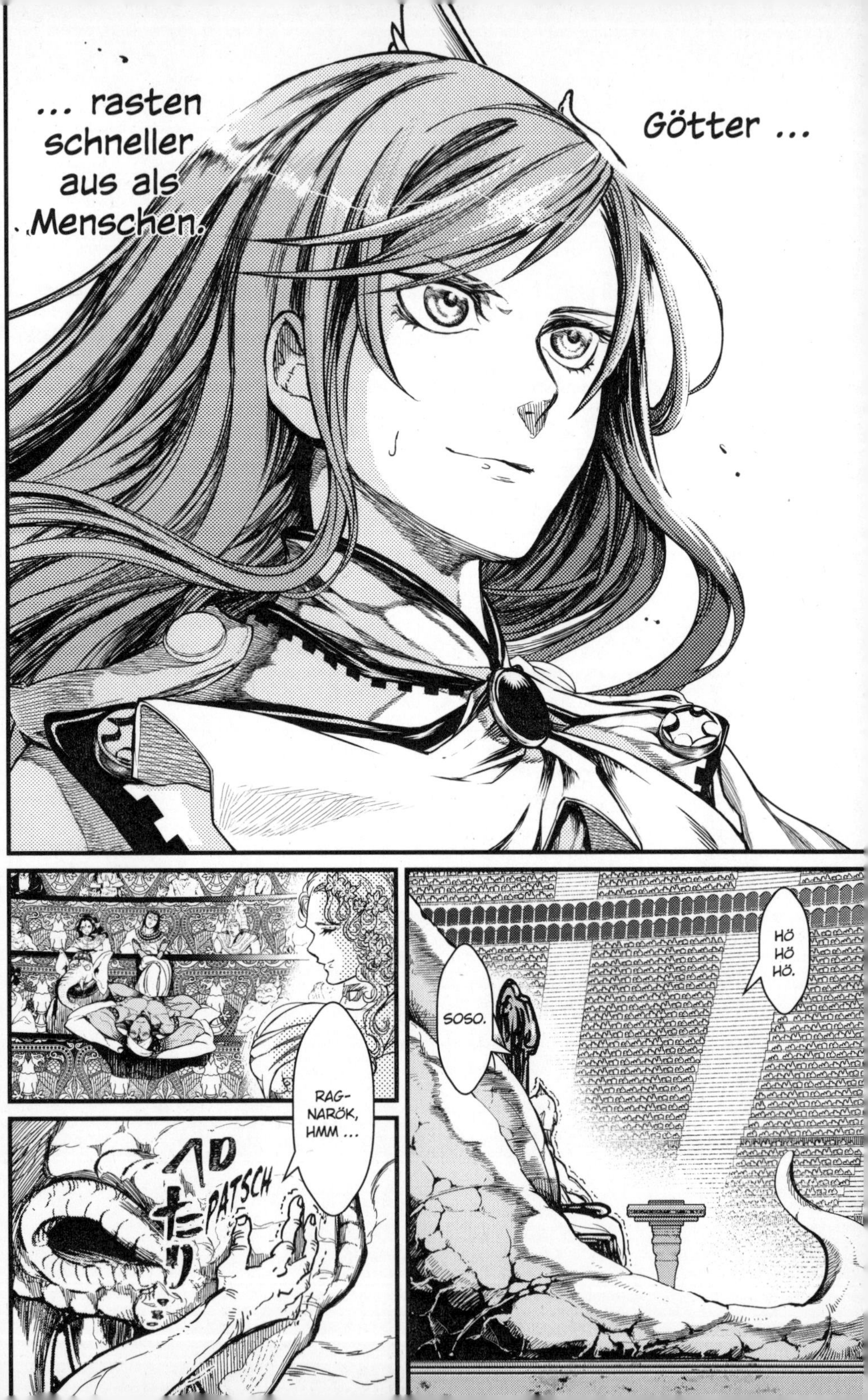

Götter ...
... rasten schneller aus als Menschen.
HÖ HÖ HÖ.
SOSO.
RAGNARÖK, HMM ...
PATSCH

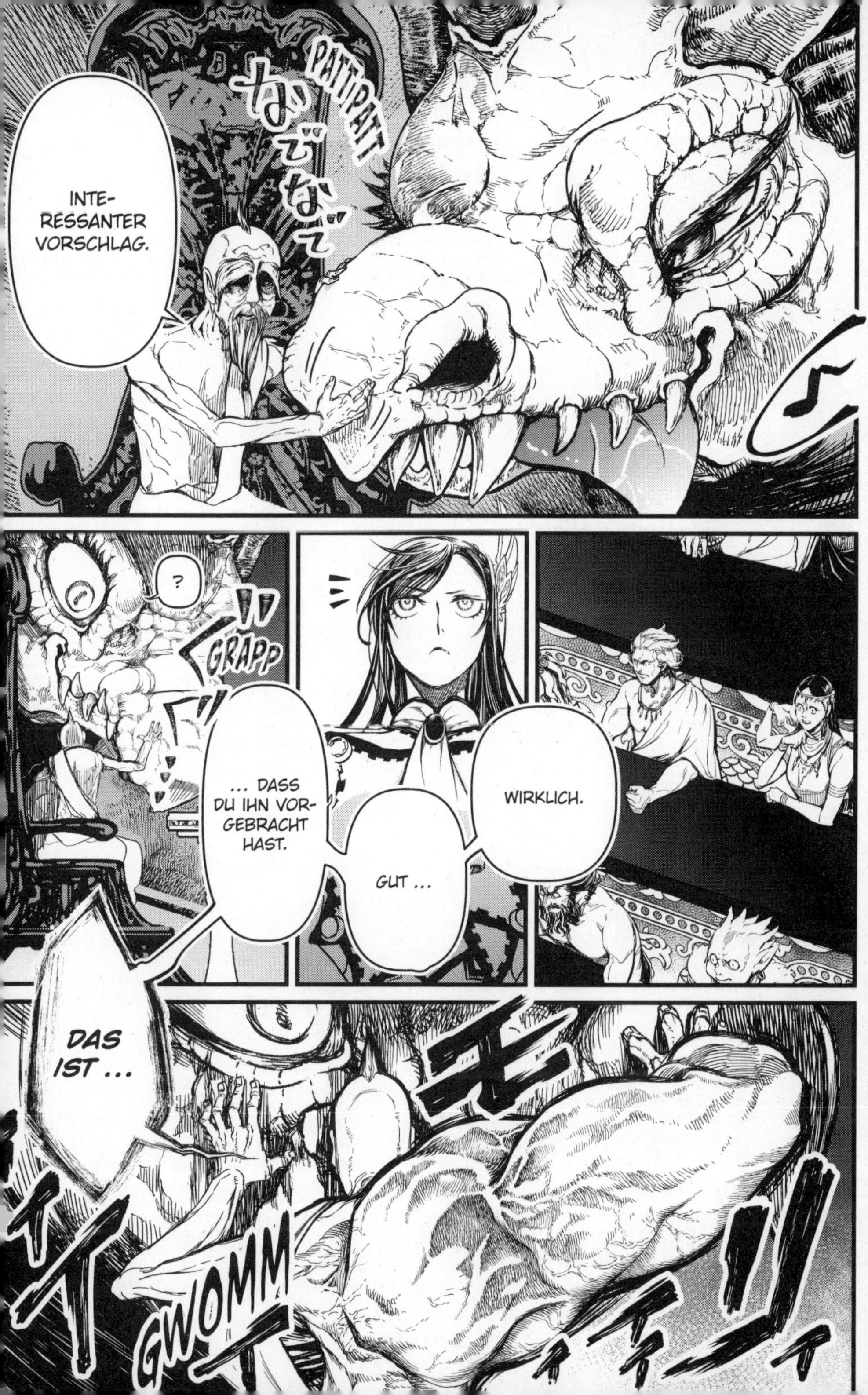

PAT PAT
なでなで
INTE-
RESSANTER
VORSCHLAG.
?
GRAPP
WIRKLICH.
GUT …
… DASS
DU IHN VOR-
GEBRACHT
HAST.
DAS
IST …
GWOMM

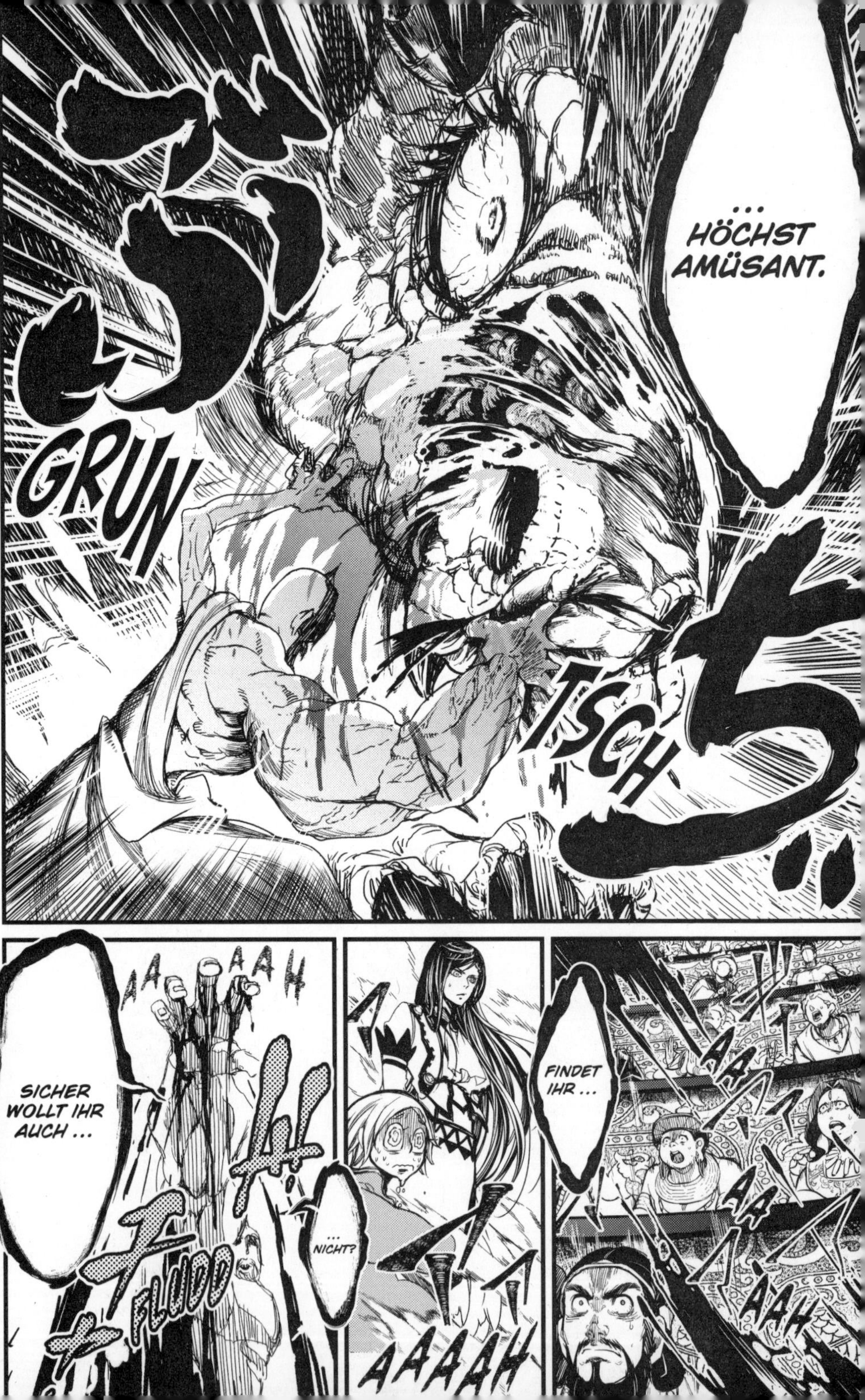
… HÖCHST AMÜSANT.
GRUN
TSCH
FINDET IHR …
AAAAH
… NICHT?
AAAAH
SICHER WOLLT IHR AUCH …
AA AAAH
FLUDD

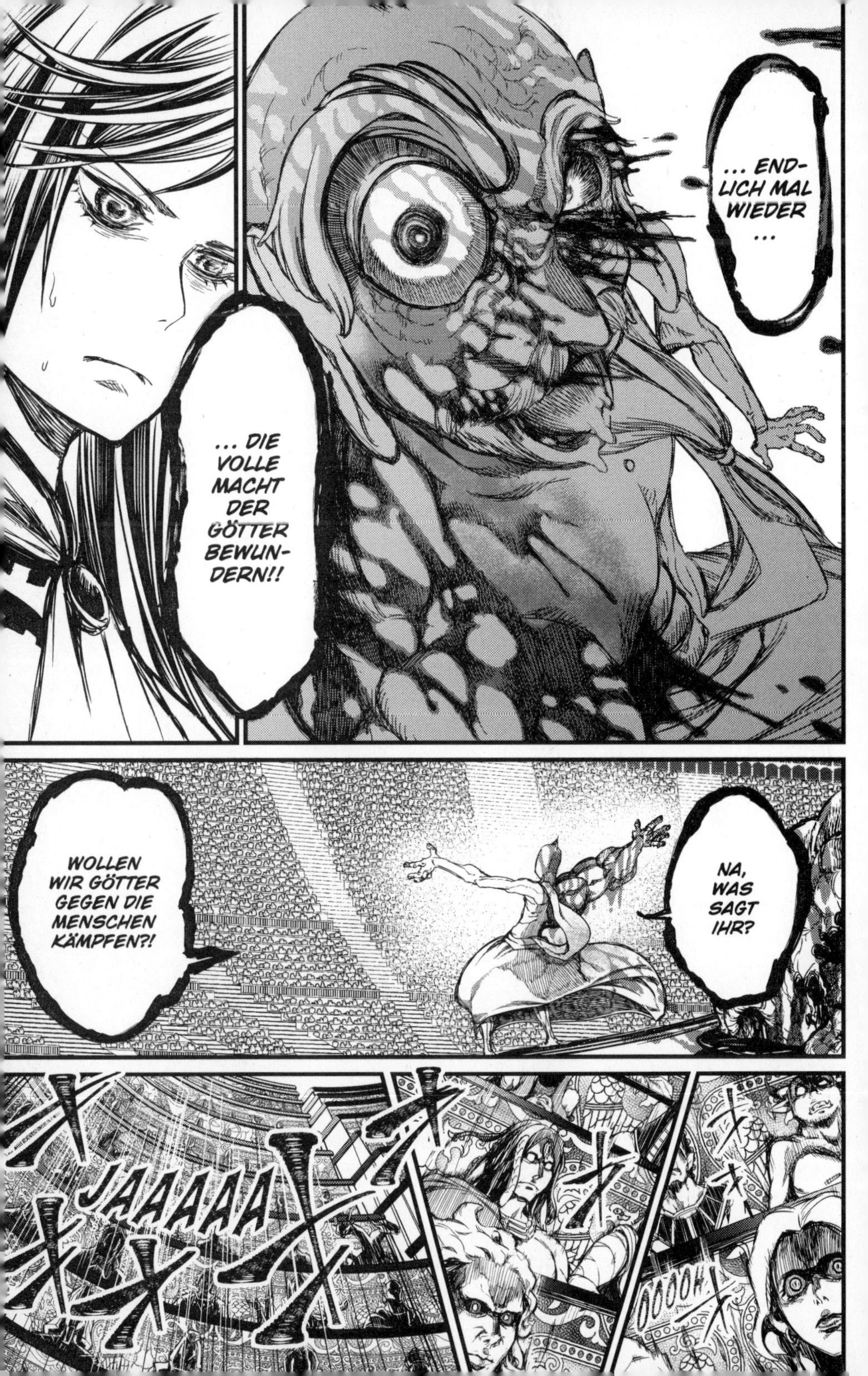
... ENDLICH MAL WIEDER ...
... DIE VOLLE MACHT DER GÖTTER BEWUNDERN!!
NA, WAS SAGT IHR?
WOLLEN WIR GÖTTER GEGEN DIE MENSCHEN KÄMPFEN?!
JAAAAAA
OOOOH!

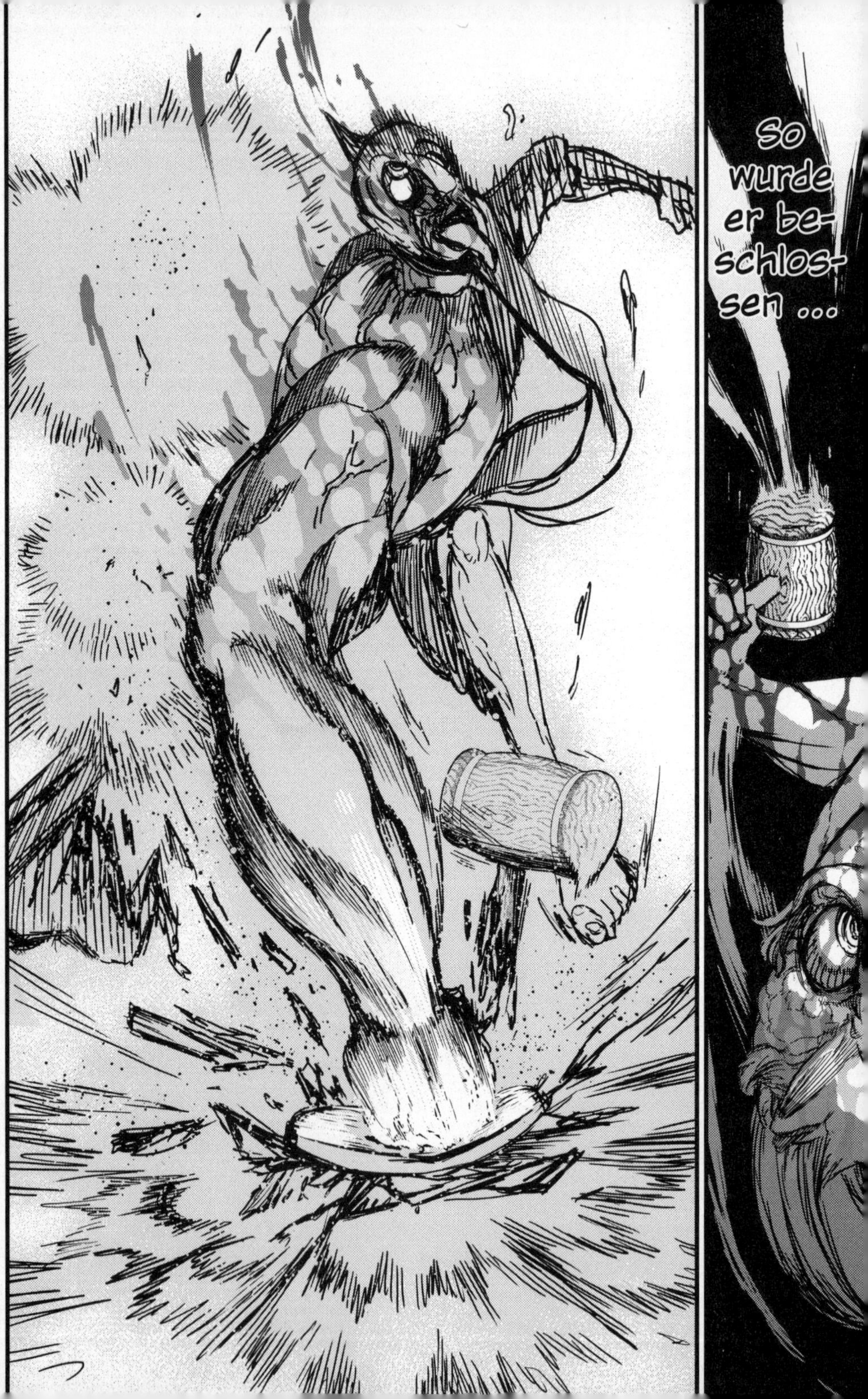
So wurde er be-schlos-sen ...

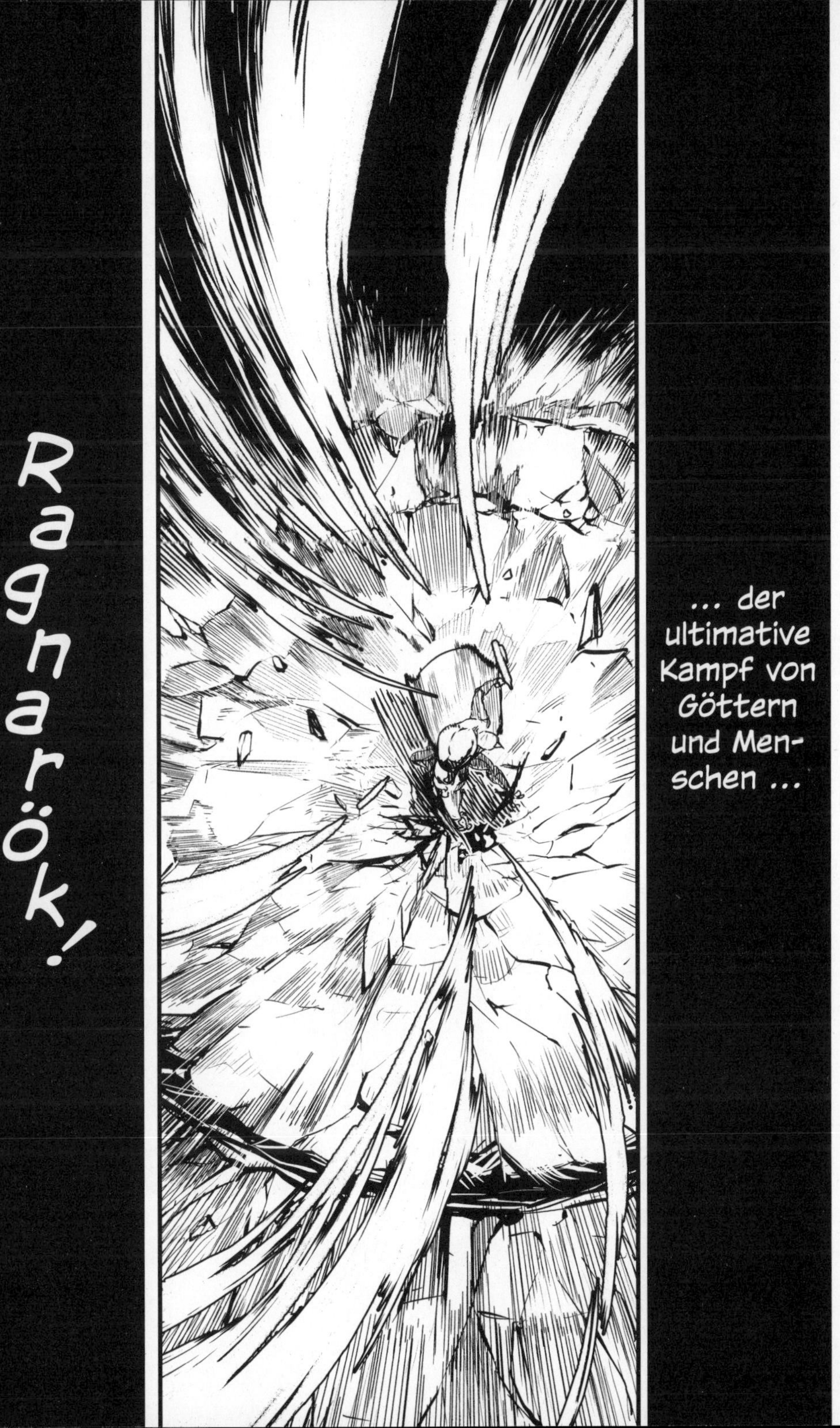
Ragnarök!
... der ultimative Kampf von Göttern und Menschen ...

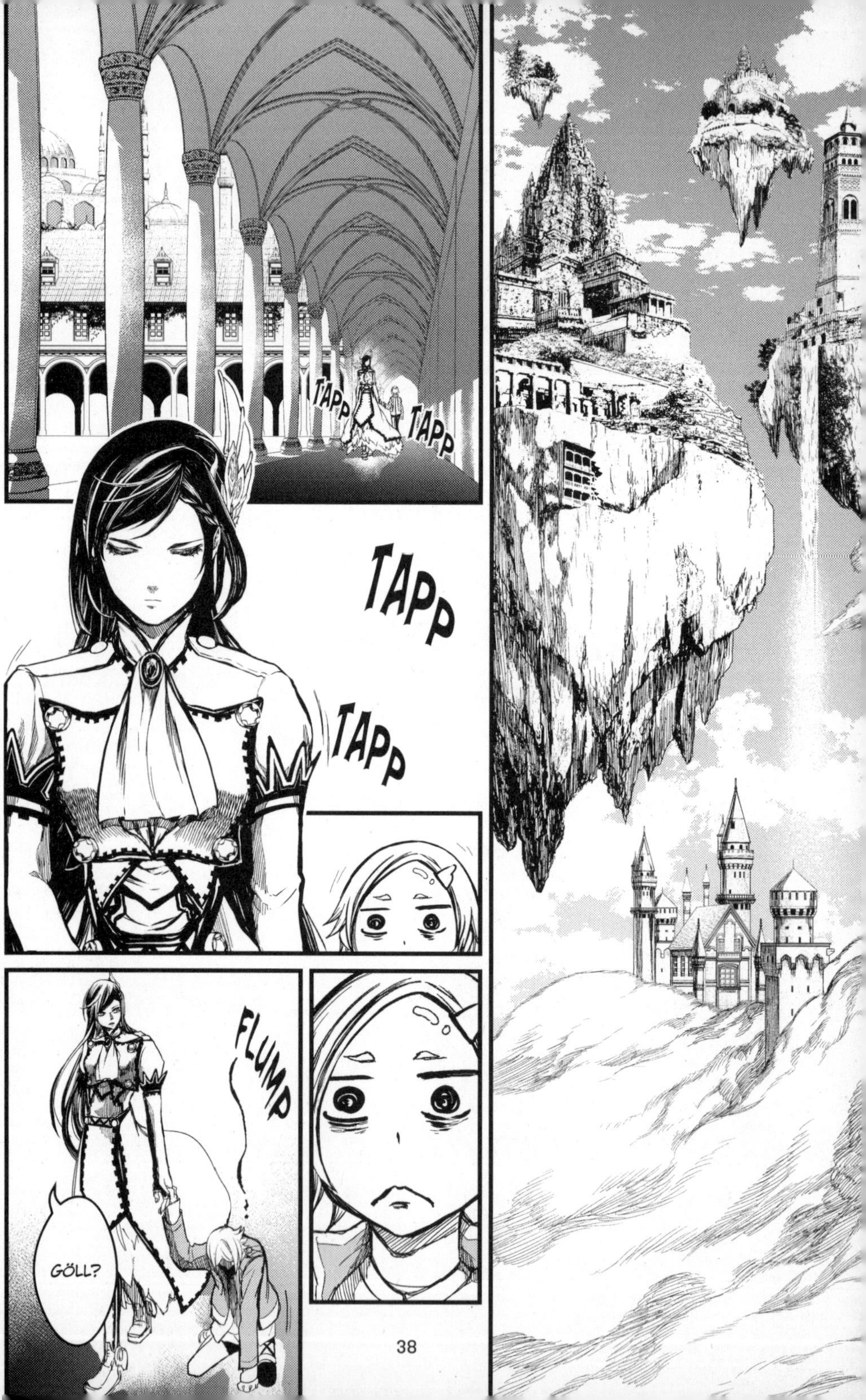
TAPP
TAPP
TAPP
TAPP
FLUMP
GÖLL?

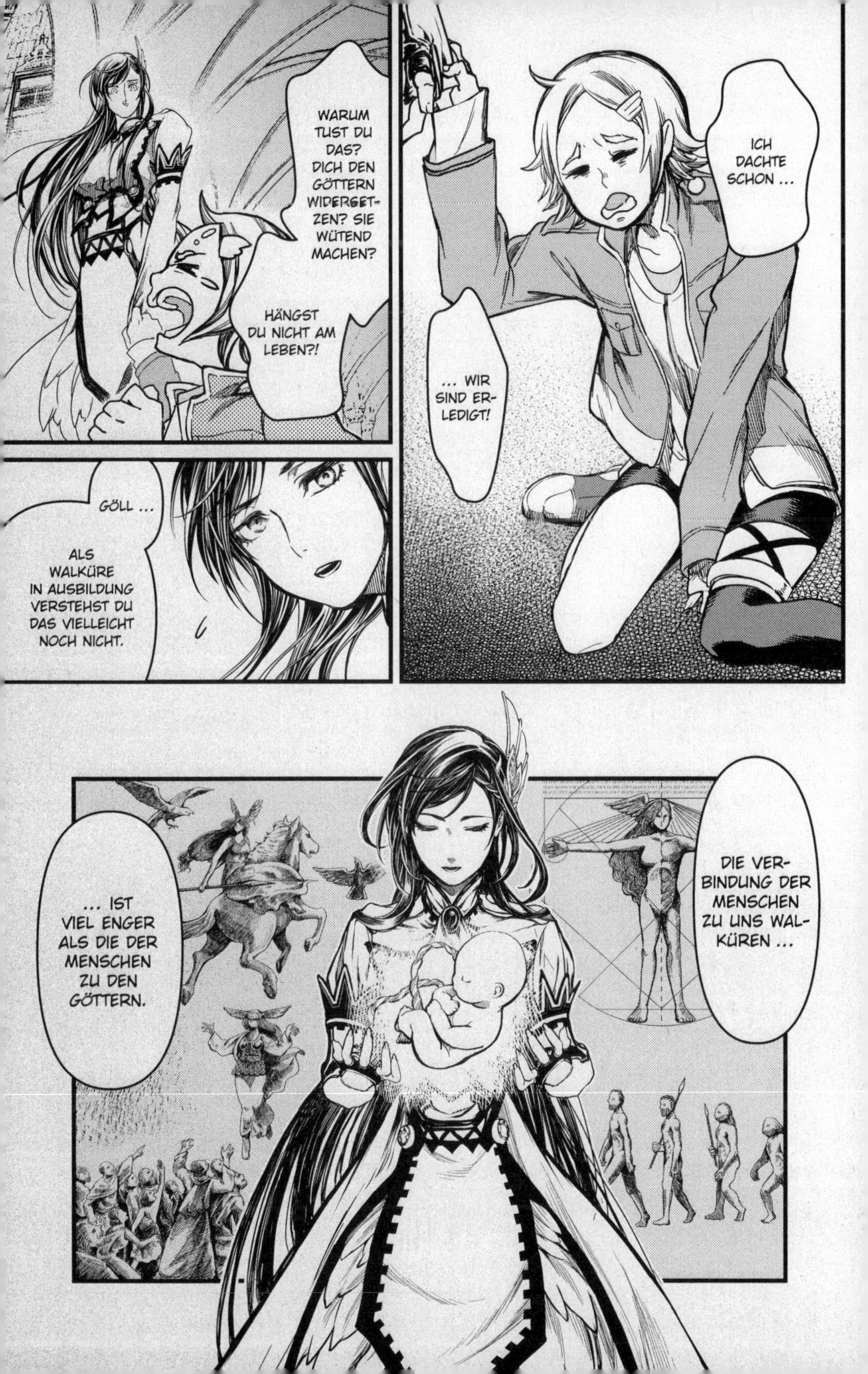
ICH DACHTE SCHON …
… WIR SIND ERLEDIGT!
WARUM TUST DU DAS? DICH DEN GÖTTERN WIDERSETZEN? SIE WÜTEND MACHEN?
HÄNGST DU NICHT AM LEBEN?!
GÖLL …
ALS WALKÜRE IN AUSBILDUNG VERSTEHST DU DAS VIELLEICHT NOCH NICHT.
DIE VERBINDUNG DER MENSCHEN ZU UNS WALKÜREN …
… IST VIEL ENGER ALS DIE DER MENSCHEN ZU DEN GÖTTERN.

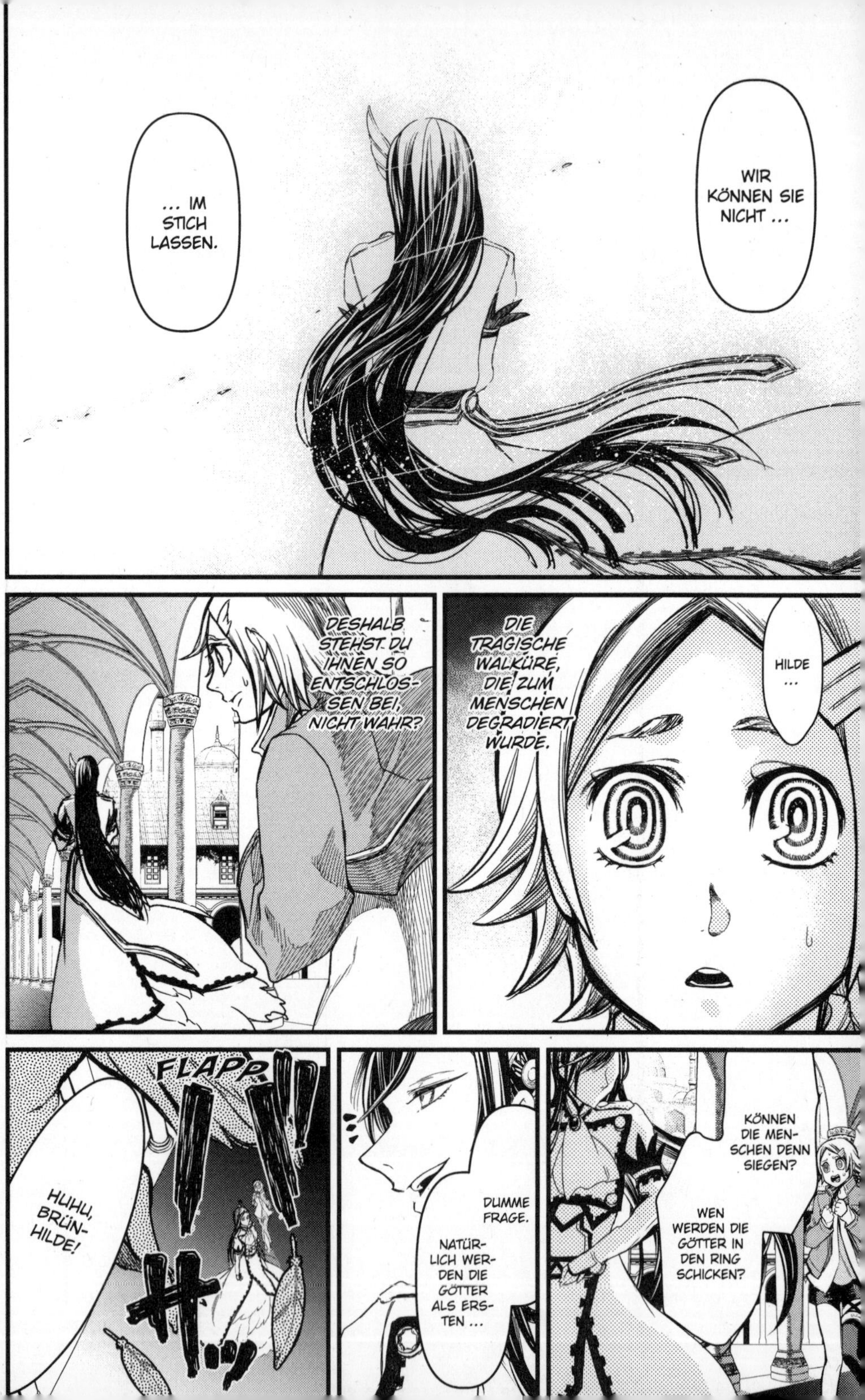
WIR KÖNNEN SIE NICHT …
… IM STICH LASSEN.
HILDE …
DIE TRAGISCHE WALKÜRE, DIE ZUM MENSCHEN DEGRADIERT WURDE.
DESHALB STEHST DU IHNEN SO ENTSCHLOSSEN BEI, NICHT WAHR?
KÖNNEN DIE MENSCHEN DENN SIEGEN?
WEN WERDEN DIE GÖTTER IN DEN RING SCHICKEN?
DUMME FRAGE.
NATÜRLICH WERDEN DIE GÖTTER ALS ERSTEN …
FLAPP
HUHU, BRÜNHILDE!

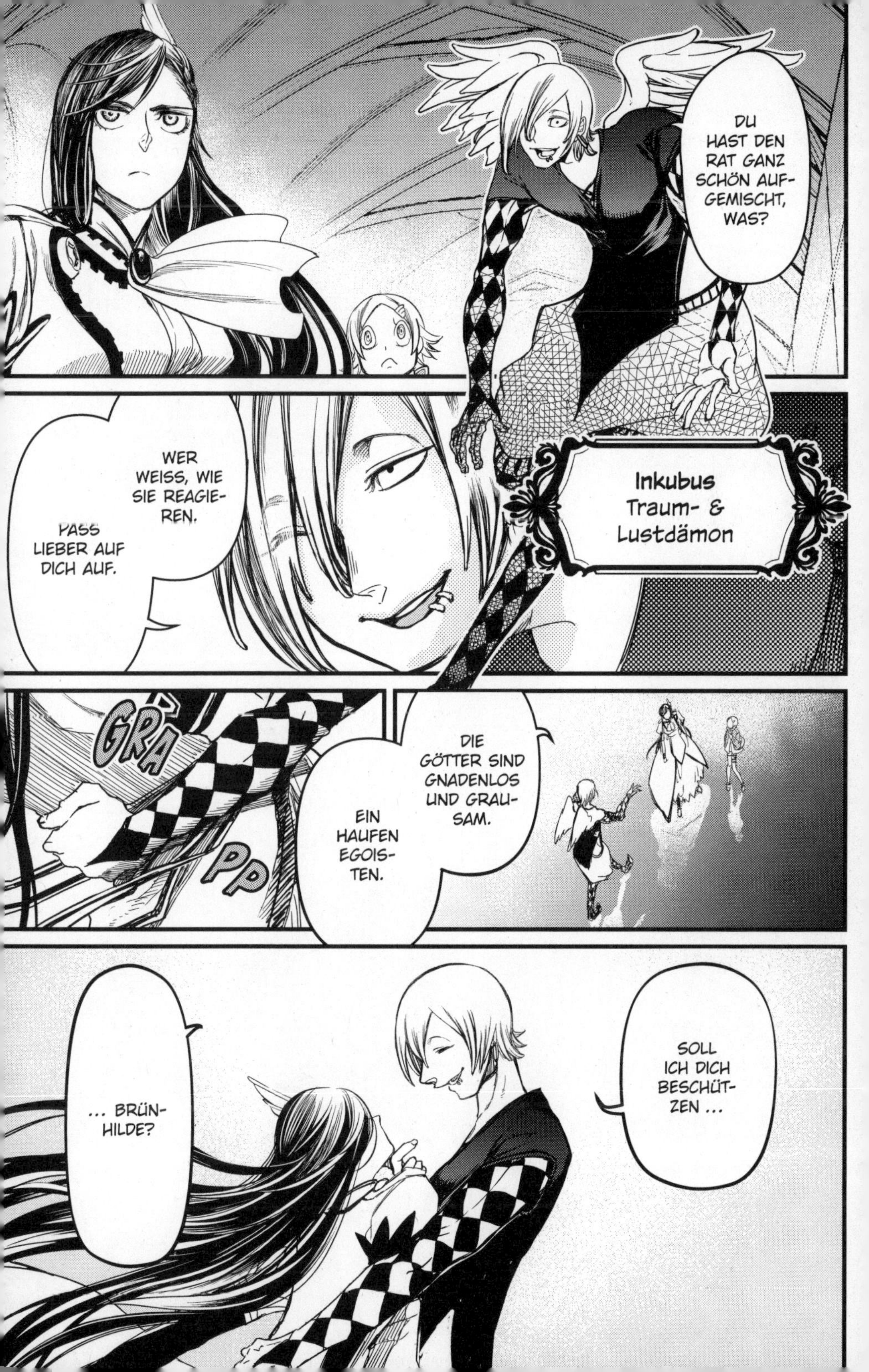
DU HAST DEN RAT GANZ SCHÖN AUF-GEMISCHT, WAS?
Inkubus Traum- & Lustdämon
WER WEISS, WIE SIE REAGIE-REN.
PASS LIEBER AUF DICH AUF.
DIE GÖTTER SIND GNADENLOS UND GRAU-SAM.
EIN HAUFEN EGOIS-TEN.
GRA
PP
SOLL ICH DICH BESCHÜT-ZEN …
… BRÜN-HILDE?

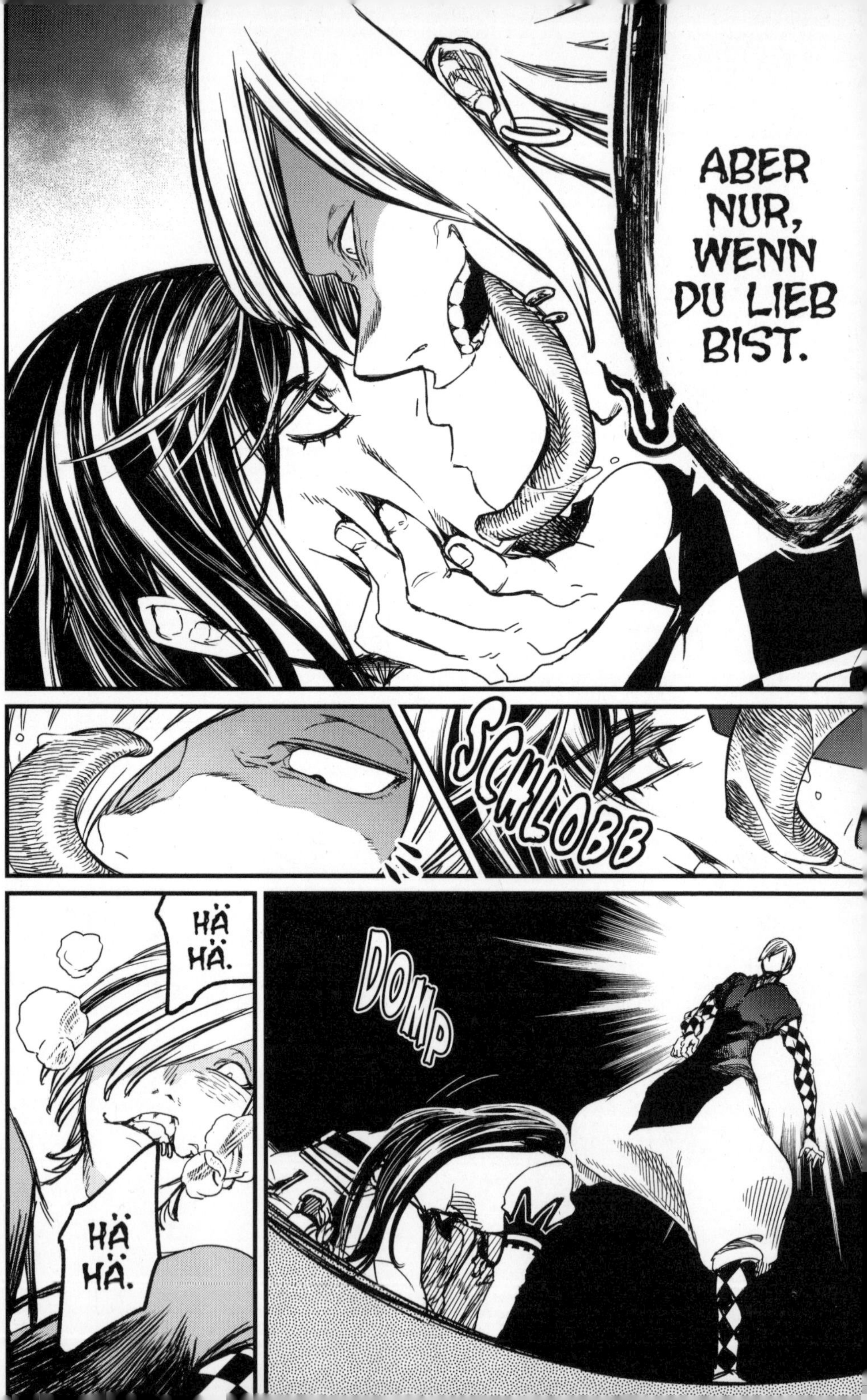
ABER NUR, WENN DU LIEB BIST.
SCHLOBB
DOMP
HÄ HÄ.
HÄ HÄ.

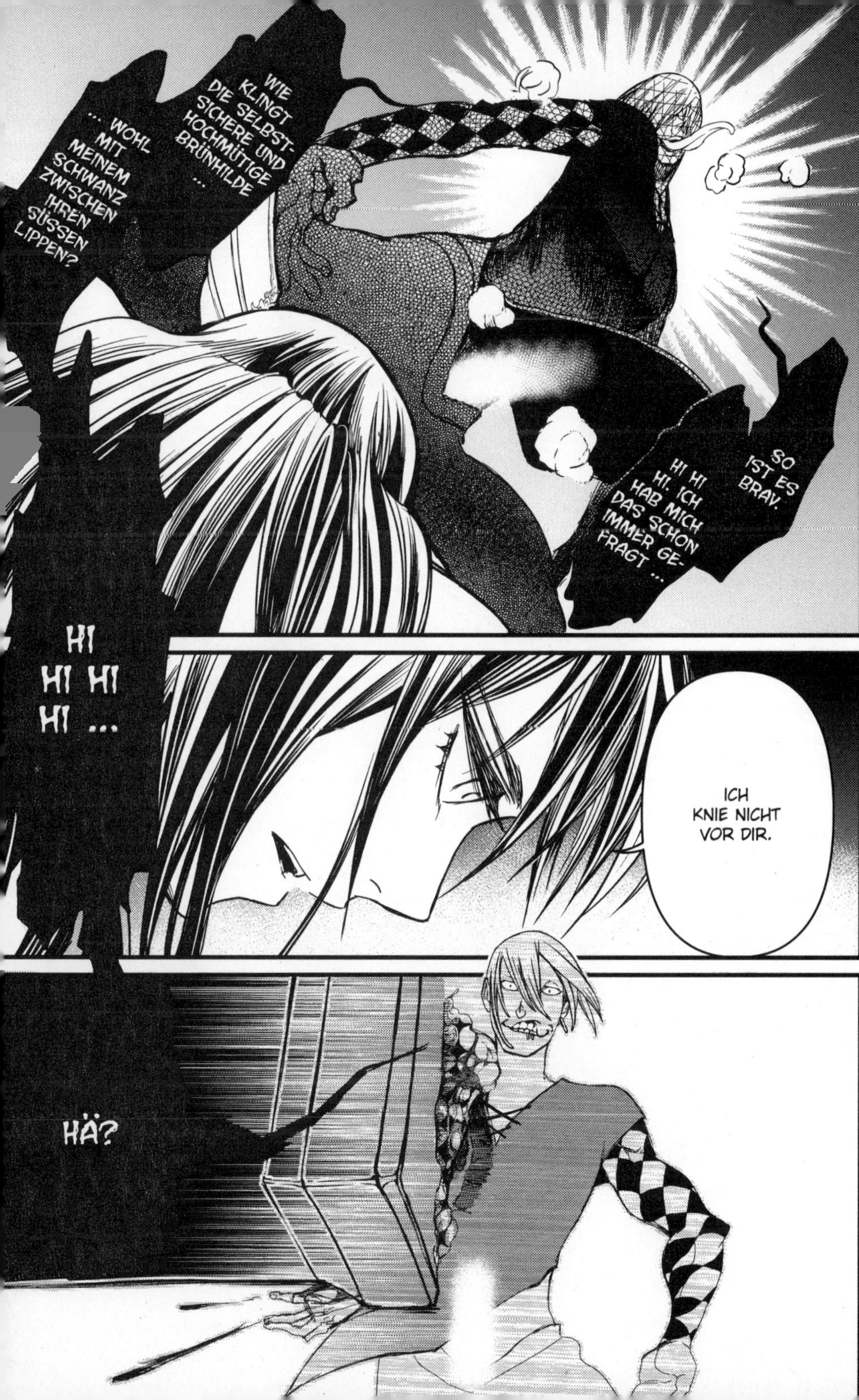

WIE KLINGT DIE SELBST-SICHERE UND HOCHMÜTIGE BRÜNHILDE …
… WOHL MIT MEINEM SCHWANZ ZWISCHEN IHREN SÜSSEN LIPPEN?
SO IST ES BRAV.
HI HI HI. ICH HAB MICH DAS SCHON IMMER GE-FRAGT …
ICH KNIE NICHT VOR DIR.
HI HI HI HI …
HÄ?

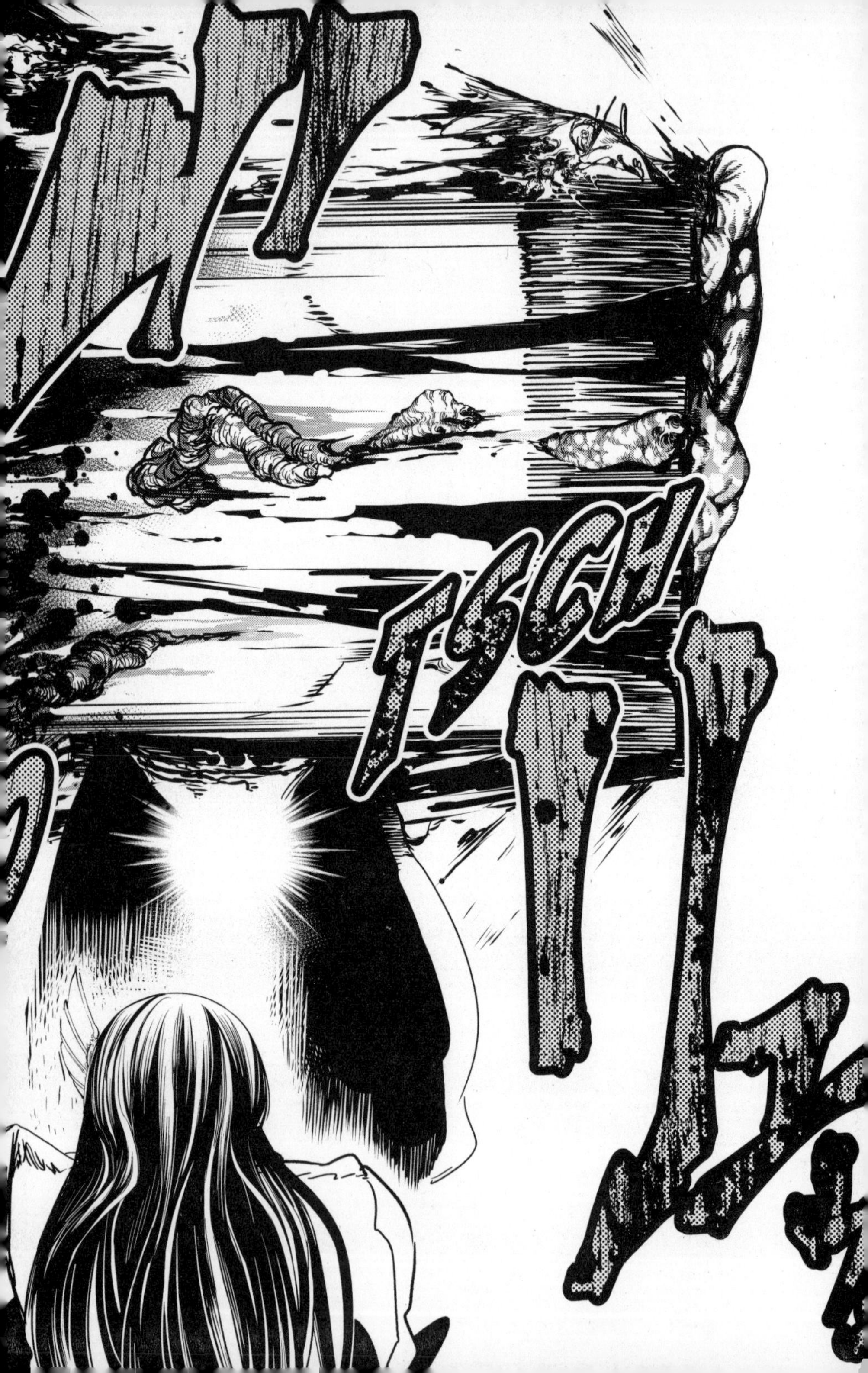
TSCH

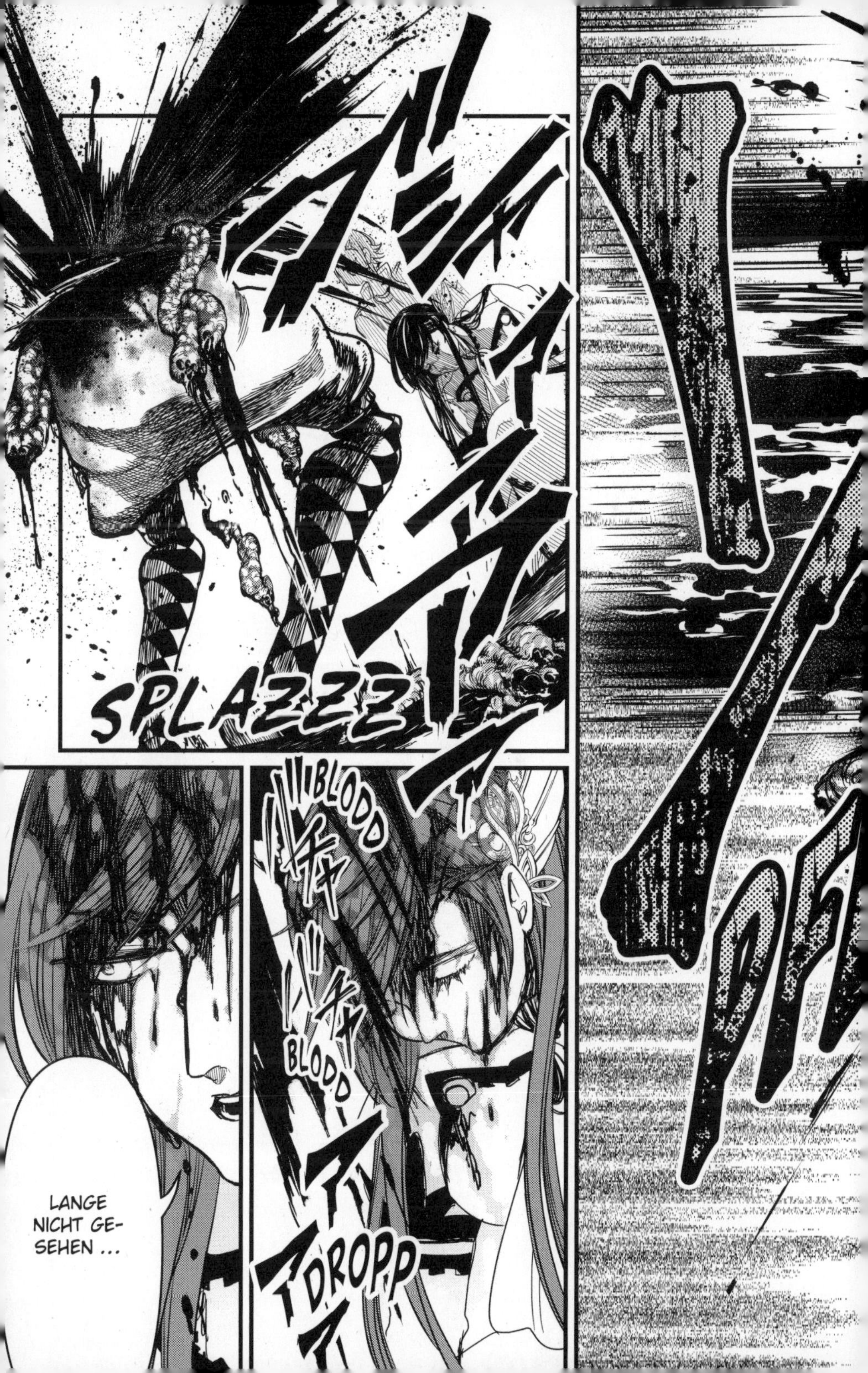
SPLAZZZ
BLODD
BLODD
LANGE NICHT GESEHEN …
DROPP

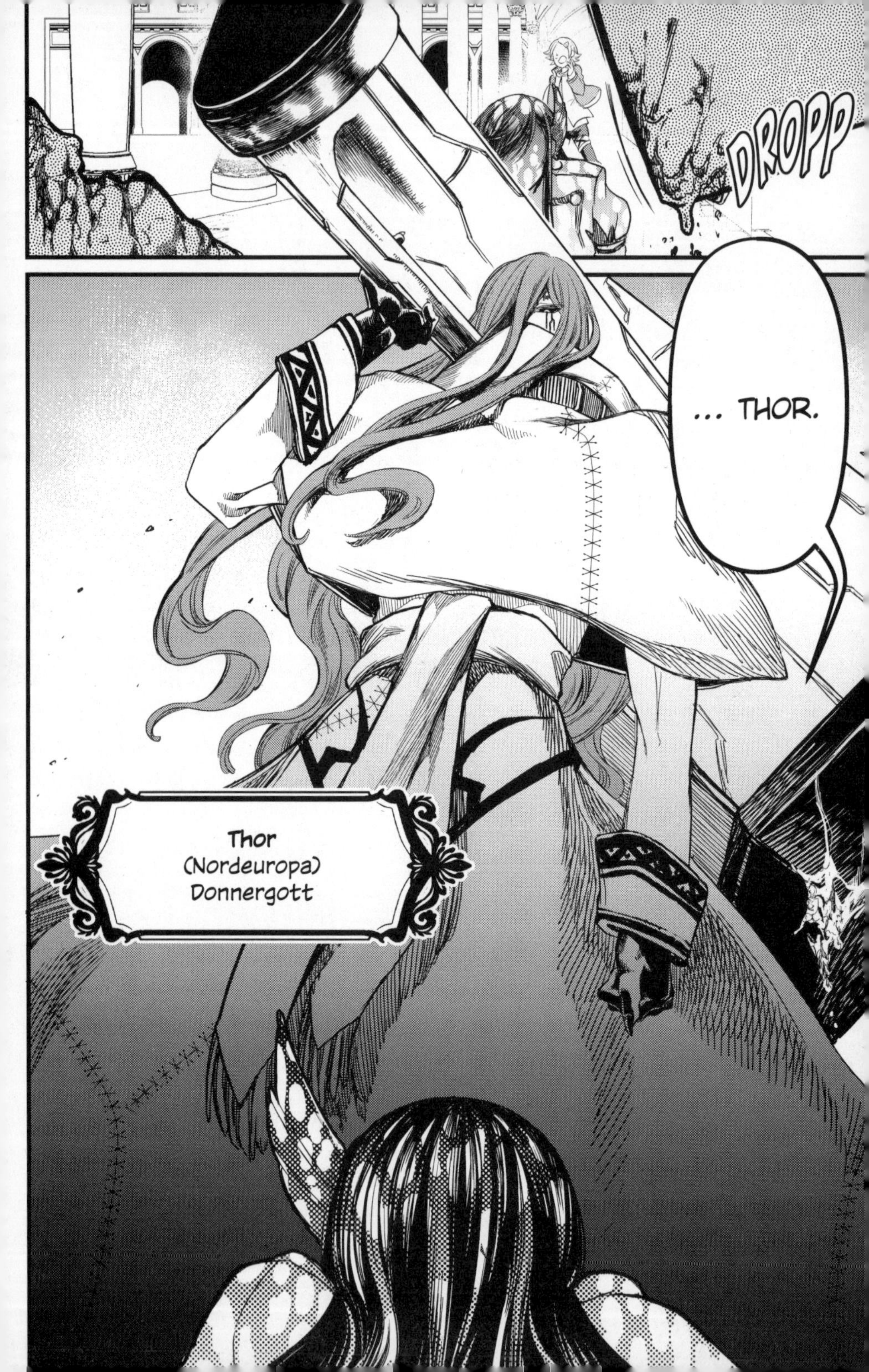
DROPP-
... THOR.
Thor
(Nordeuropa)
Donnergott

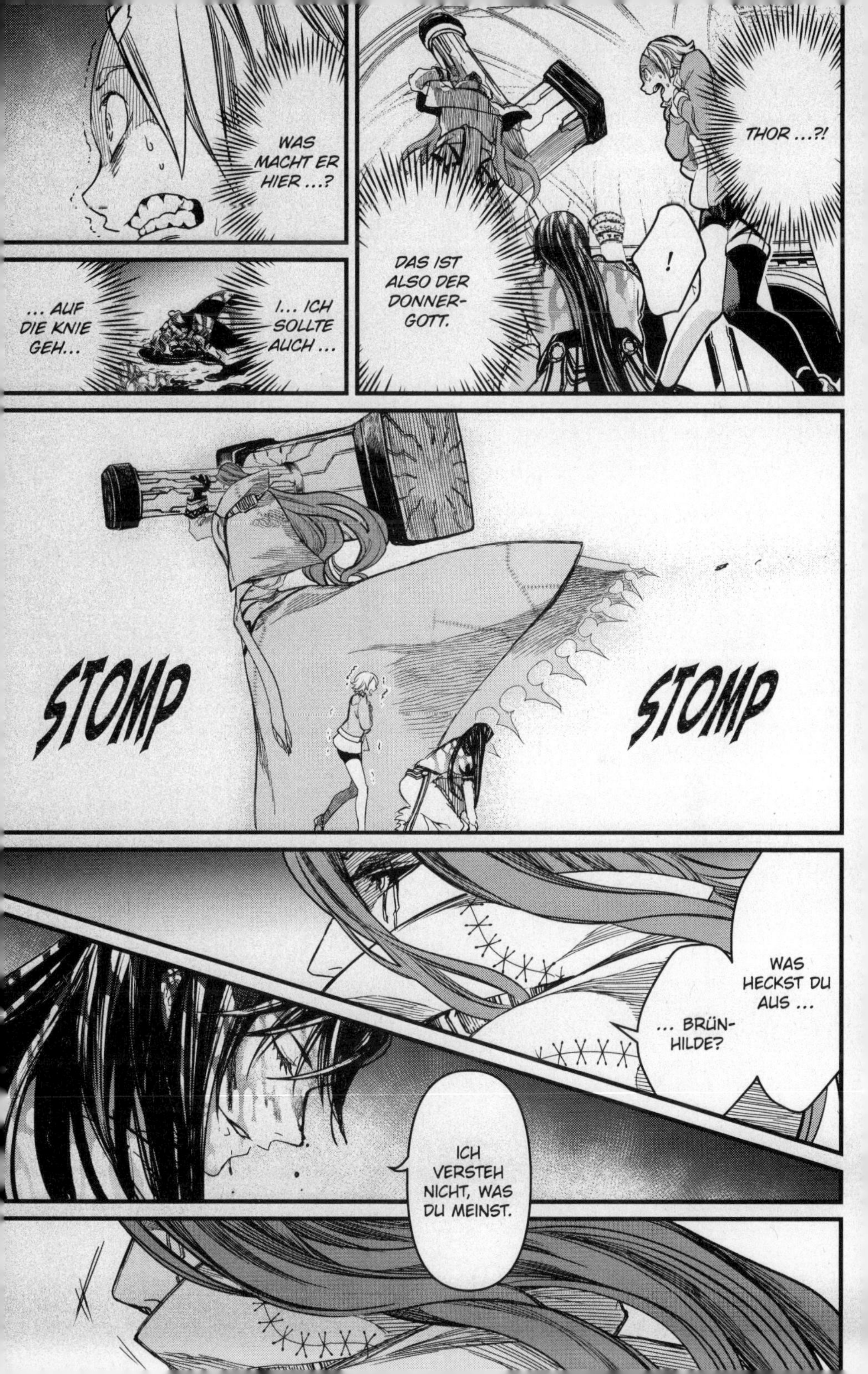
THOR ...?!
!
DAS IST ALSO DER DONNER-GOTT.
WAS MACHT ER HIER ...?
I... ICH SOLLTE AUCH ...
... AUF DIE KNIE GEH...
STOMP
STOMP
WAS HECKST DU AUS ...
... BRÜN-HILDE?
ICH VERSTEH NICHT, WAS DU MEINST.

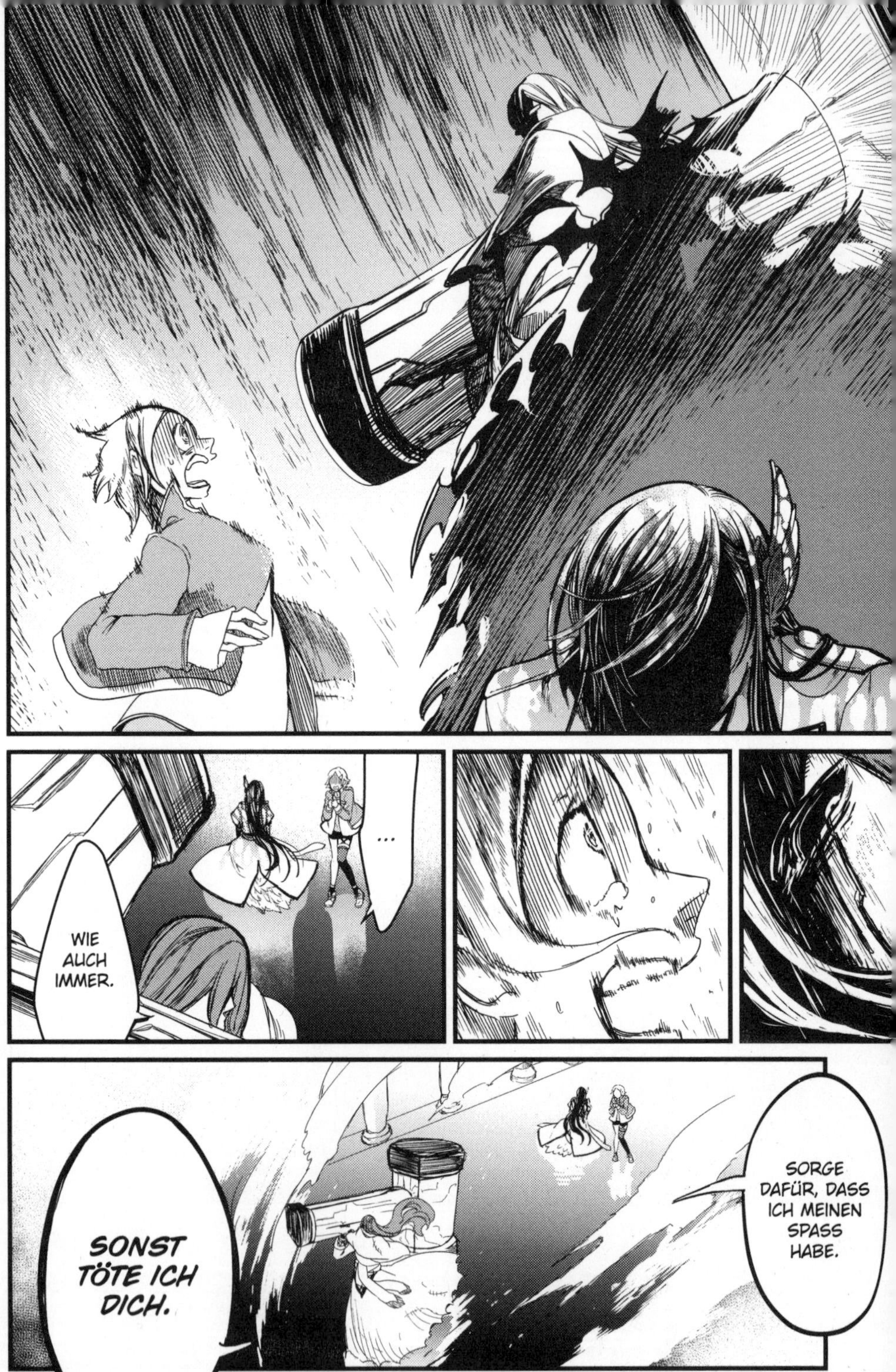

...
WIE AUCH IMMER.
SORGE DAFÜR, DASS ICH MEINEN SPASS HABE.
SONST TÖTE ICH DICH.

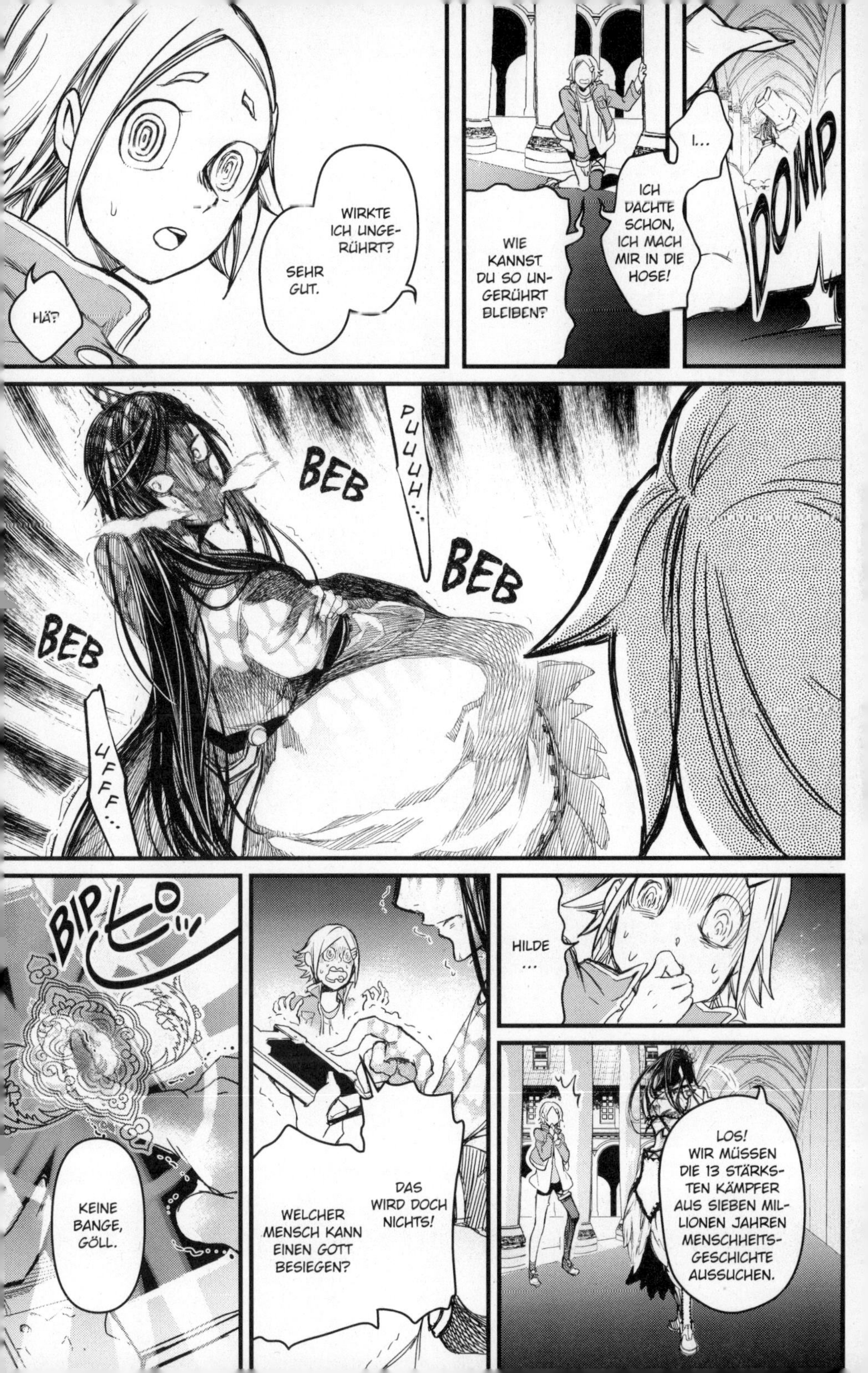

DOMP
I…
ICH DACHTE SCHON, ICH MACH MIR IN DIE HOSE!
WIE KANNST DU SO UNGERÜHRT BLEIBEN?
WIRKTE ICH UNGERÜHRT?
SEHR GUT.
HÄ?
PUUUH…
BEB
BEB
BEB
UFFF…
HILDE …
LOS! WIR MÜSSEN DIE 13 STÄRKSTEN KÄMPFER AUS SIEBEN MILLIONEN JAHREN MENSCHHEITSGESCHICHTE AUSSUCHEN.
DAS WIRD DOCH NICHTS!
WELCHER MENSCH KANN EINEN GOTT BESIEGEN?
BIP
KEINE BANGE, GÖLL.

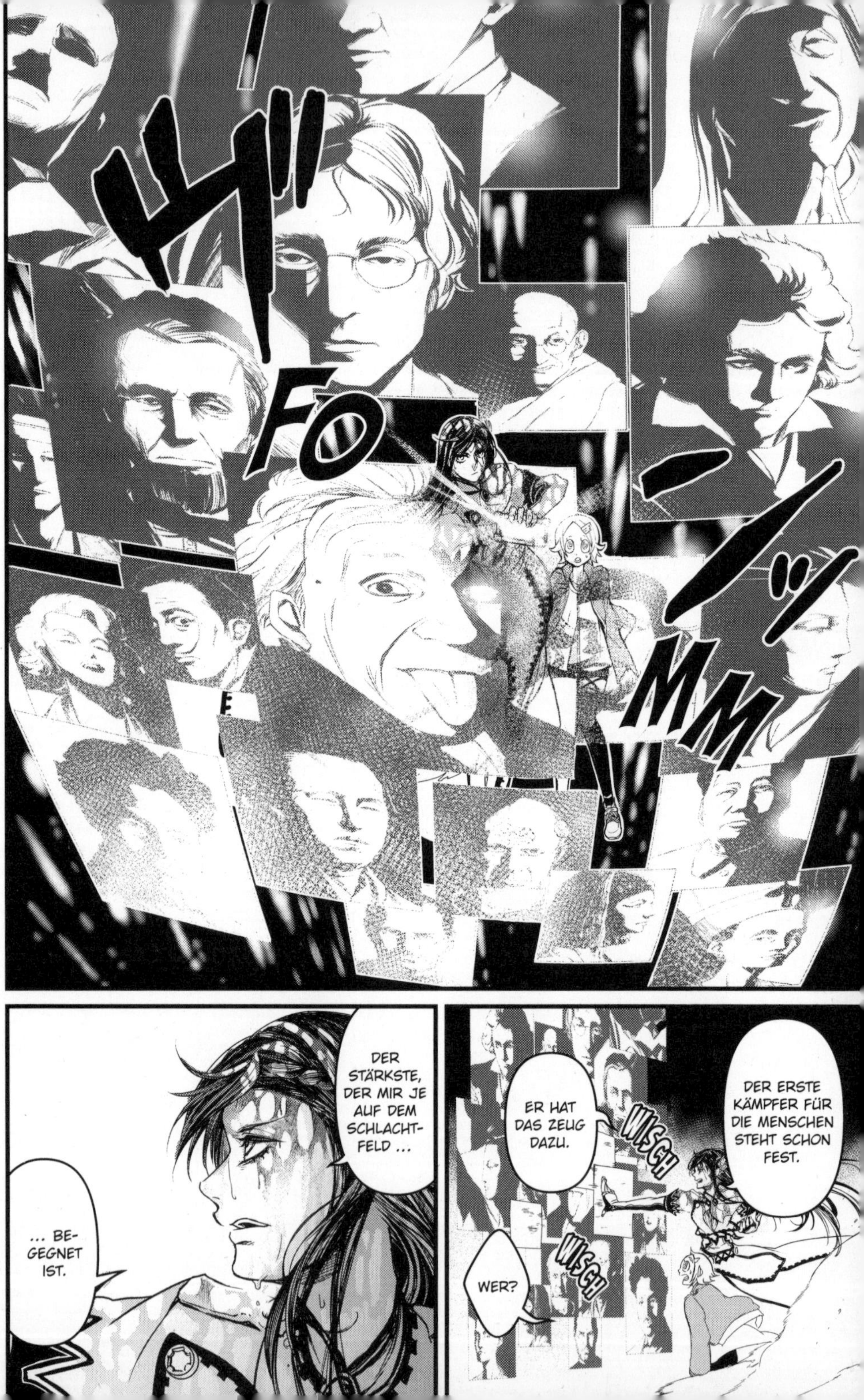
FO
MM
DER ERSTE KÄMPFER FÜR DIE MENSCHEN STEHT SCHON FEST.
ER HAT DAS ZEUG DAZU.
WISCH
WISCH
WER?
DER STÄRKSTE, DER MIR JE AUF DEM SCHLACHT-FELD …
… BE-GEGNET IST.

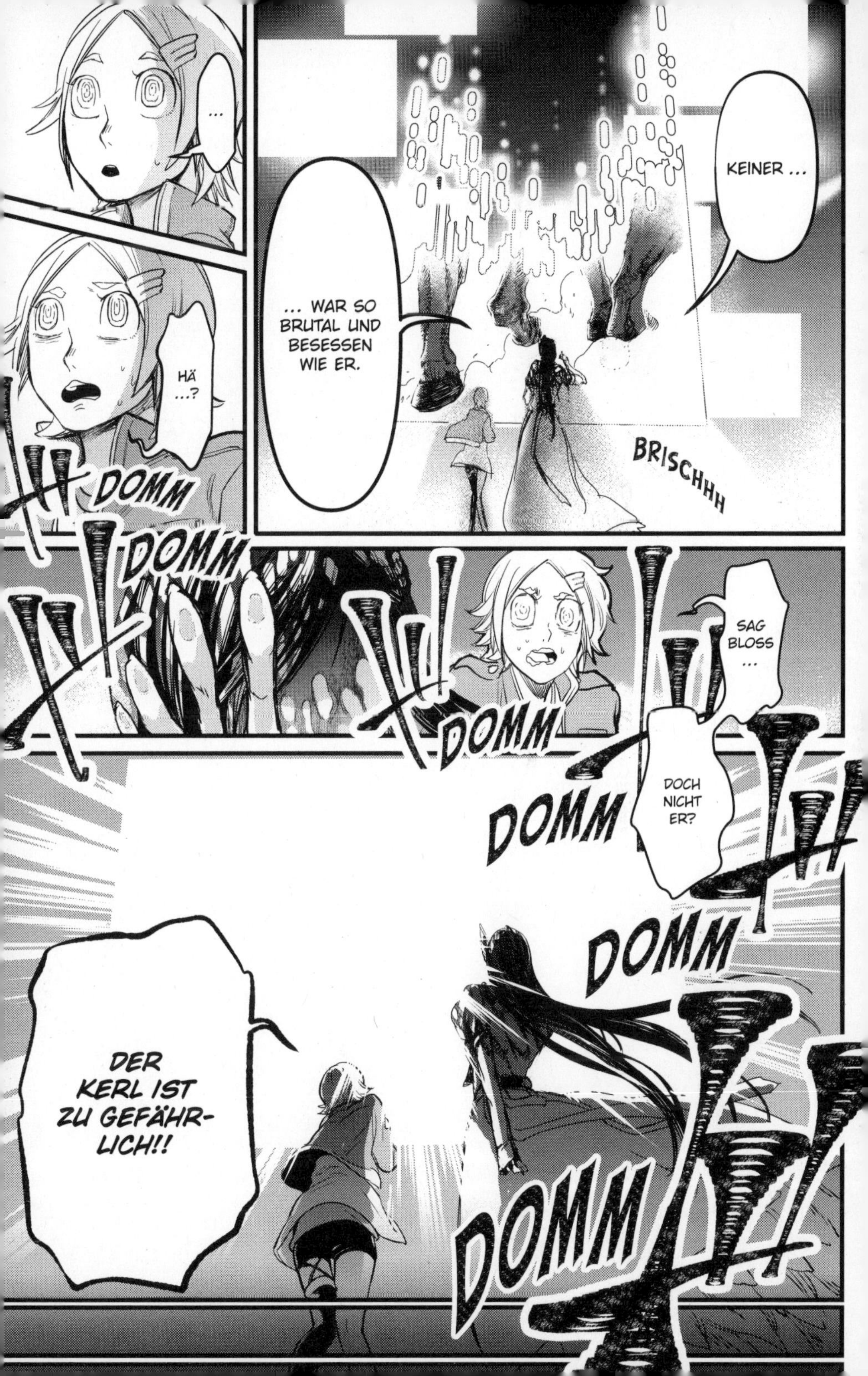
KEINER …
… WAR SO BRUTAL UND BESESSEN WIE ER.
BRISCHHH
…
HÄ …?
DOMM
DOMM
SAG BLOSS …
DOMM
DOCH NICHT ER?
DOMM
DOMM
DER KERL IST ZU GEFÄHR-LICH!!
DOMM

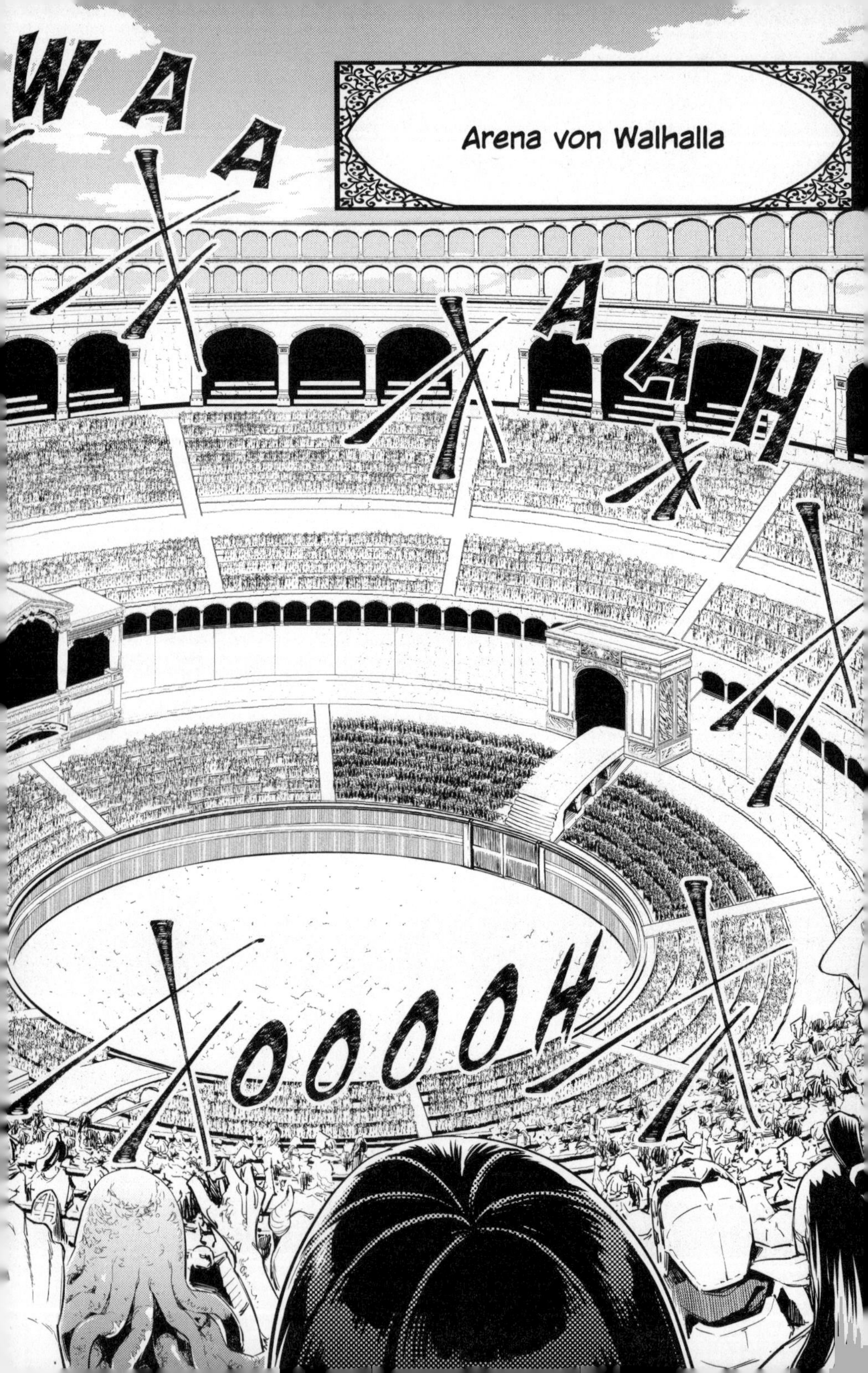
Arena von Walhalla
WAAAAAAH
OOOOOH

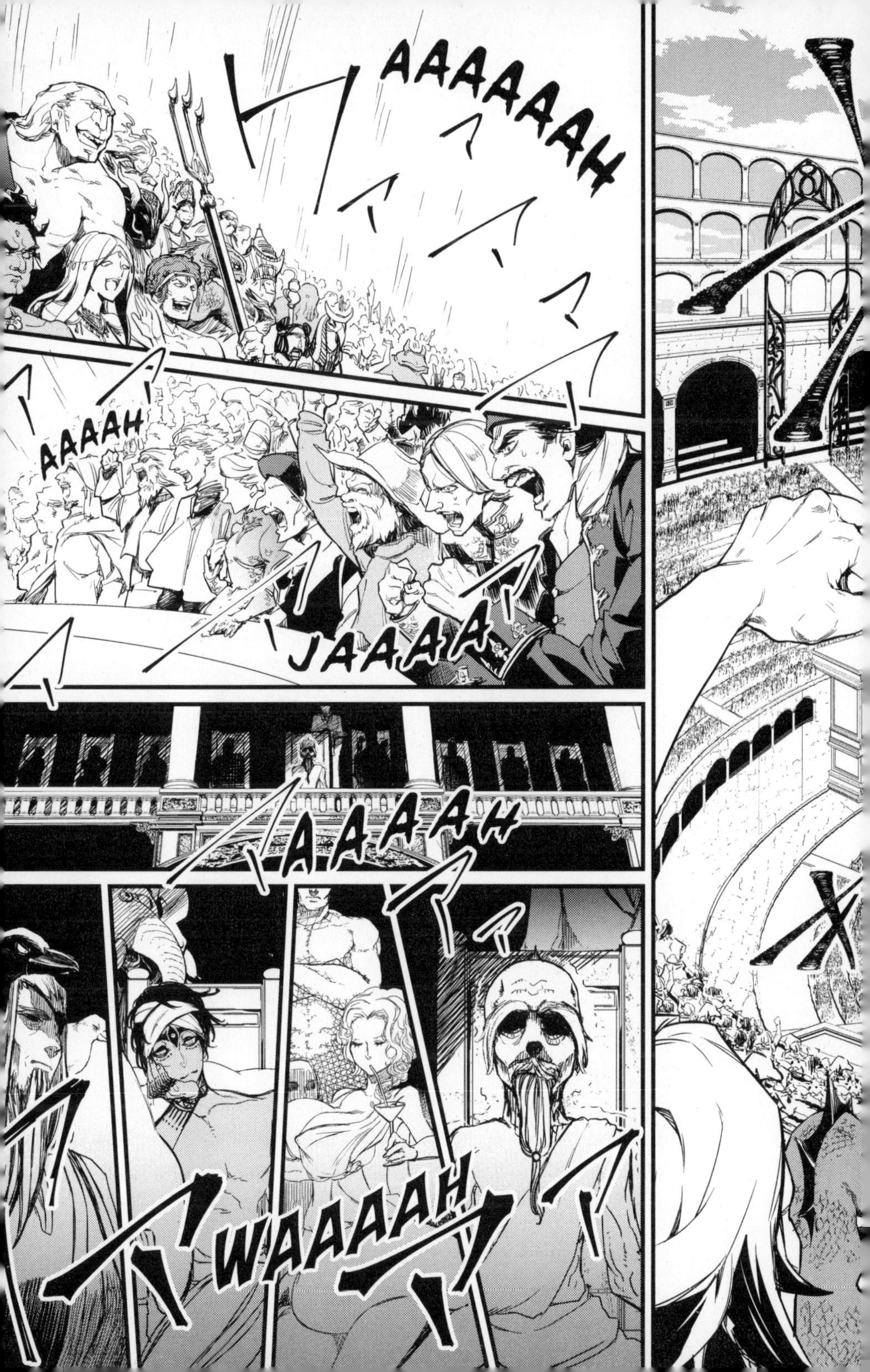
AAAAAAAH
AAAAH
JAAAA
AAAAAH
WAAAAAH

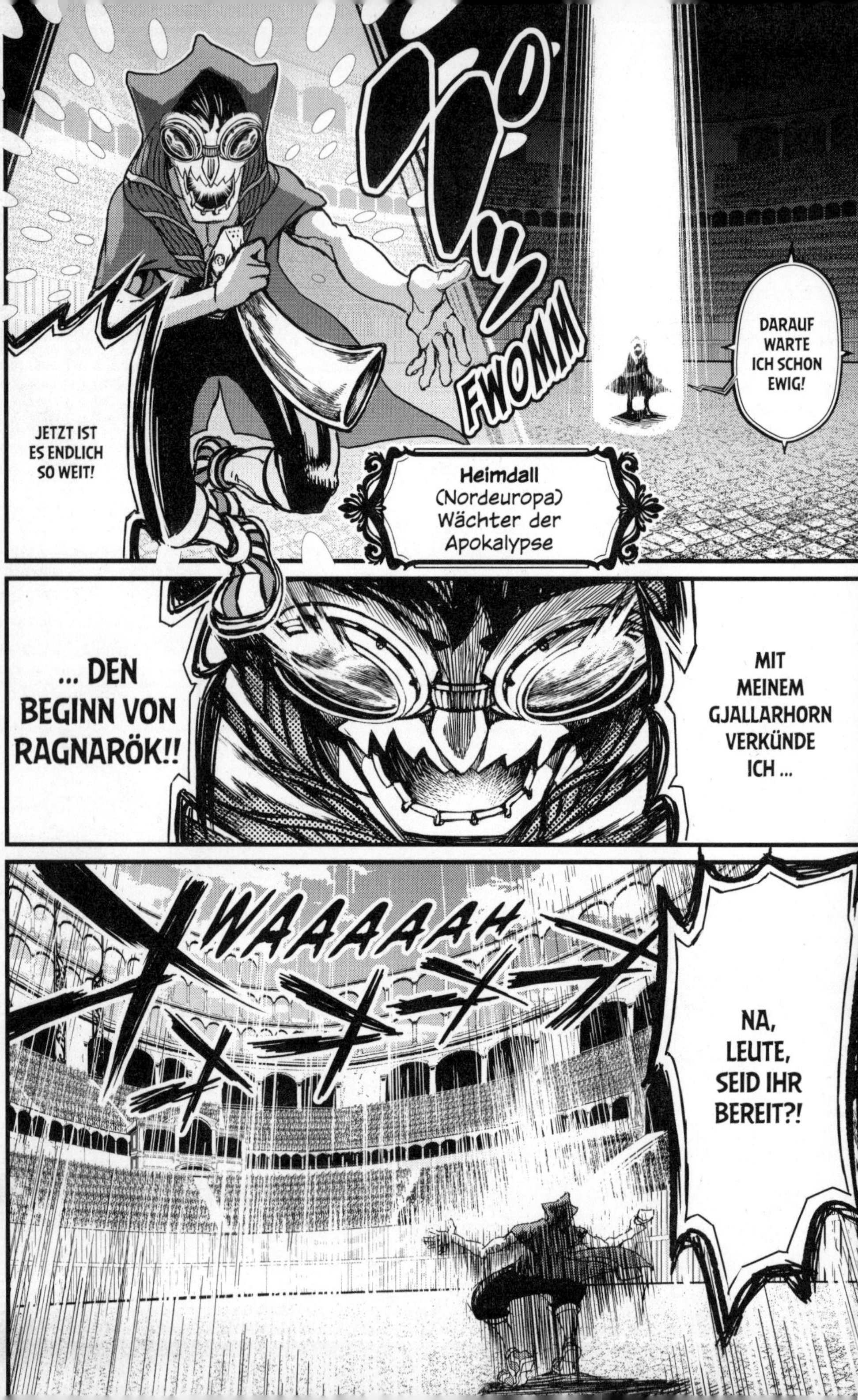
DARAUF WARTE ICH SCHON EWIG!
FWOMM
JETZT IST ES ENDLICH SO WEIT!
Heimdall (Nordeuropa) Wächter der Apokalypse
MIT MEINEM GJALLARHORN VERKÜNDE ICH ...
... DEN BEGINN VON RAGNARÖK!!
NA, LEUTE, SEID IHR BEREIT?!
WAAAAAAH

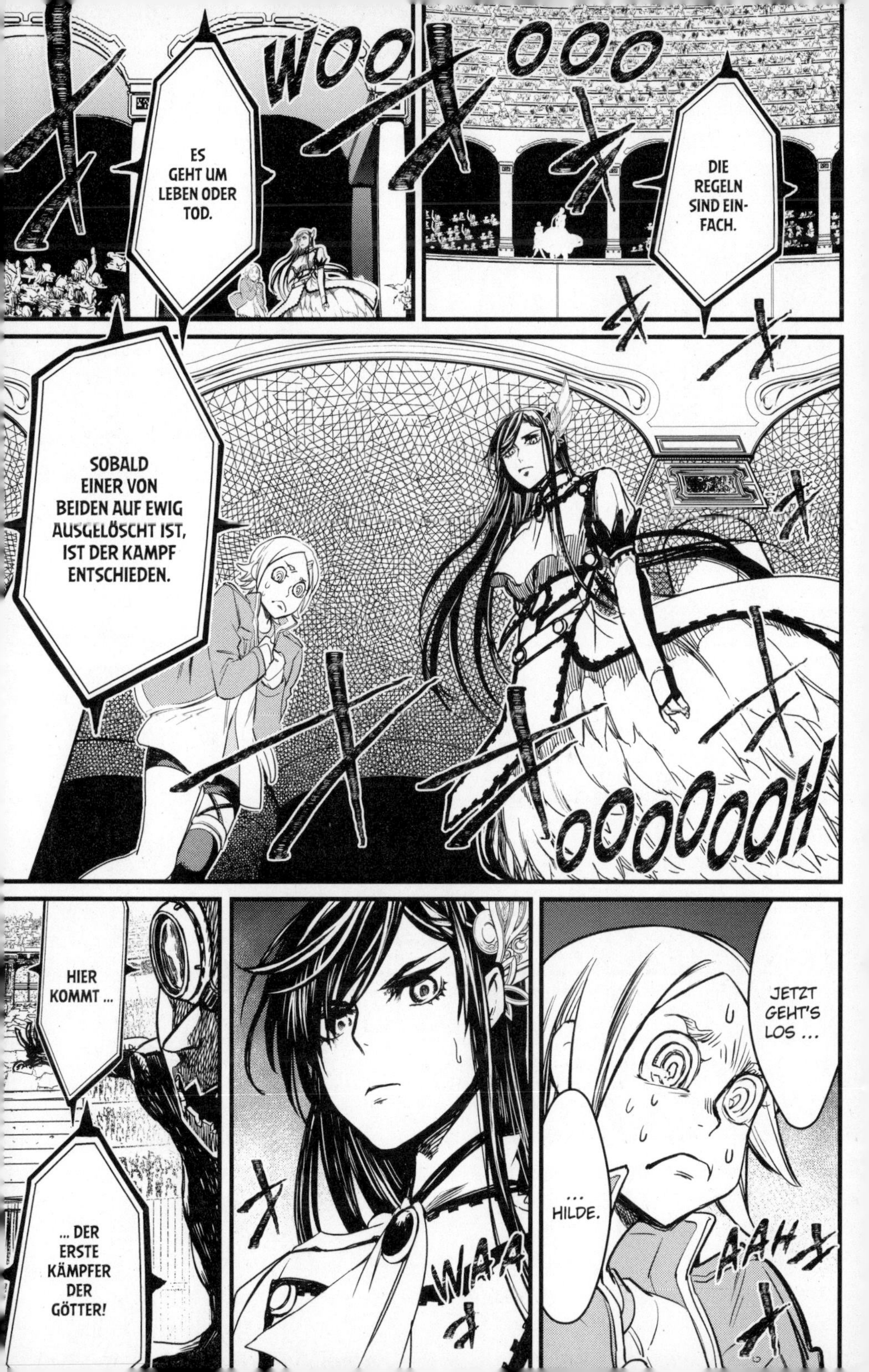
WOOOOOO
DIE REGELN SIND EIN-FACH.
ES GEHT UM LEBEN ODER TOD.
SOBALD EINER VON BEIDEN AUF EWIG AUSGELÖSCHT IST, IST DER KAMPF ENTSCHIEDEN.
OOOOOOH
JETZT GEHT'S LOS ...
... HILDE.
AAH
WAA
HIER KOMMT ...
... DER ERSTE KÄMPFER DER GÖTTER!

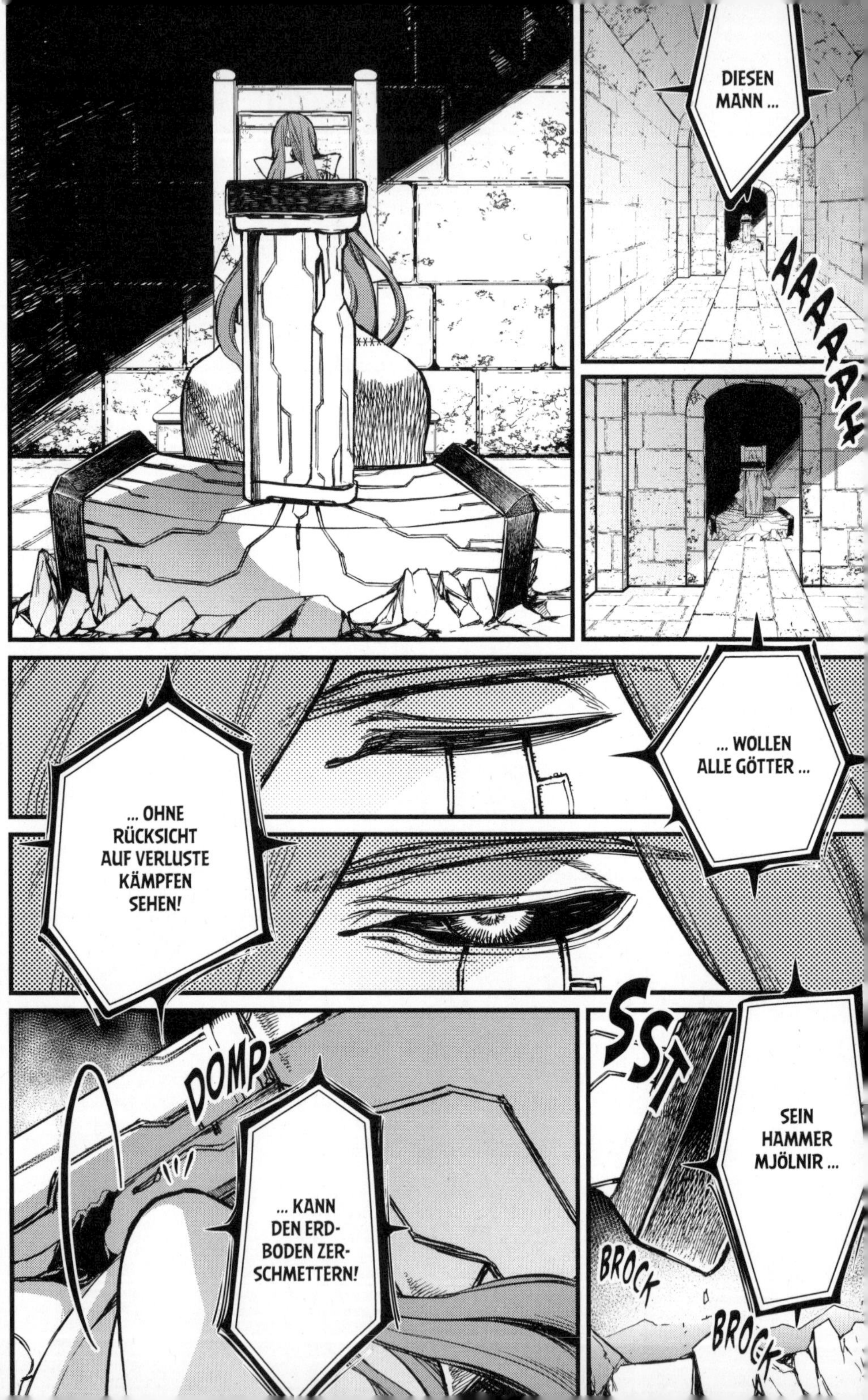

DIESEN MANN ...
AAAAAAH
... WOLLEN ALLE GÖTTER ...
... OHNE RÜCKSICHT AUF VERLUSTE KÄMPFEN SEHEN!
SSST
SEIN HAMMER MJÖLNIR ...
BROCK
BROCK
DOMP
... KANN DEN ERD-BODEN ZER-SCHMETTERN!

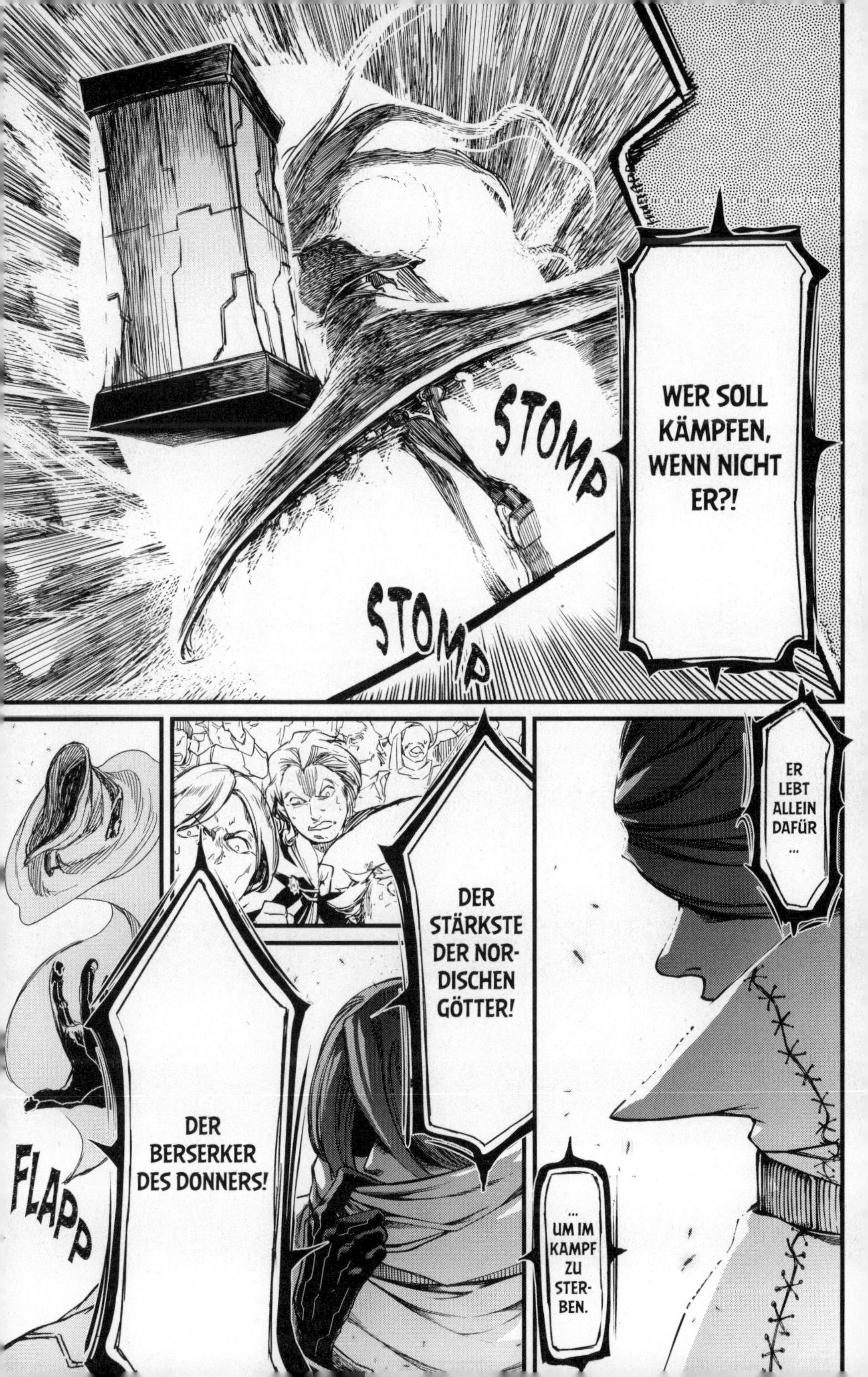
WER SOLL KÄMPFEN, WENN NICHT ER?!
STOMP
STOMP
ER LEBT ALLEIN DAFÜR ...
... UM IM KAMPF ZU STER-BEN.
DER STÄRKSTE DER NOR-DISCHEN GÖTTER!
DER BERSERKER DES DONNERS!
FLAPP

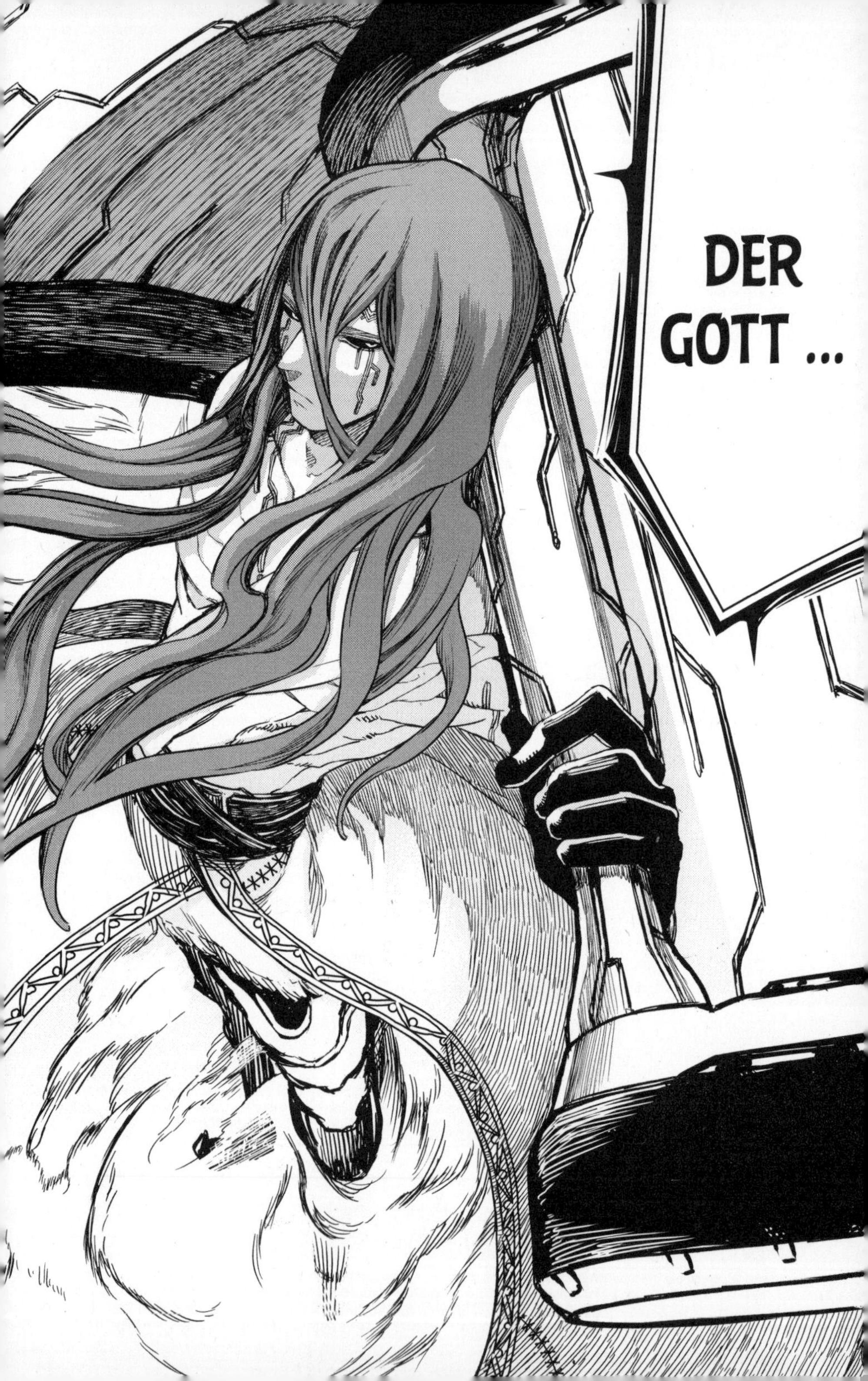
DER GOTT ...

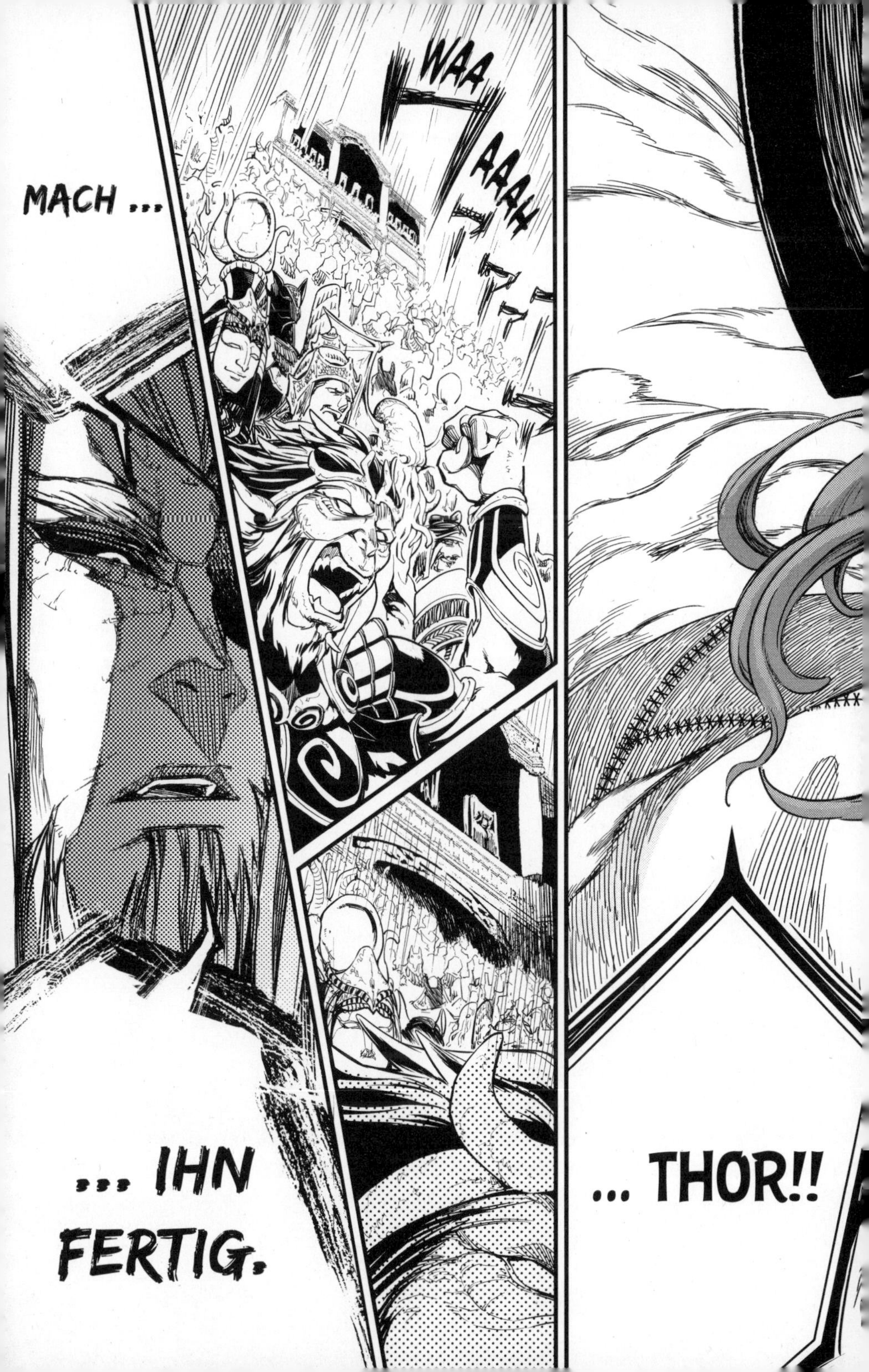

MACH ...
WAAAAAH
... IHN FERTIG.
... THOR!!

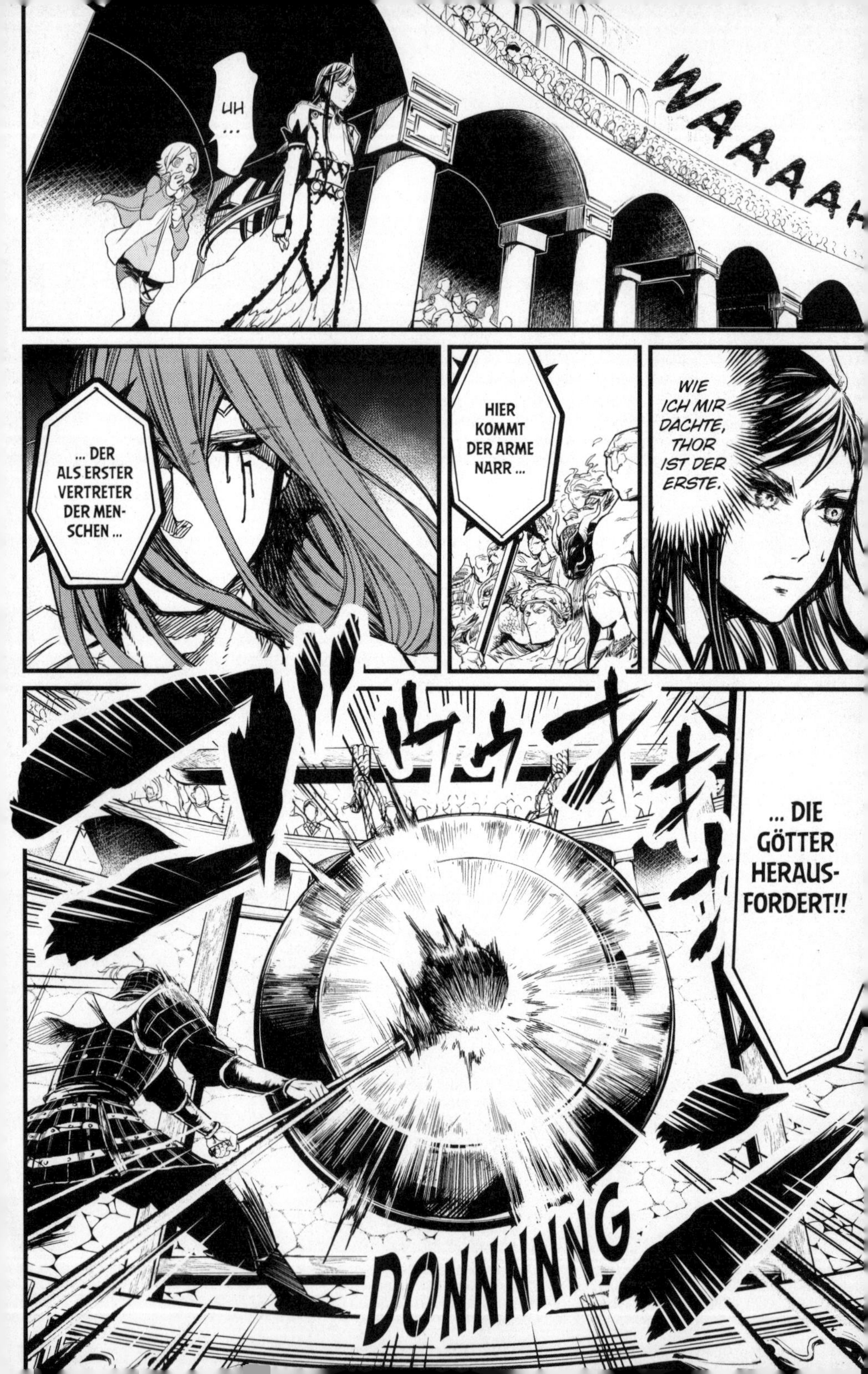
WAAAAAH
UH ...
WIE ICH MIR DACHTE, THOR IST DER ERSTE.
HIER KOMMT DER ARME NARR ...
... DER ALS ERSTER VERTRETER DER MENSCHEN ...
... DIE GÖTTER HERAUSFORDERT!!
DONNNNNG

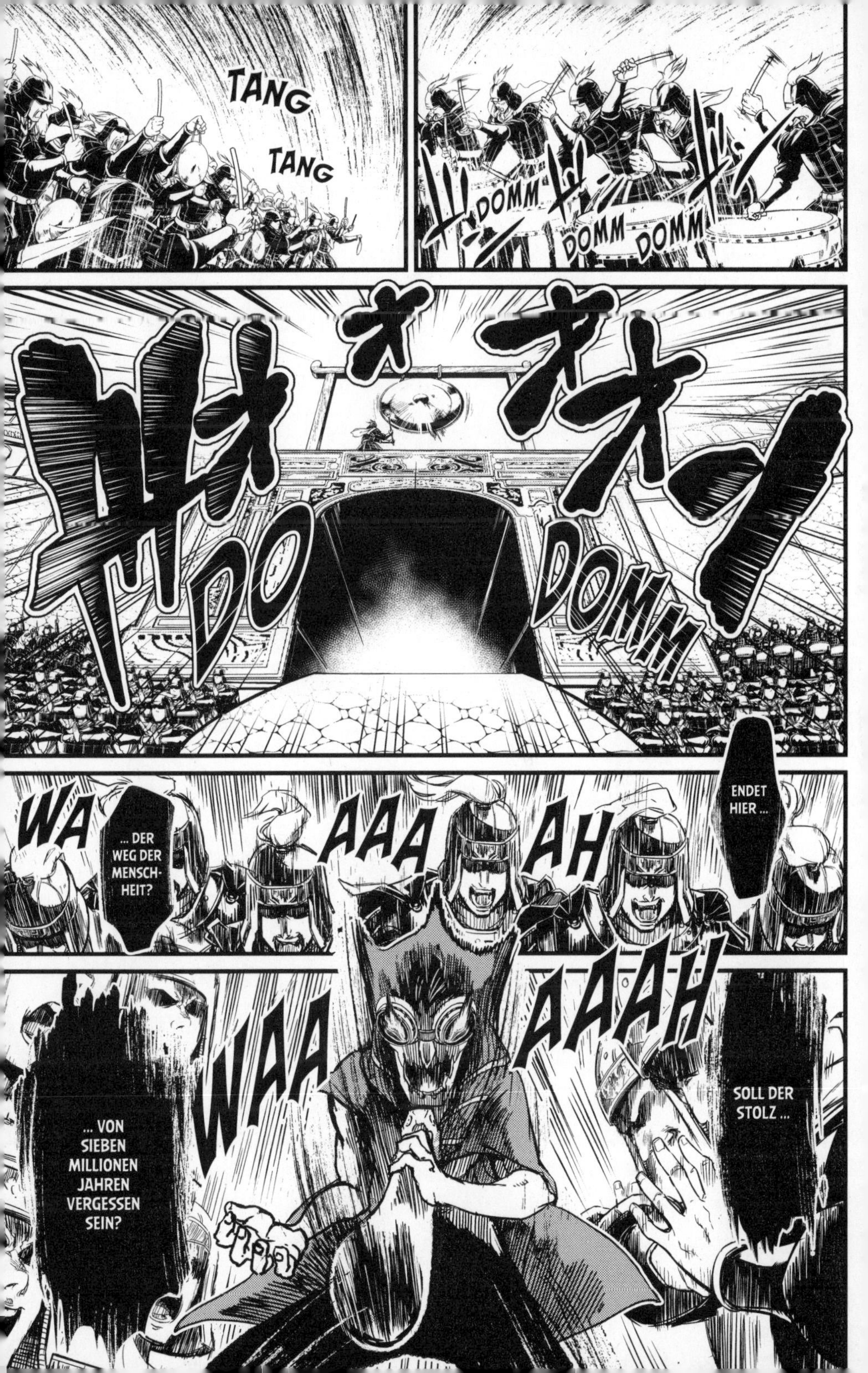
TANG
TANG
DOMM
DOMM
DOMM
DO
DOMM
ENDET HIER ...
... DER WEG DER MENSCH-HEIT?
WA AAA AH
SOLL DER STOLZ ...
... VON SIEBEN MILLIONEN JAHREN VERGESSEN SEIN?
WAA AAAH

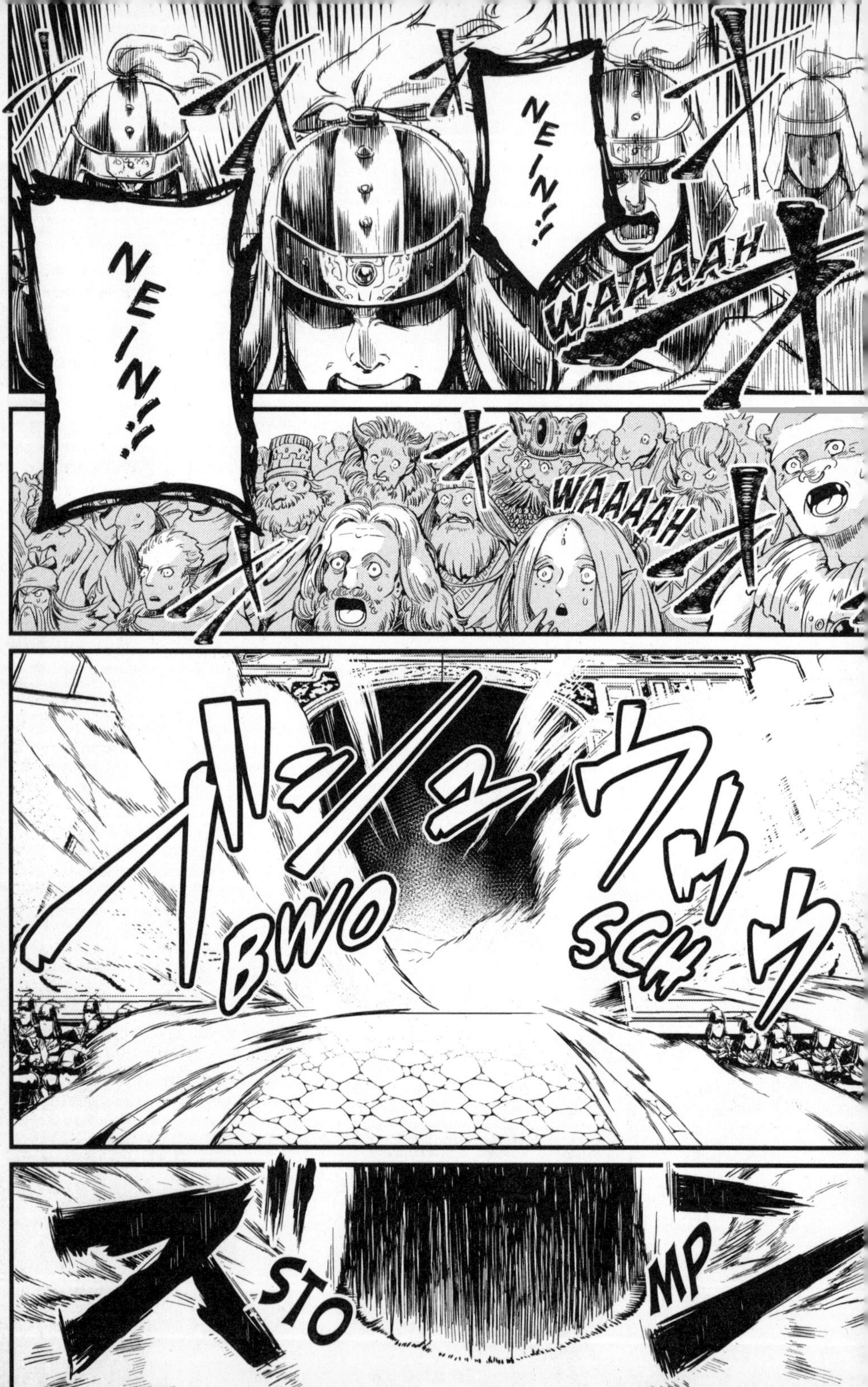
NEIN!!
NEIN!!
WAAAAH
WAAAAH
BWO
SCH
STO
MP

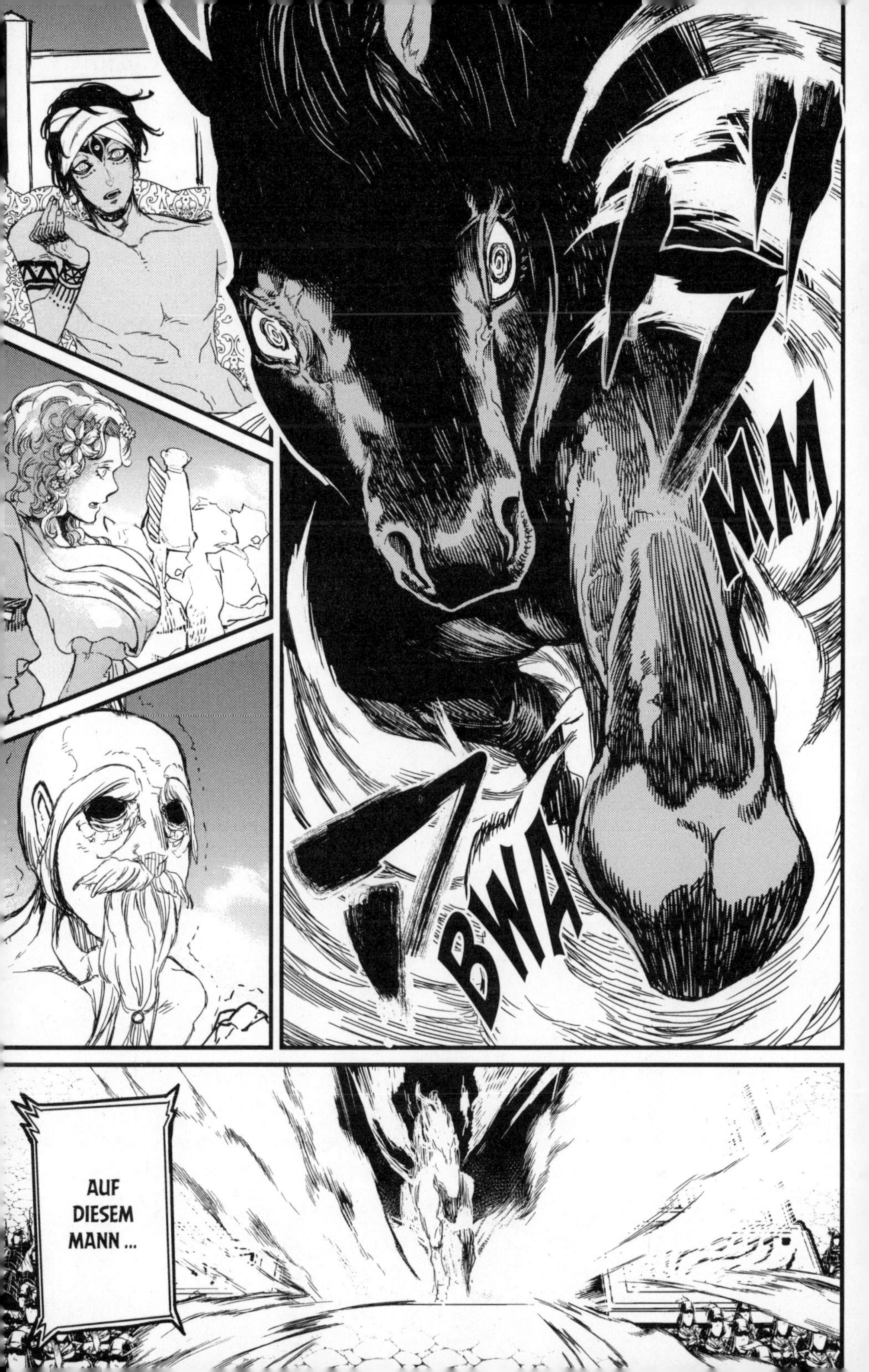

BWA
MM
AUF DIESEM MANN ...

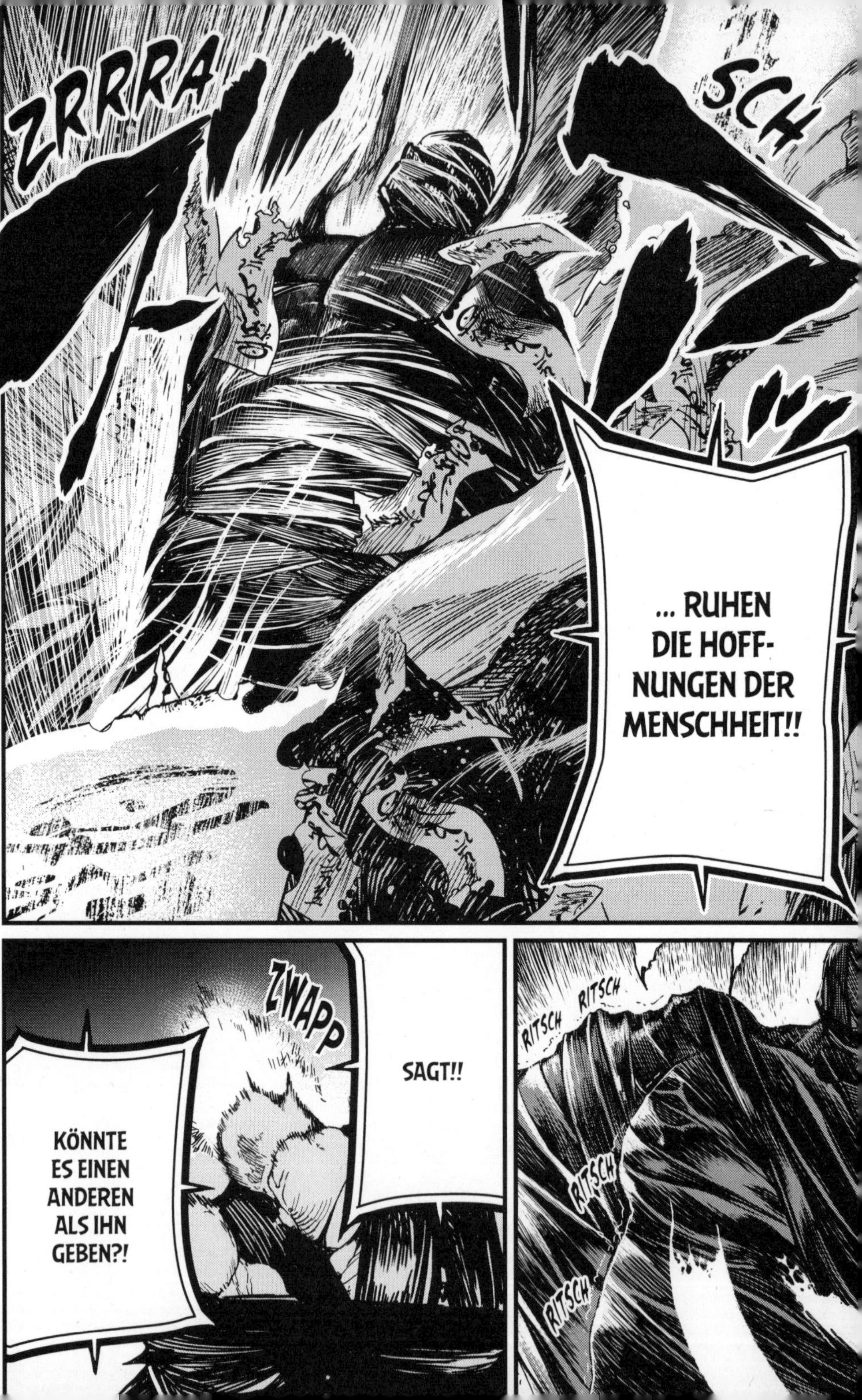

SCH
ZRRRA
... RUHEN DIE HOFF- NUNGEN DER MENSCHHEIT!!
RITSCH
RITSCH
RITSCH
RITSCH
SAGT!!
ZWAPP
KÖNNTE ES EINEN ANDEREN ALS IHN GEBEN?!

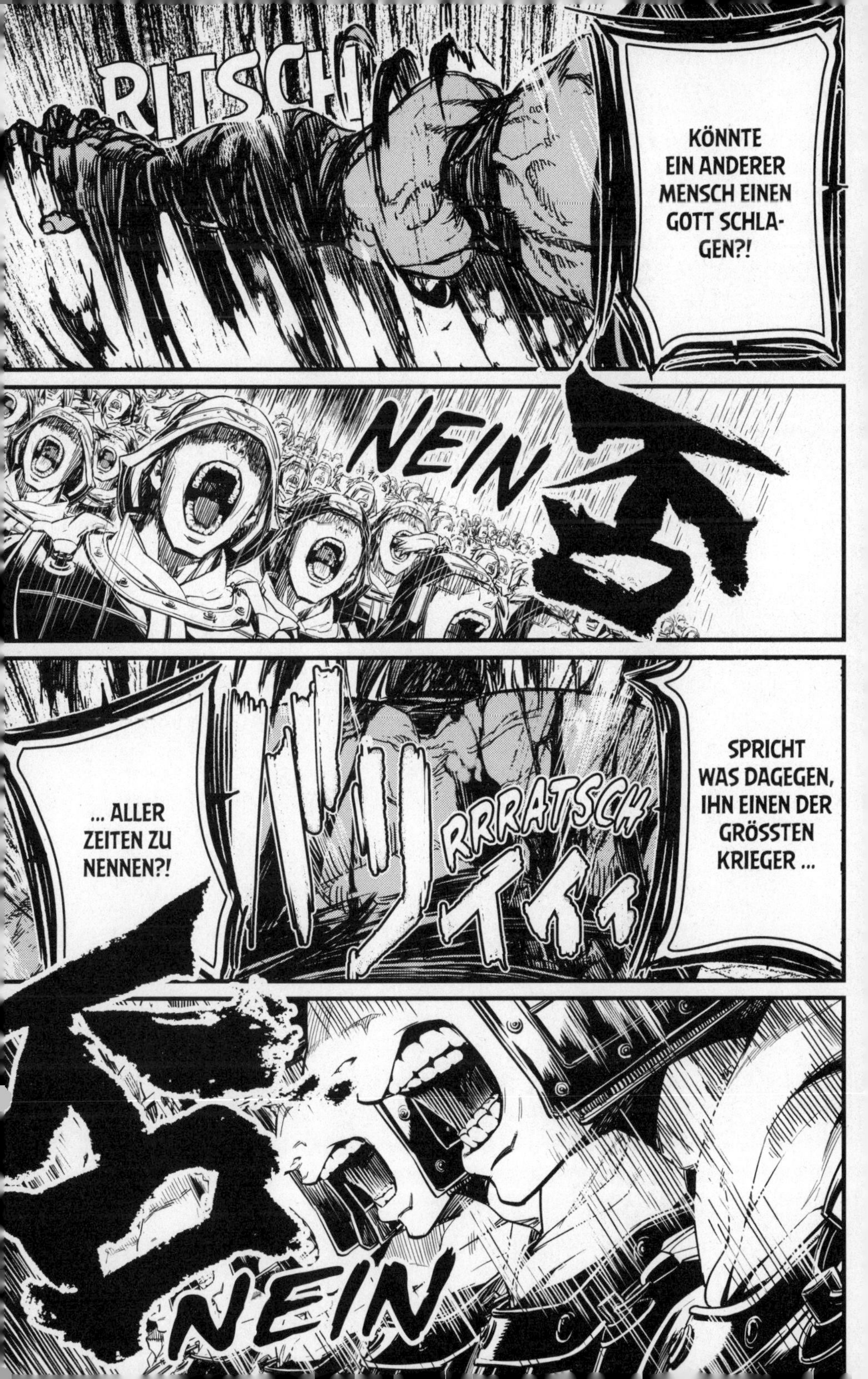
RITSCH
KÖNNTE EIN ANDERER MENSCH EINEN GOTT SCHLAGEN?!
NEIN
SPRICHT WAS DAGEGEN, IHN EINEN DER GRÖSSTEN KRIEGER ...
RRRATSCH
... ALLER ZEITEN ZU NENNEN?!
NEIN

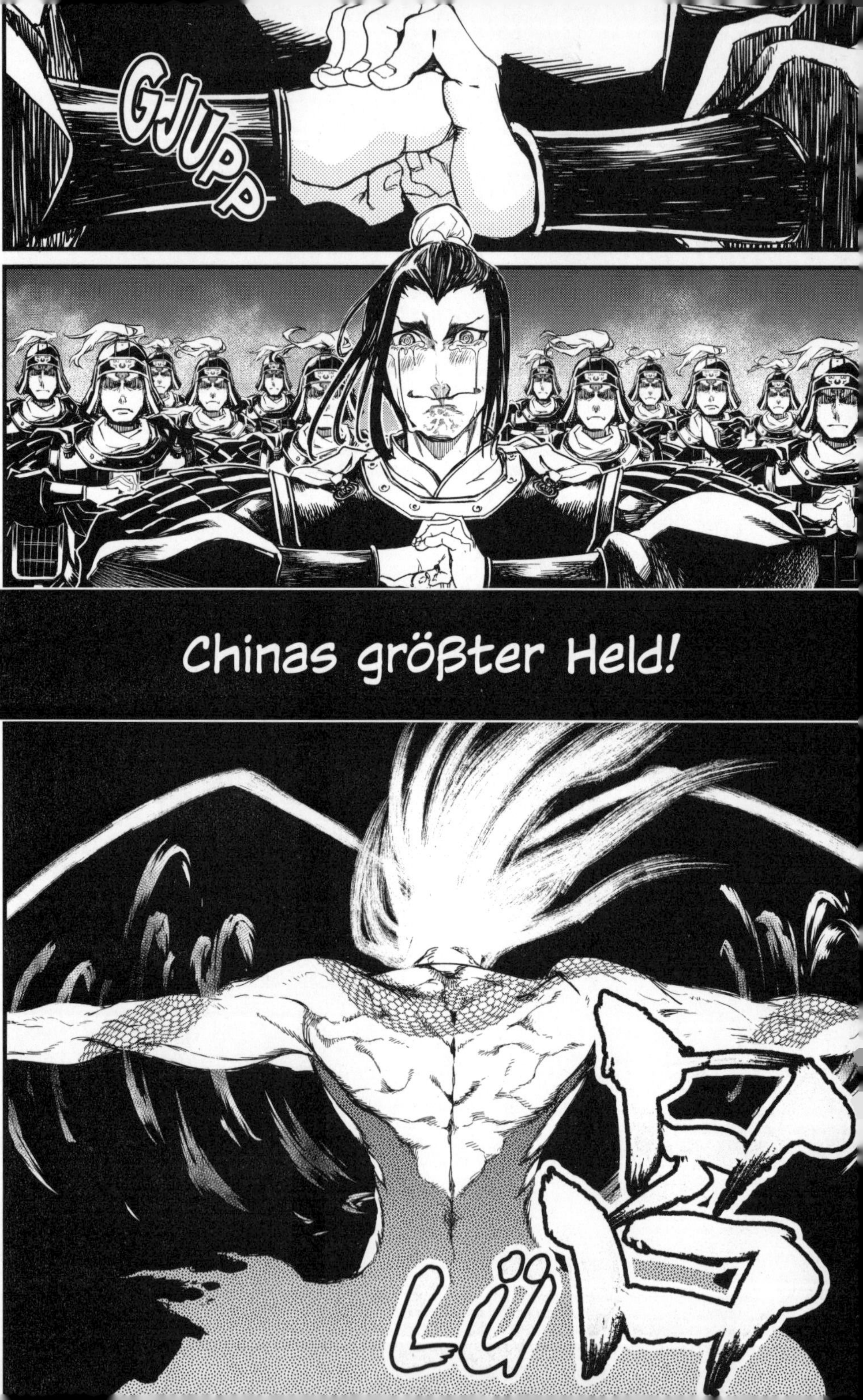
GJUPP
Chinas größter Held!
LÜ

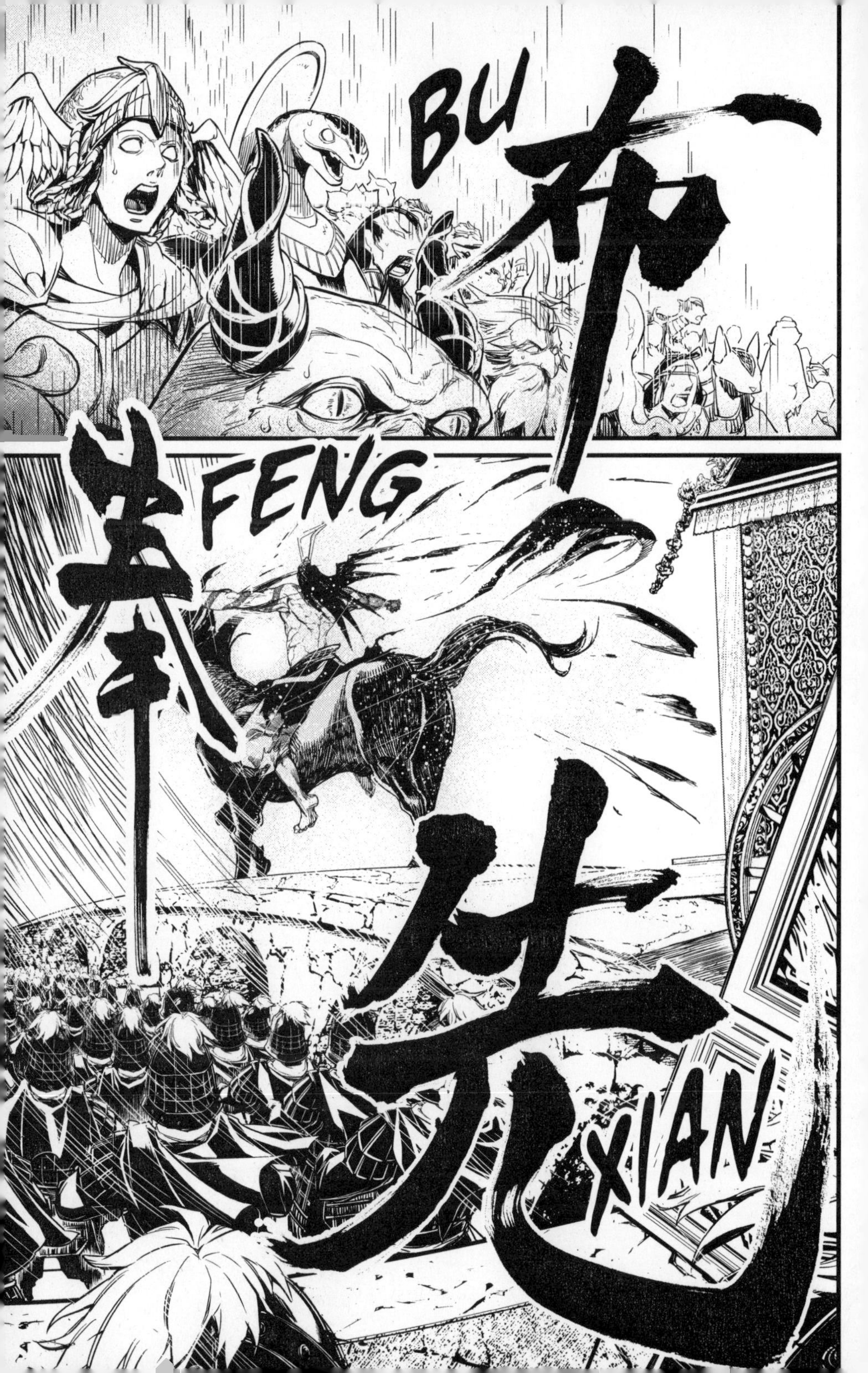
BU
布
FENG
奉
先
XIAN

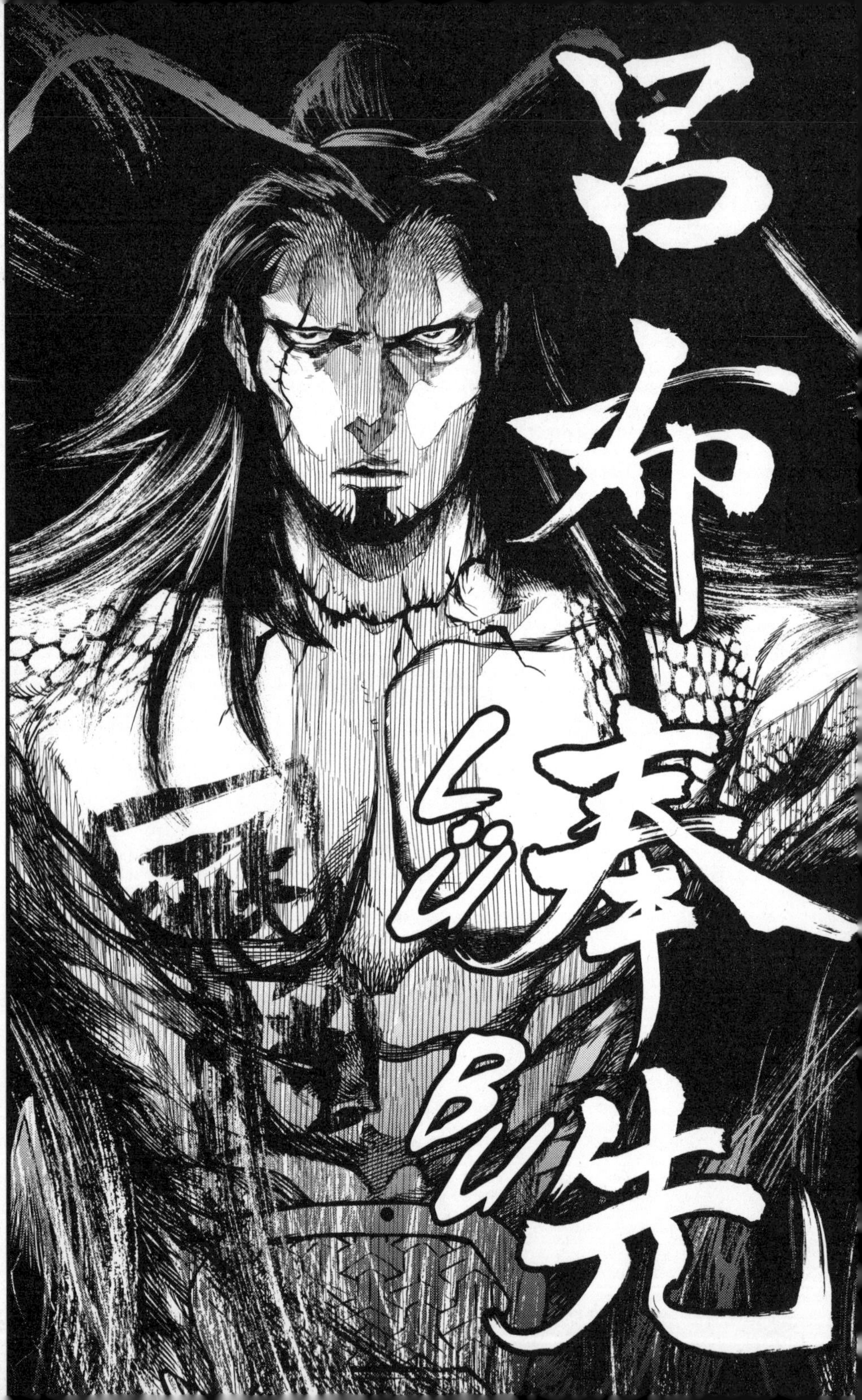
呂布奉先
Lü Bu

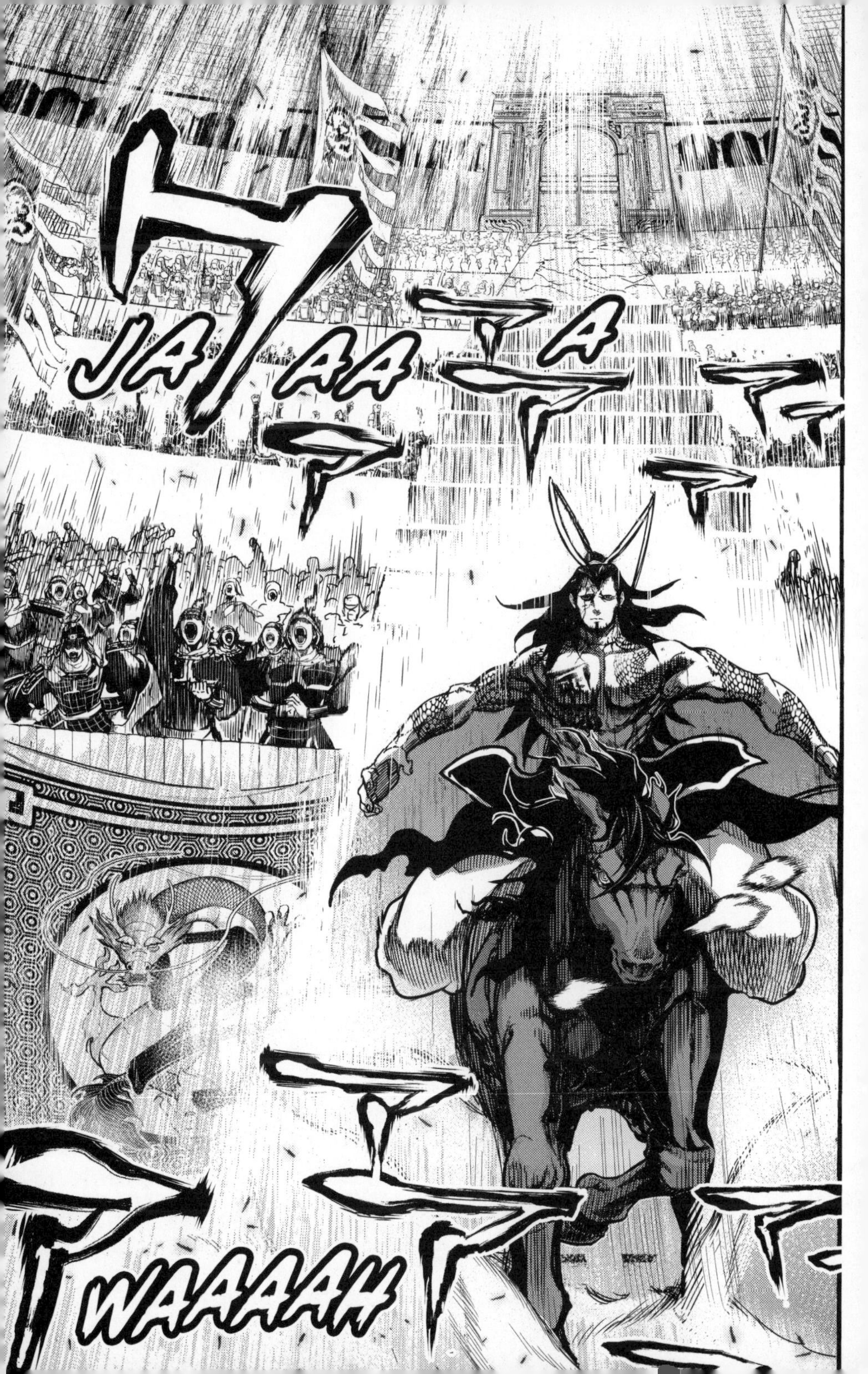
JA AA A
WAAAAH

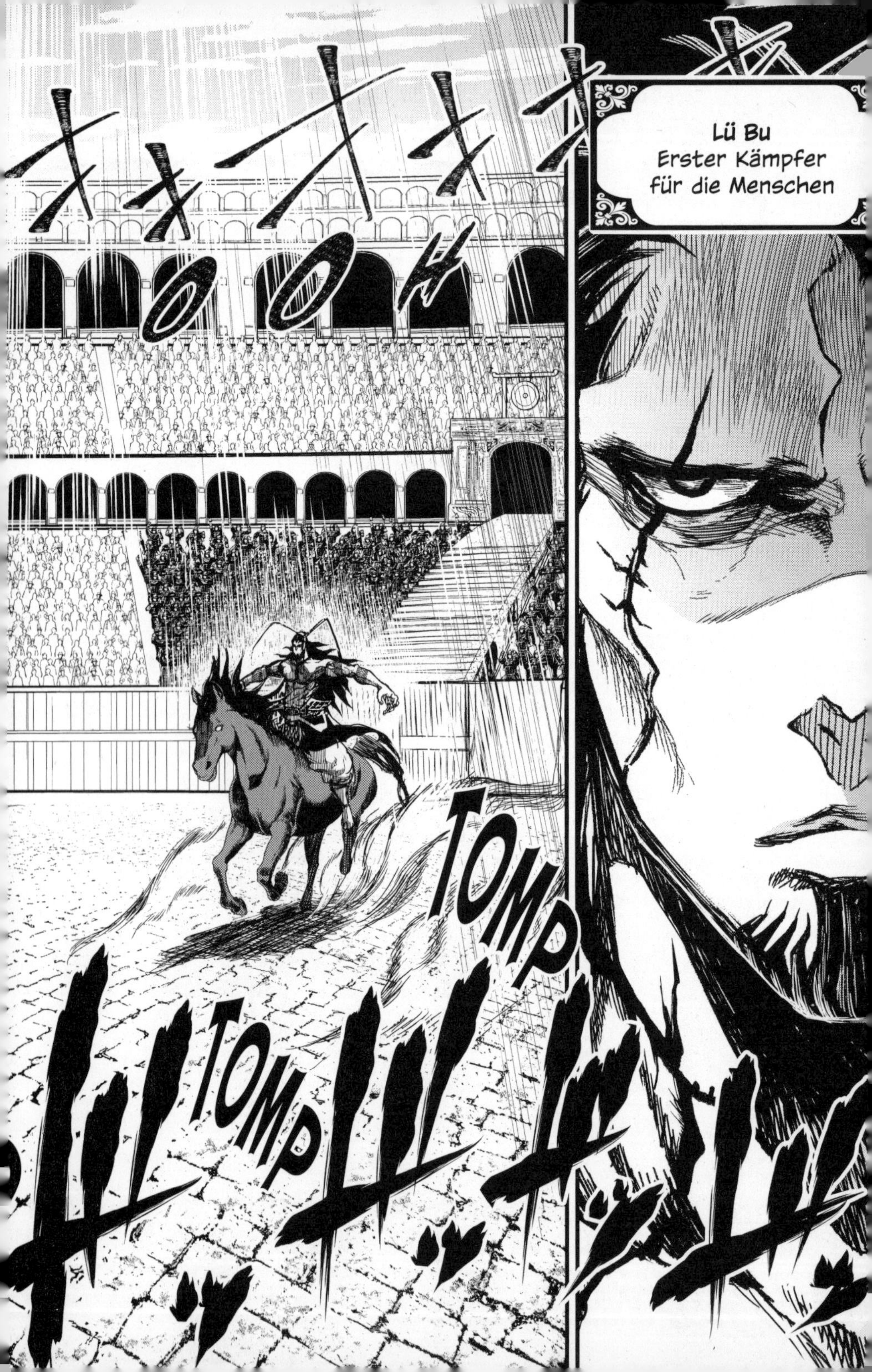

Lü Bu
Erster Kämpfer
für die Menschen
OOOH
TOMP
TOMP

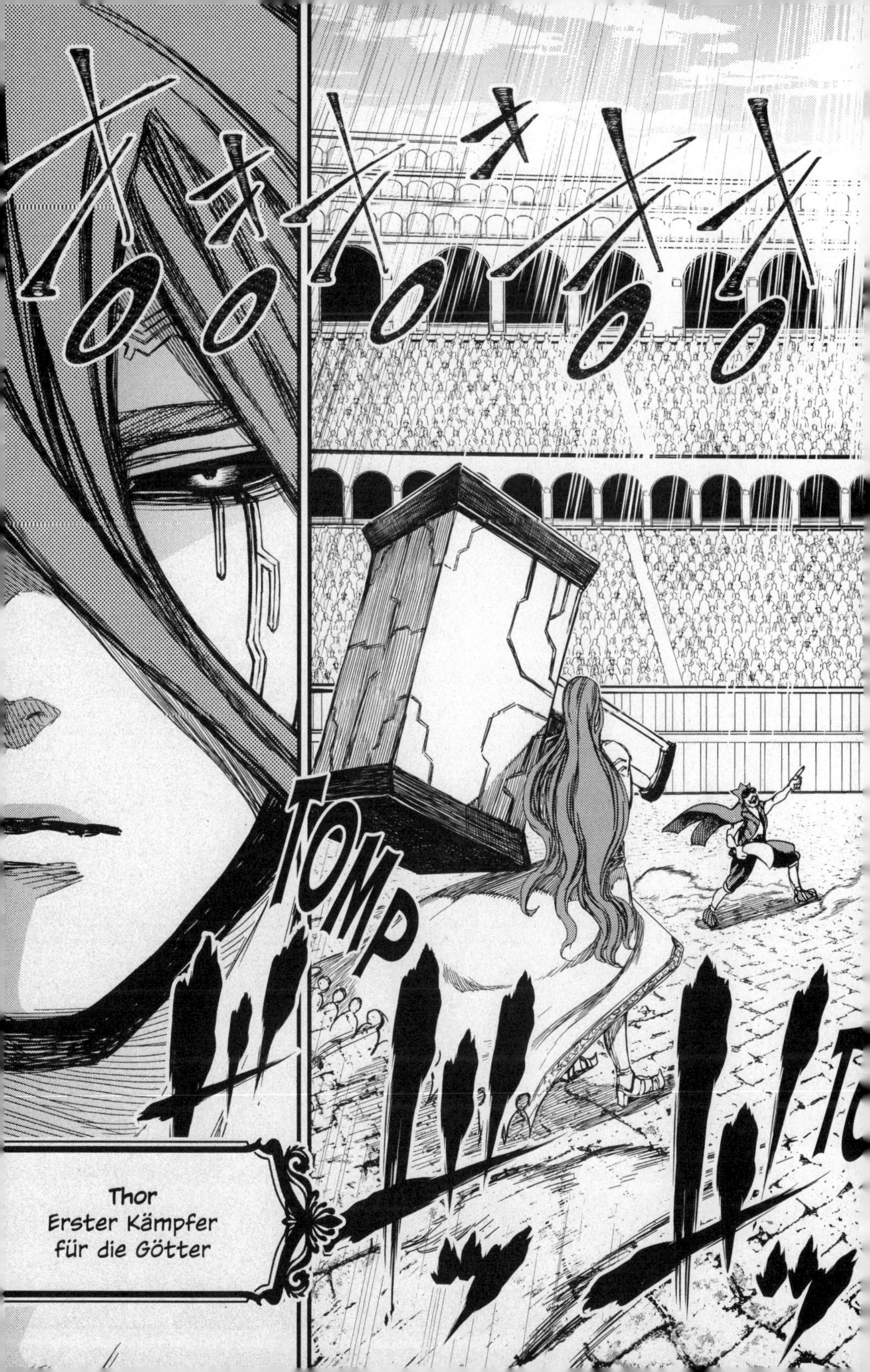
TOMP
Thor
Erster Kämpfer
für die Götter

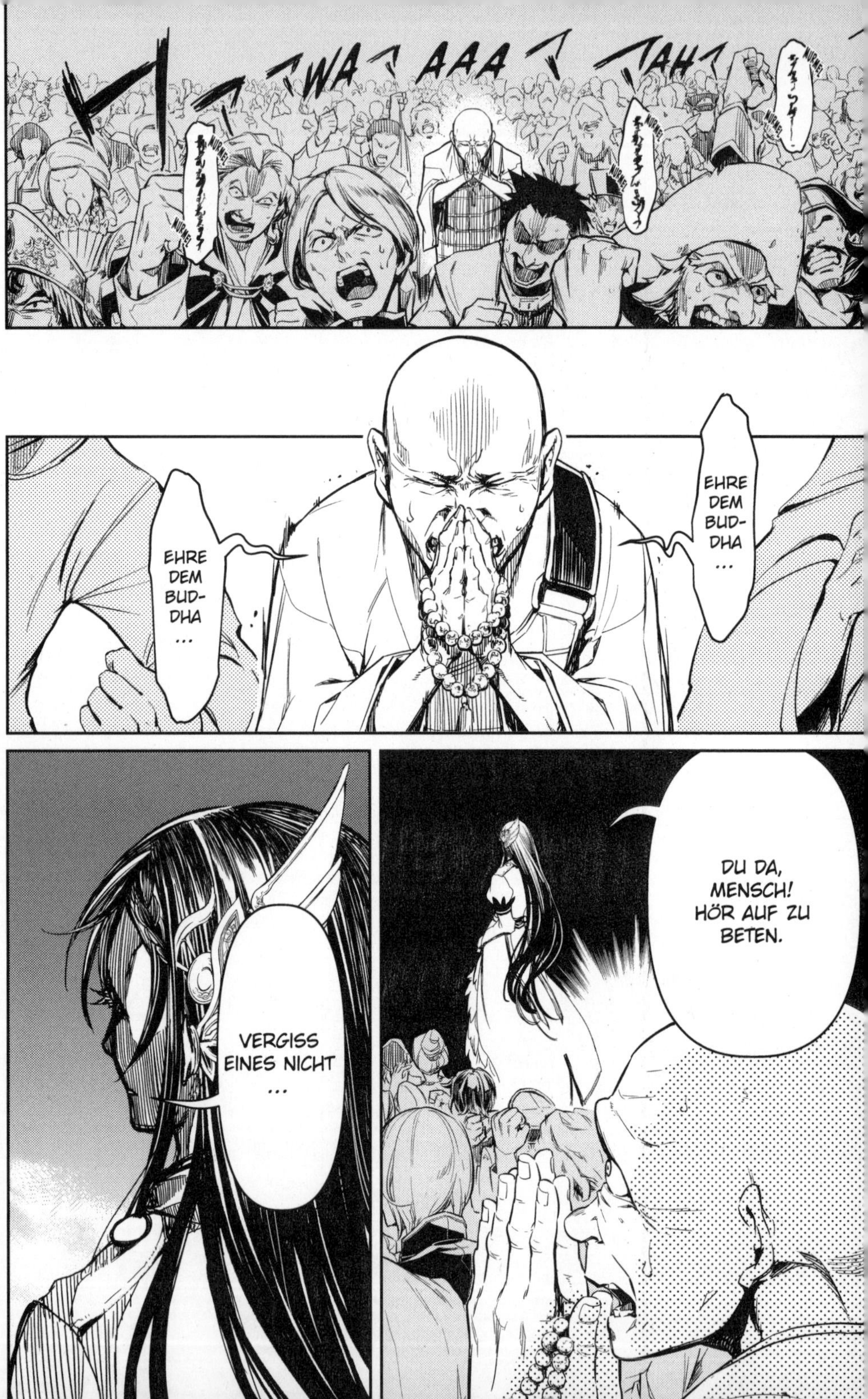
AH
AAA
WA
EHRE DEM BUD-DHA …
EHRE DEM BUD-DHA …
DU DA, MENSCH! HÖR AUF ZU BETEN.
VERGISS EINES NICHT …

GÖTTER GEGEN MENSCHEN
RAGNARÖK – ERSTE RUNDE

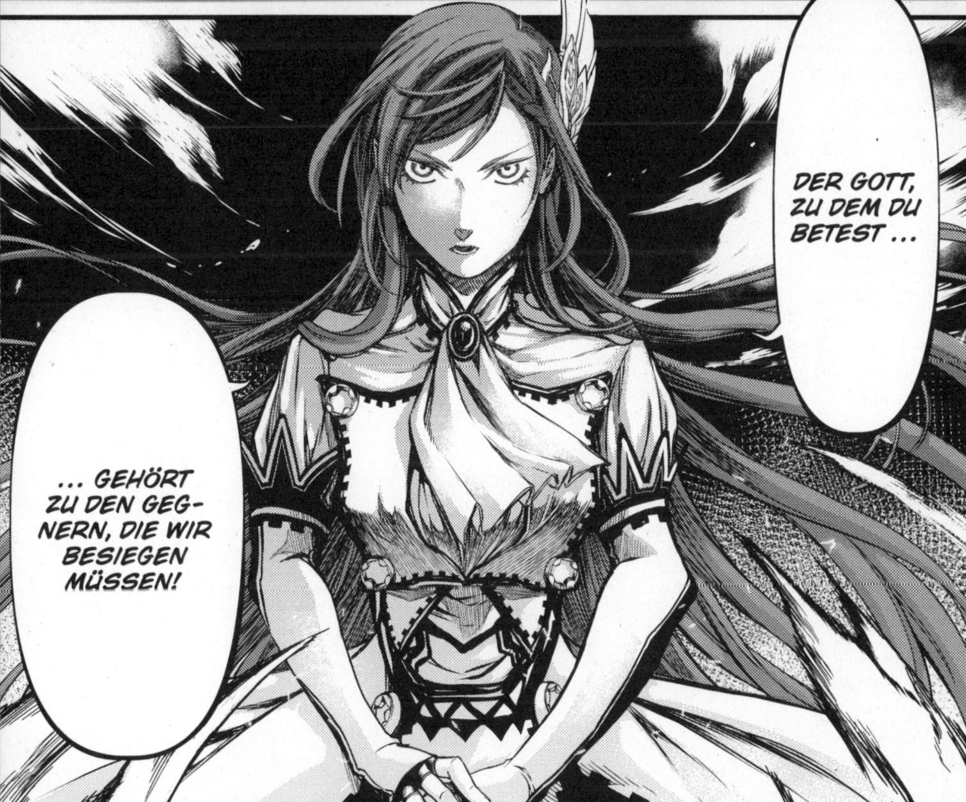

DER KAMPF BEGINNT!!

Kapitel 1 - Ende

RECORD OF RAGNAROK

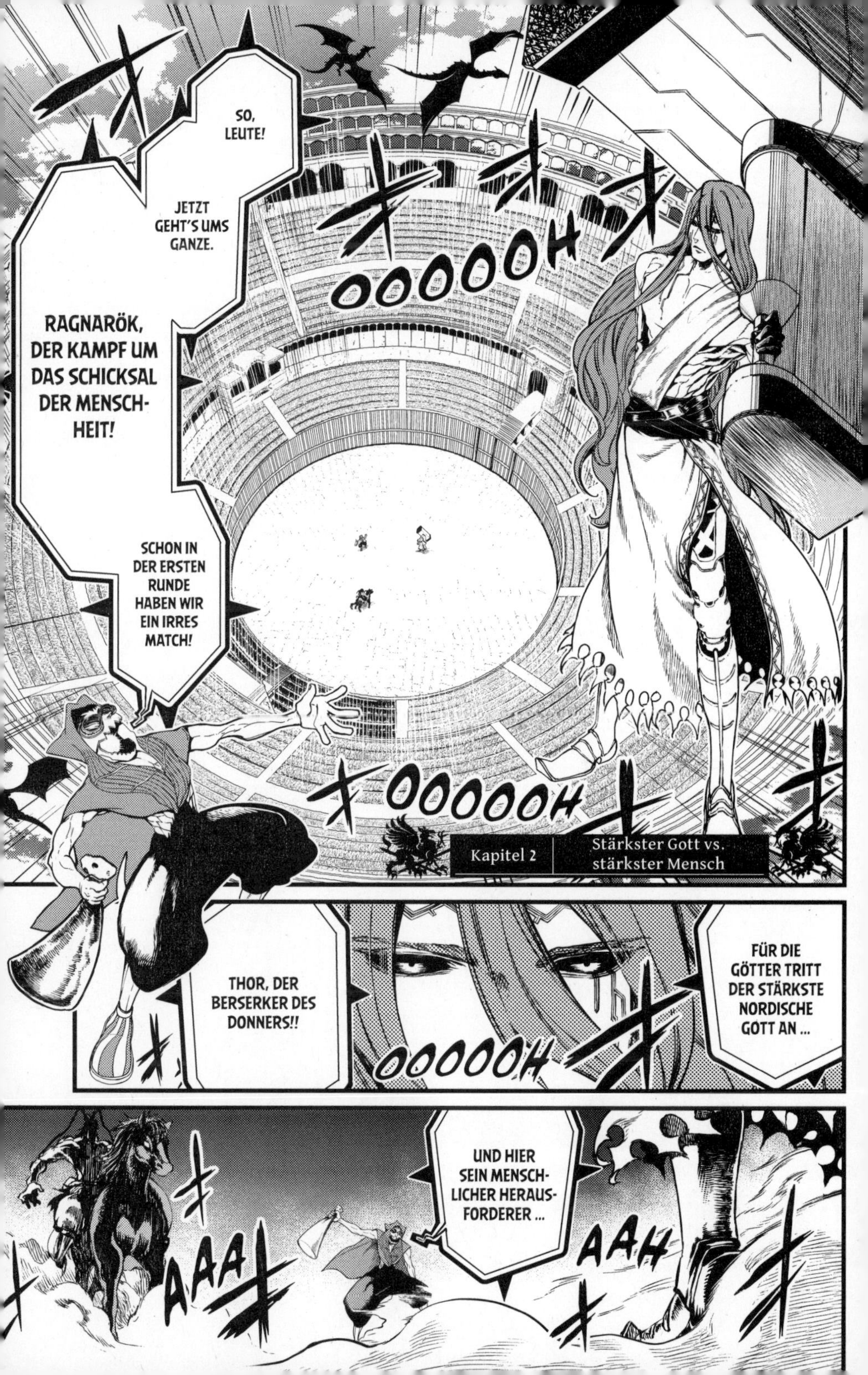
OOOOOH
SO, LEUTE!
JETZT GEHT'S UMS GANZE.
RAGNARÖK, DER KAMPF UM DAS SCHICKSAL DER MENSCHHEIT!
SCHON IN DER ERSTEN RUNDE HABEN WIR EIN IRRES MATCH!
OOOOOH
Kapitel 2
Stärkster Gott vs. stärkster Mensch
FÜR DIE GÖTTER TRITT DER STÄRKSTE NORDISCHE GOTT AN ...
THOR, DER BERSERKER DES DONNERS!!
OOOOOH
AAH
UND HIER SEIN MENSCHLICHER HERAUSFORDERER ...
AAA

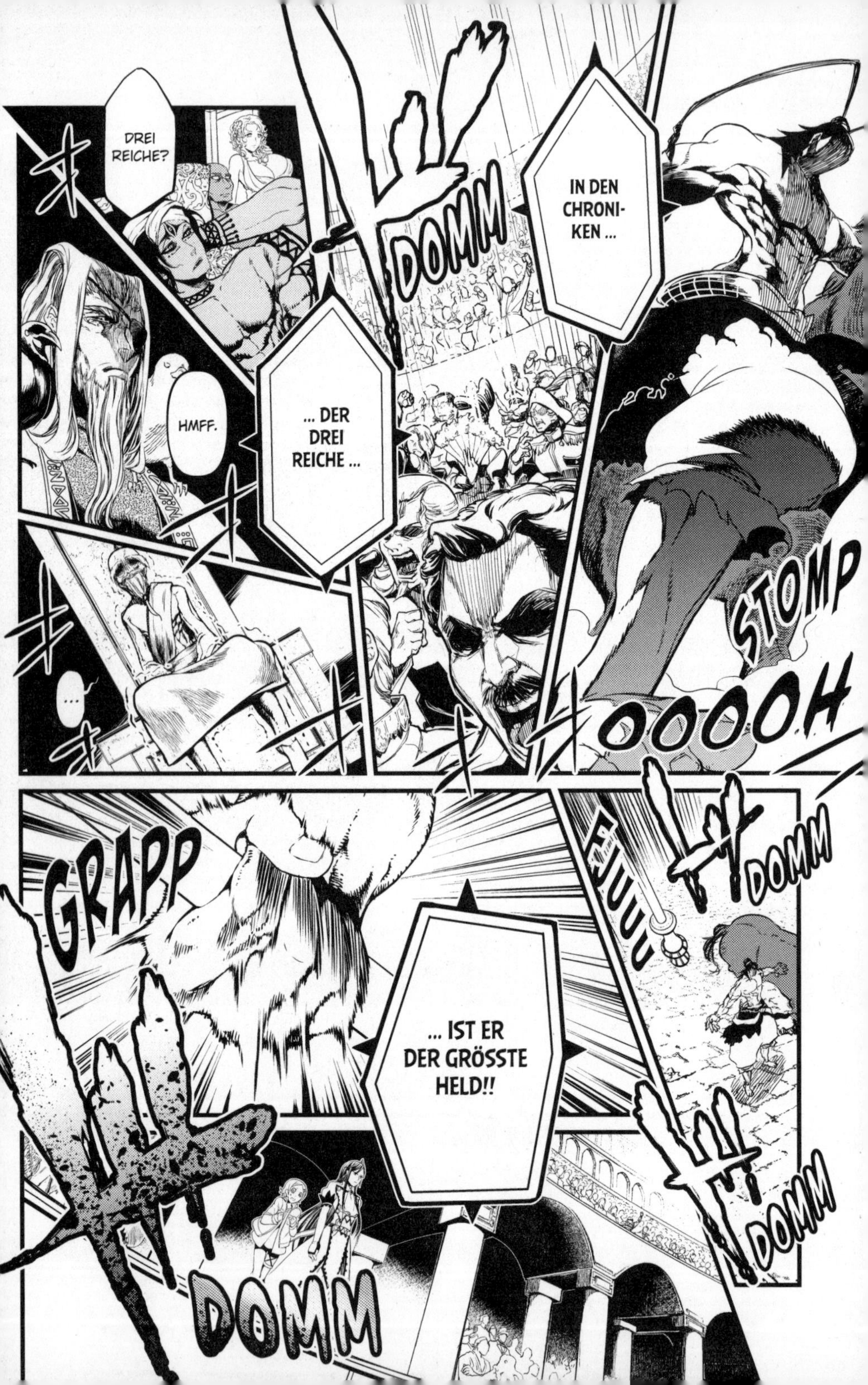DREI REICHE?
HMFF.
...
DOMM
IN DEN CHRONIKEN ...
... DER DREI REICHE ...
STOMP
OOOOH
GRAPP
FJUUU
DOMM
... IST ER DER GRÖSSTE HELD!!
DOMM
DOMM

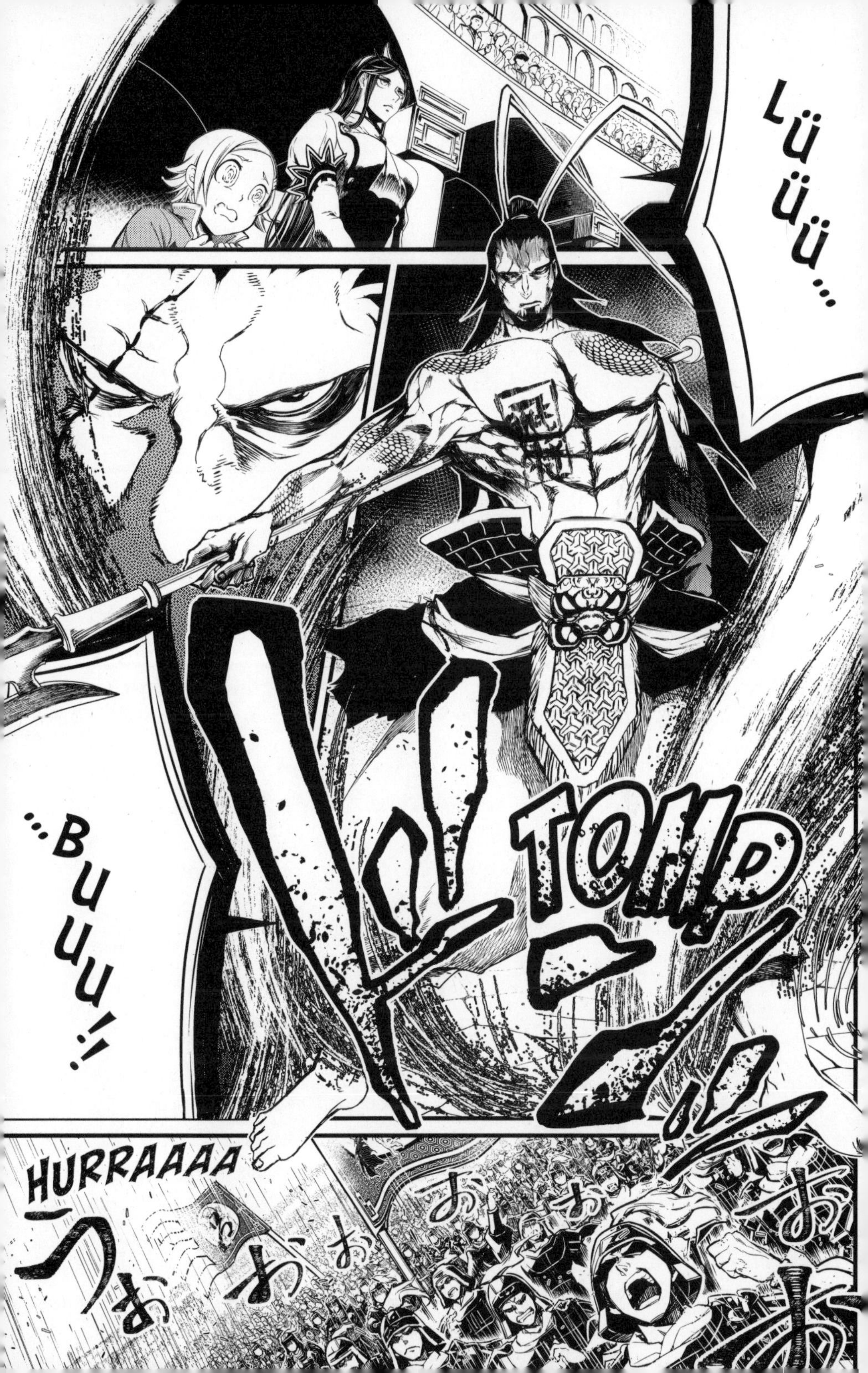
LÜÜÜÜ...
...BUUUU!!
TOMP
HURRAAAA
つおおおおおおお

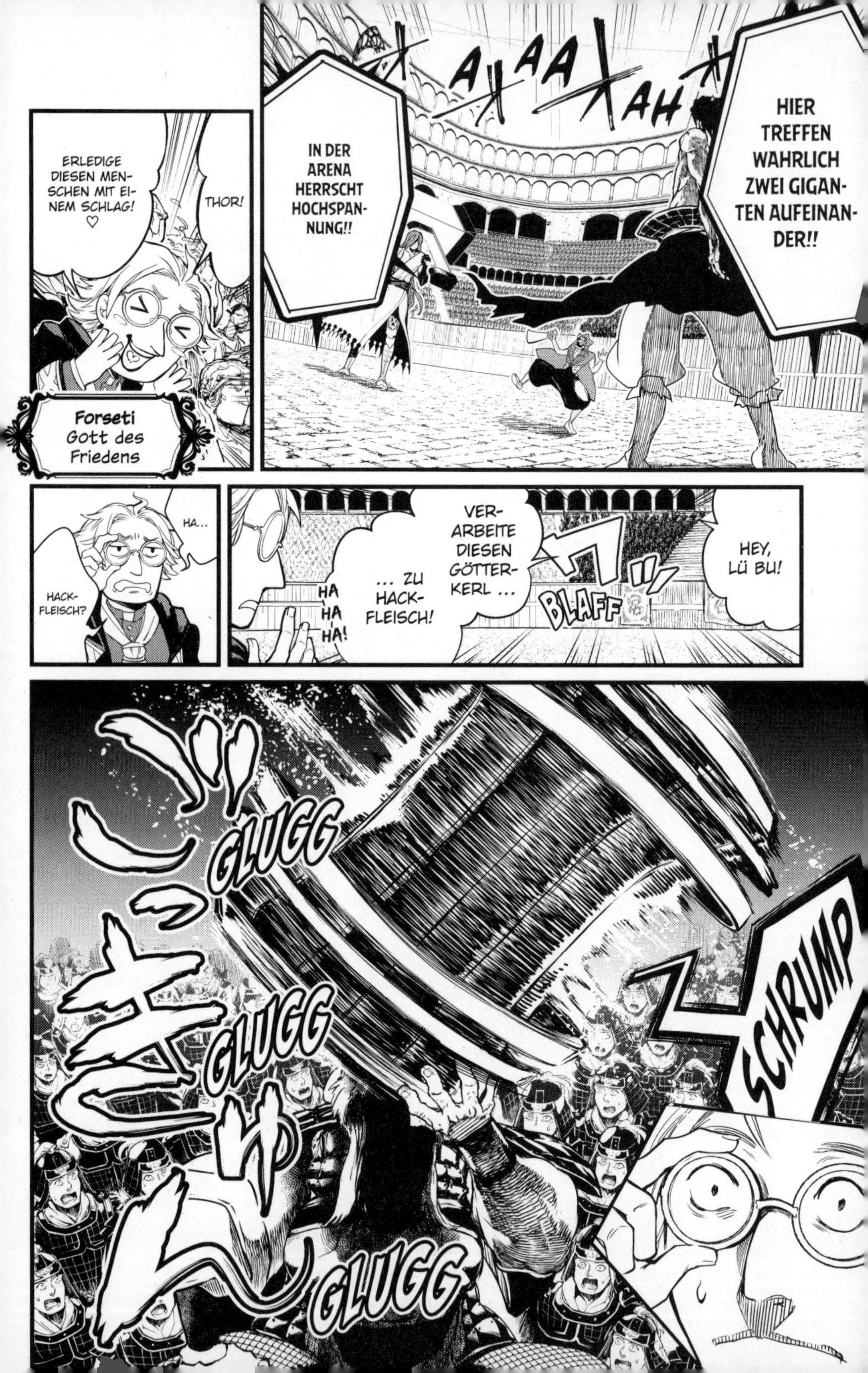
AAAAAAH
HIER TREFFEN WAHRLICH ZWEI GIGANTEN AUFEINANDER!!
IN DER ARENA HERRSCHT HOCHSPANNUNG!!
THOR!
ERLEDIGE DIESEN MENSCHEN MIT EINEM SCHLAG! ♡
Forseti Gott des Friedens
HEY, LÜ BU!
BLAFF
VERARBEITE DIESEN GÖTTERKERL …
… ZU HACKFLEISCH!
HA HA HA!
HA…
HACKFLEISCH?
SCHRUMP
GLUGG
GLUGG
GLUGG

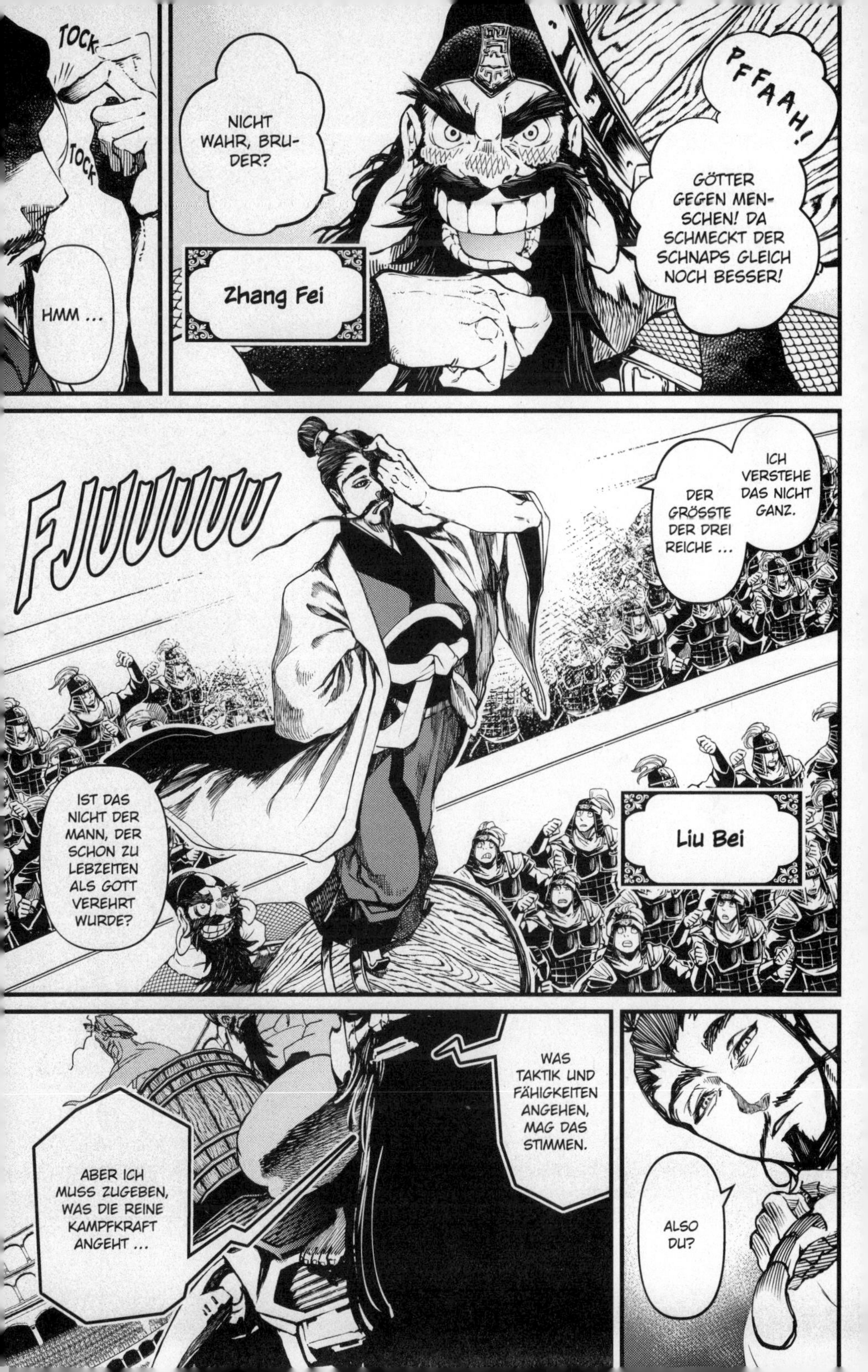

PFFAAH!
GÖTTER GEGEN MEN-SCHEN! DA SCHMECKT DER SCHNAPS GLEICH NOCH BESSER!
NICHT WAHR, BRU-DER?
Zhang Fei
TOCK
TOCK
HMM ...
ICH VERSTEHE DAS NICHT GANZ.
DER GRÖSSTE DER DREI REICHE ...
FJUUUUUU
Liu Bei
IST DAS NICHT DER MANN, DER SCHON ZU LEBZEITEN ALS GOTT VEREHRT WURDE?
ALSO DU?
WAS TAKTIK UND FÄHIGKEITEN ANGEHEN, MAG DAS STIMMEN.
ABER ICH MUSS ZUGEBEN, WAS DIE REINE KAMPFKRAFT ANGEHT ...

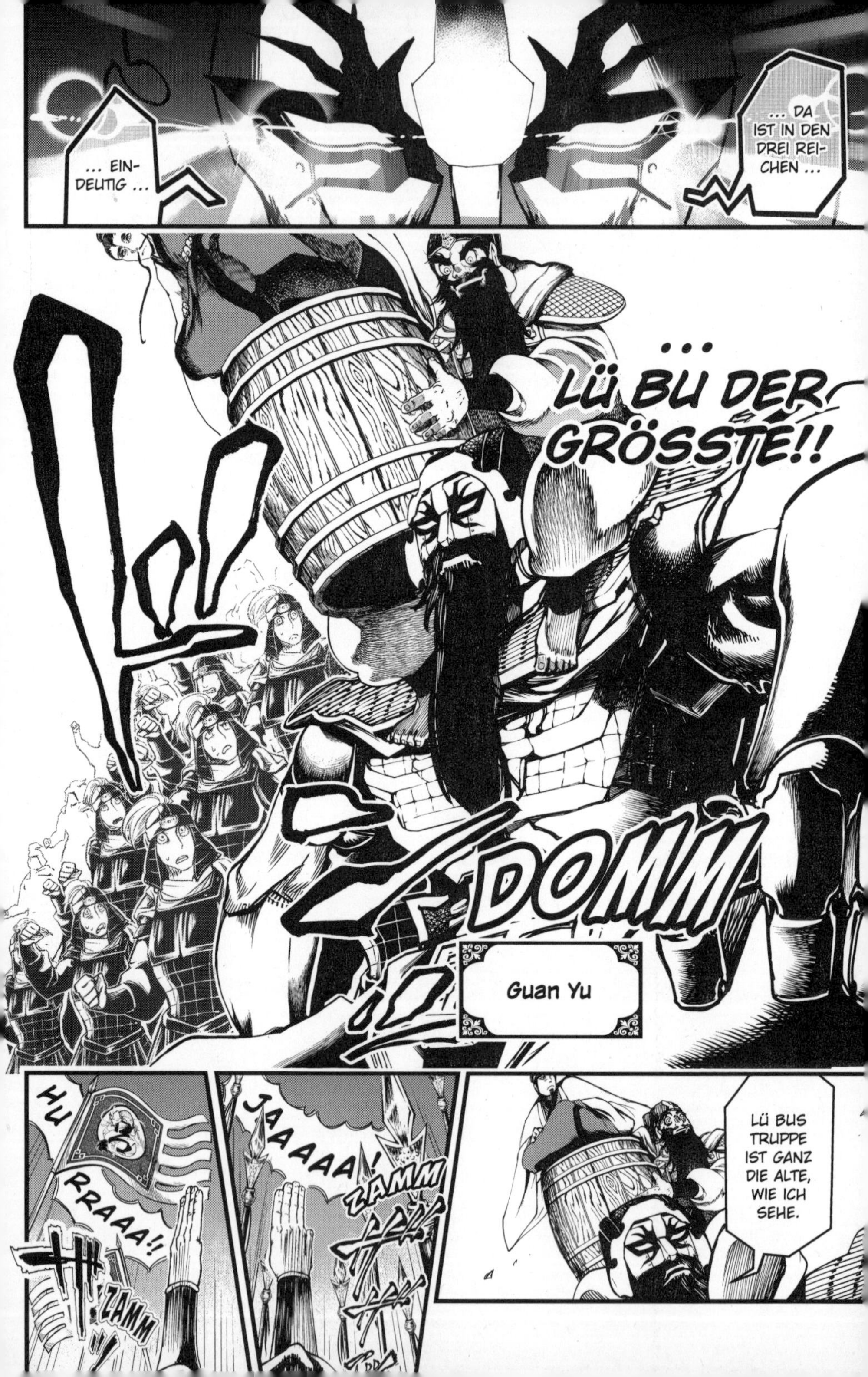
... DA IST IN DEN DREI REICHEN ...
... EINDEUTIG ...
... LÜ BU DER GRÖSSTE!!
DOMM
Guan Yu
LÜ BUS TRUPPE IST GANZ DIE ALTE, WIE ICH SEHE.
JAAAAAA!
ZAMM
HURRAAAA!!
ZAMM

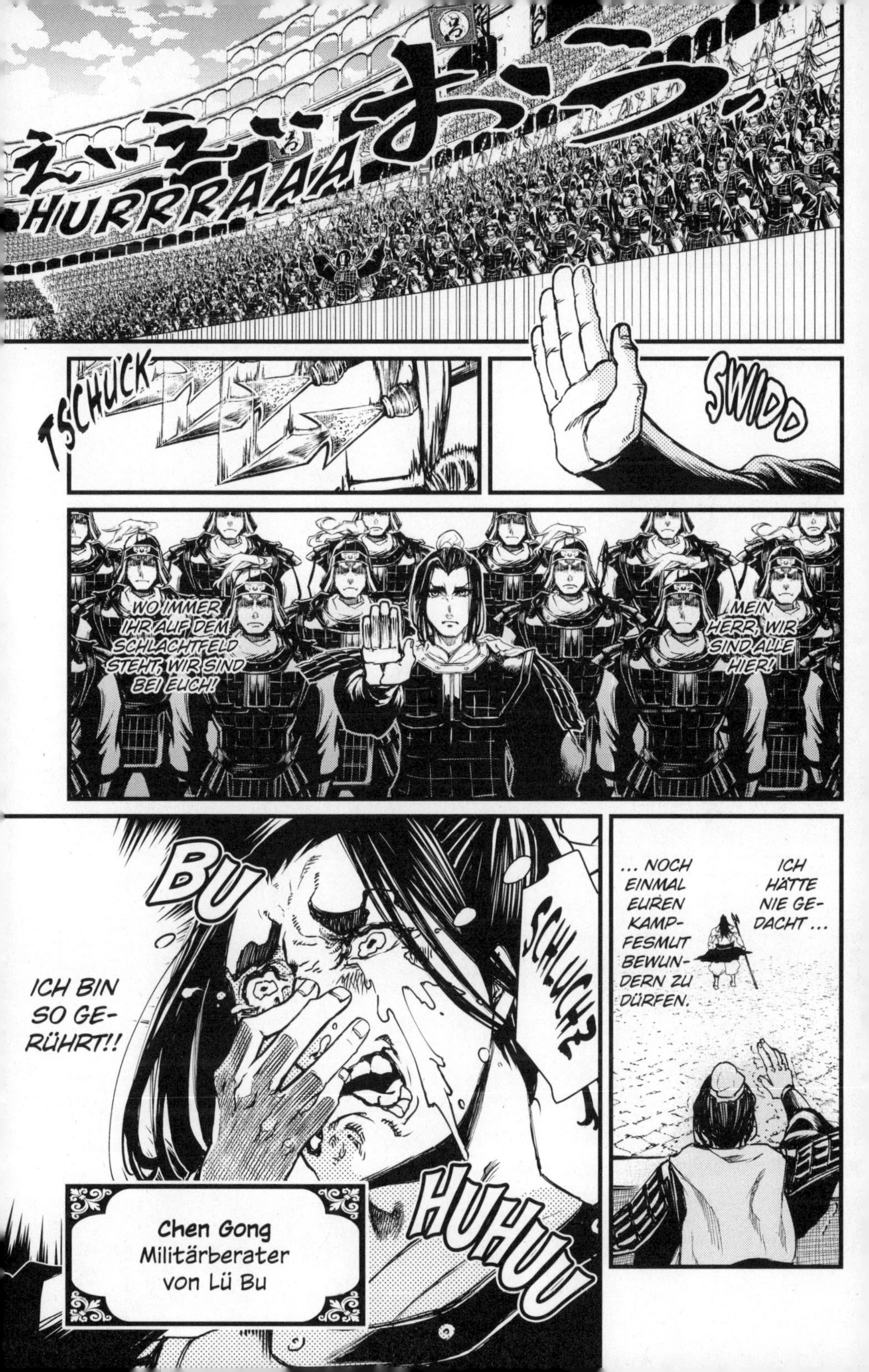
HURRAAA
SWIDD
TSCHUCK
MEIN HERR, WIR SIND ALLE HIER!
WO IMMER IHR AUF DEM SCHLACHTFELD STEHT, WIR SIND BEI EUCH!
ICH HÄTTE NIE GE-DACHT …
… NOCH EINMAL EUREN KAMP-FESMUT BEWUN-DERN ZU DÜRFEN.
SCHLUCHZ
BU
ICH BIN SO GE-RÜHRT!!
HUHUU
Chen Gong Militärberater von Lü Bu

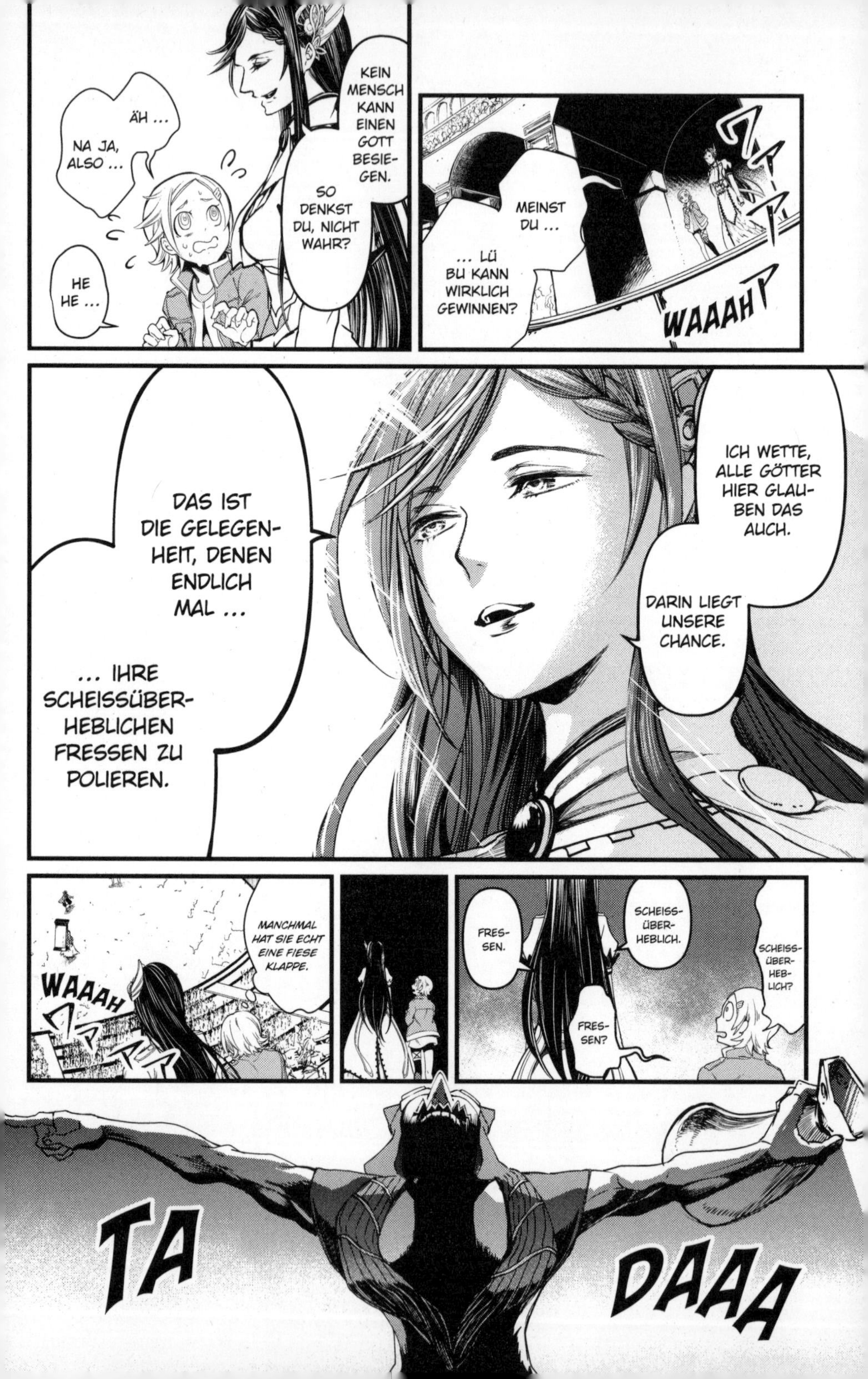
ZA-P!
WAAAH
MEINST DU …
… LÜ BU KANN WIRKLICH GEWINNEN?
KEIN MENSCH KANN EINEN GOTT BESIE-GEN.
SO DENKST DU, NICHT WAHR?
ÄH …
NA JA, ALSO …
HE HE …
ICH WETTE, ALLE GÖTTER HIER GLAU-BEN DAS AUCH.
DARIN LIEGT UNSERE CHANCE.
DAS IST DIE GELEGEN-HEIT, DENEN ENDLICH MAL …
… IHRE SCHEISSÜBER-HEBLICHEN FRESSEN ZU POLIEREN.
SCHEISS-ÜBER-HEB-LICH?
SCHEISS-ÜBER-HEBLICH.
FRES-SEN?
FRES-SEN.
MANCHMAL HAT SIE ECHT EINE FIESE KLAPPE.
WAAAH
TA
DAAA

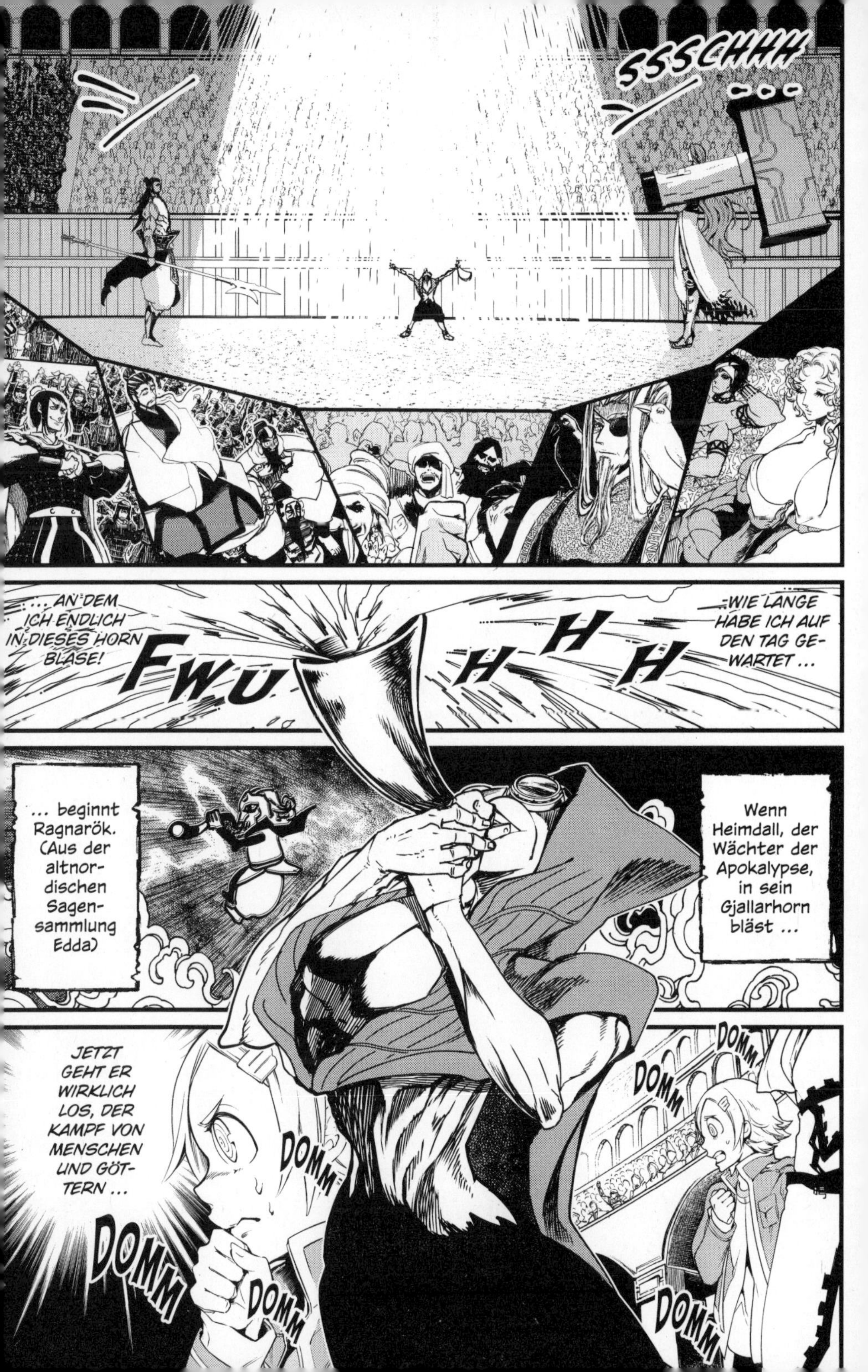
SSSCHHH ...
WIE LANGE HABE ICH AUF DEN TAG GE-WARTET ...
FWUHHH
... AN DEM ICH ENDLICH IN DIESES HORN BLASE!
Wenn Heimdall, der Wächter der Apokalypse, in sein Gjallarhorn bläst ...
... beginnt Ragnarök. (Aus der altnordischen Sagensammlung Edda)
DOMM
DOMM
DOMM
JETZT GEHT ER WIRKLICH LOS, DER KAMPF VON MENSCHEN UND GÖTTERN ...
DOMM
DOMM
DOMM

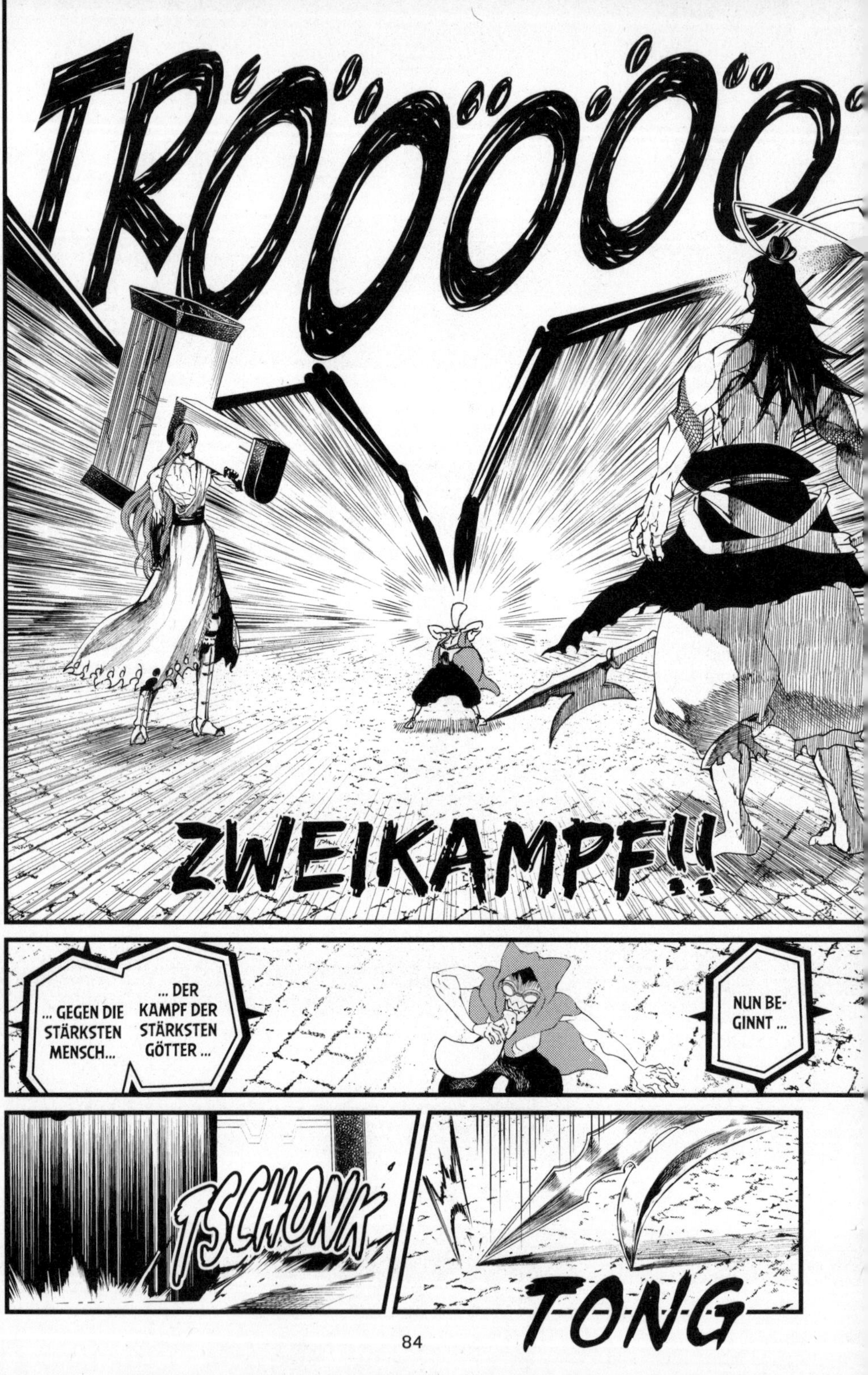
TRÖÖÖÖÖÖ
ZWEIKAMPF!!
NUN BEGINNT ...
... DER KAMPF DER STÄRKSTEN GÖTTER ...
... GEGEN DIE STÄRKSTEN MENSCH...
TSCHONK
TONG

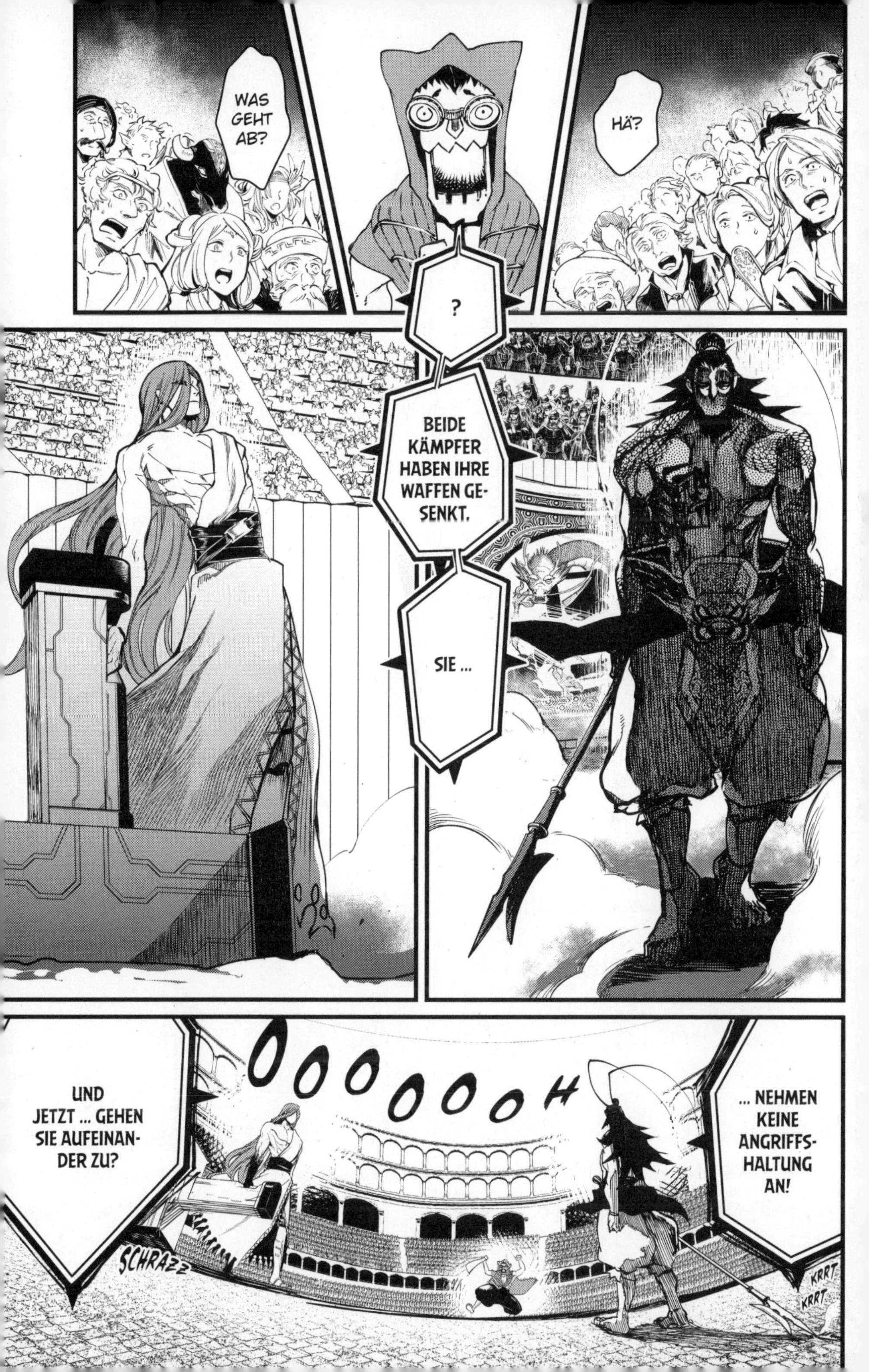

HÄ?
WAS GEHT AB?
?
BEIDE KÄMPFER HABEN IHRE WAFFEN GESENKT.
SIE ...
... NEHMEN KEINE ANGRIFFSHALTUNG AN!
OOOOOOOH
UND JETZT ... GEHEN SIE AUFEINANDER ZU?
KRRT KRRT
SCHRAZZ

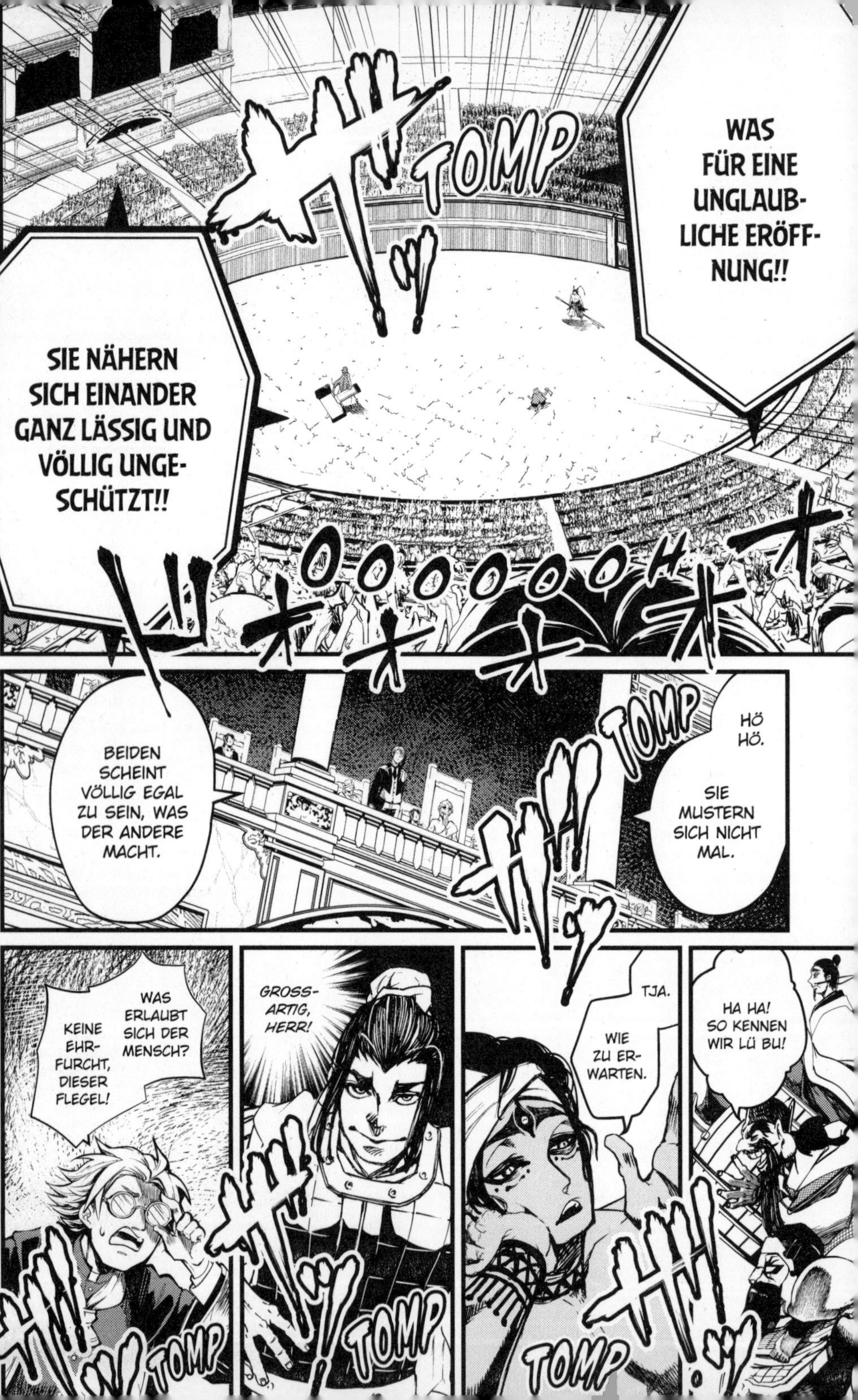
TOMP
WAS FÜR EINE UNGLAUB-LICHE ERÖFF-NUNG!!
SIE NÄHERN SICH EINANDER GANZ LÄSSIG UND VÖLLIG UNGE-SCHÜTZT!!
OOOOOOOH
TOMP
HÖ HÖ.
SIE MUSTERN SICH NICHT MAL.
BEIDEN SCHEINT VÖLLIG EGAL ZU SEIN, WAS DER ANDERE MACHT.
HA HA! SO KENNEN WIR LÜ BU!
TJA.
WIE ZU ER-WARTEN.
GROSS-ARTIG, HERR!
WAS ERLAUBT SICH DER MENSCH?
KEINE EHR-FURCHT, DIESER FLEGEL!
TOMP
TOMP
TOMP
TOMP

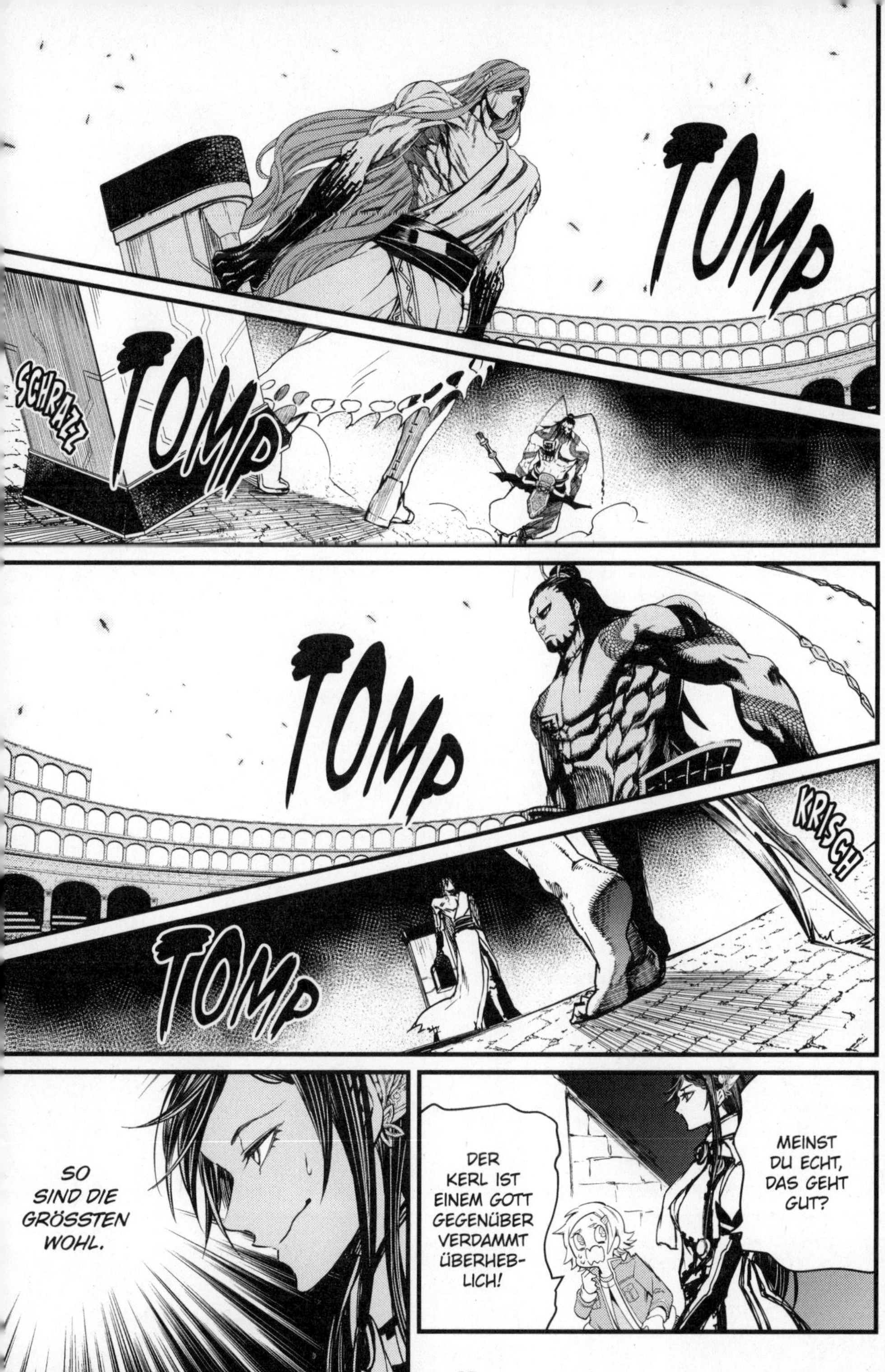
TOMP
TOMP
SCHRAZZ
TOMP
KRISCH
TOMP
MEINST DU ECHT, DAS GEHT GUT?
DER KERL IST EINEM GOTT GEGENÜBER VERDAMMT ÜBERHEB-LICH!
SO SIND DIE GRÖSSTEN WOHL.

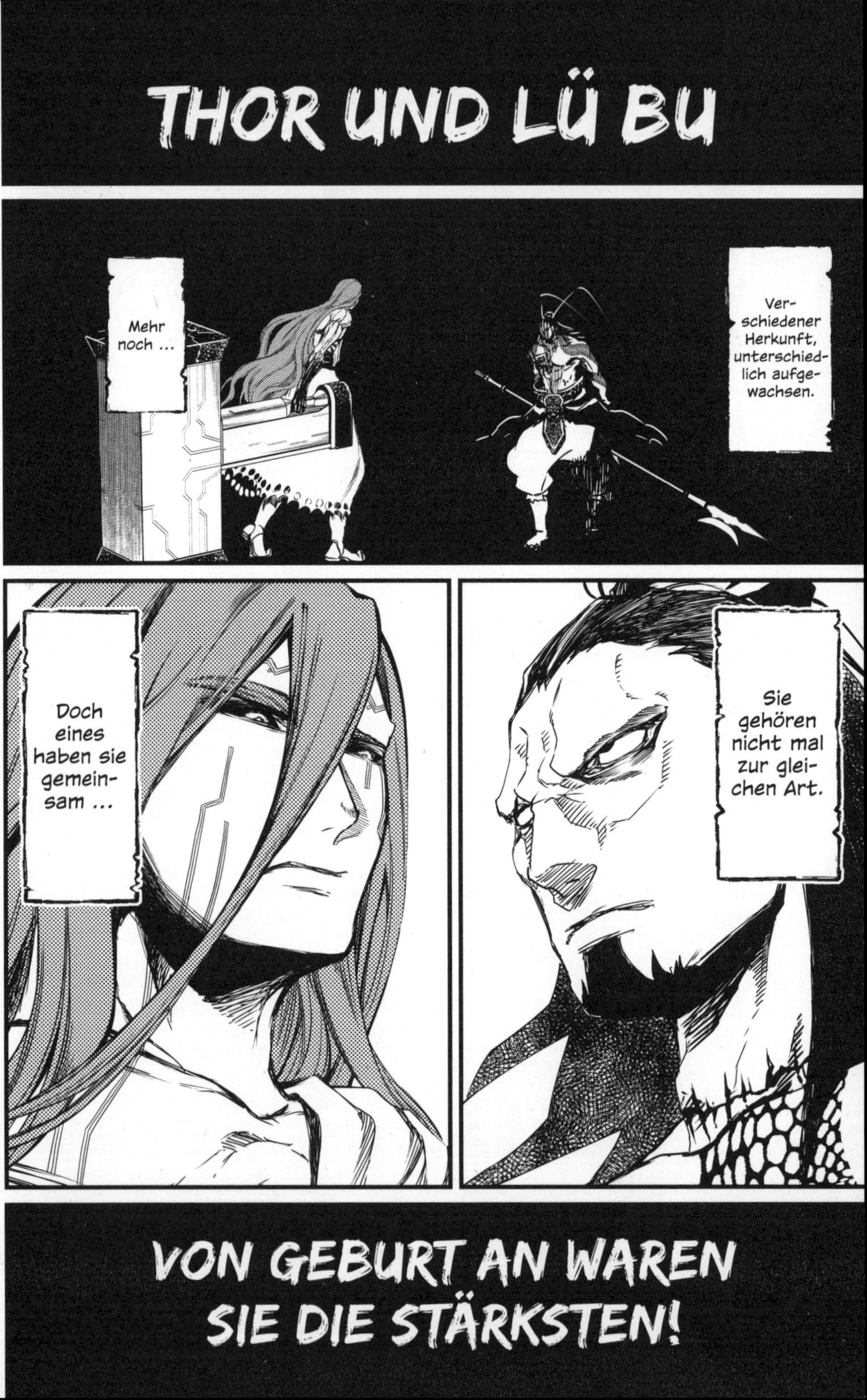
THOR UND LÜ BU
Verschiedener Herkunft, unterschiedlich aufgewachsen.
Mehr noch …
Sie gehören nicht mal zur gleichen Art.
Doch eines haben sie gemeinsam …
VON GEBURT AN WAREN SIE DIE STÄRKSTEN!

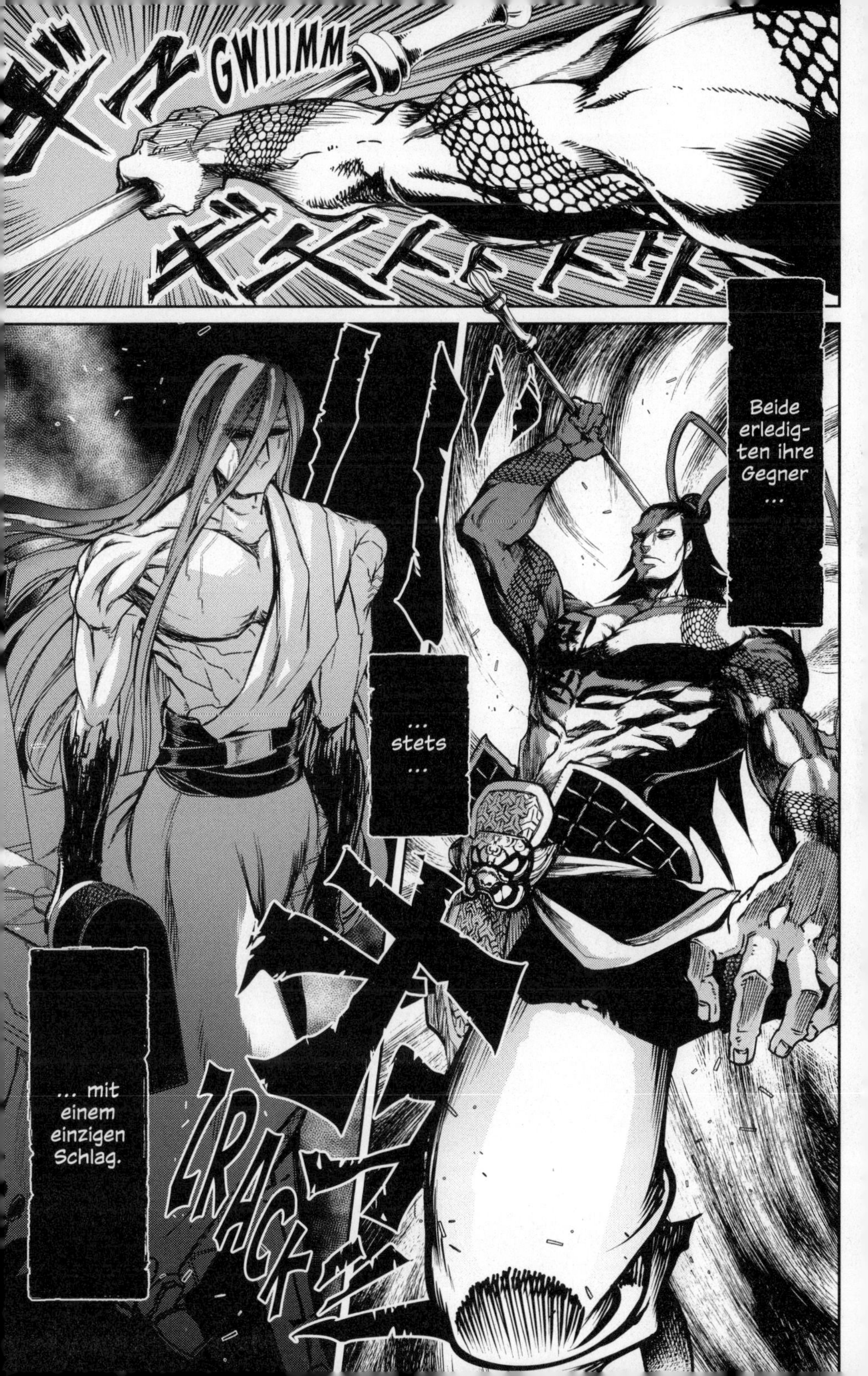

GWIIIMM
Beide erledigten ihre Gegner …
… stets …
… mit einem einzigen Schlag.
CRACK

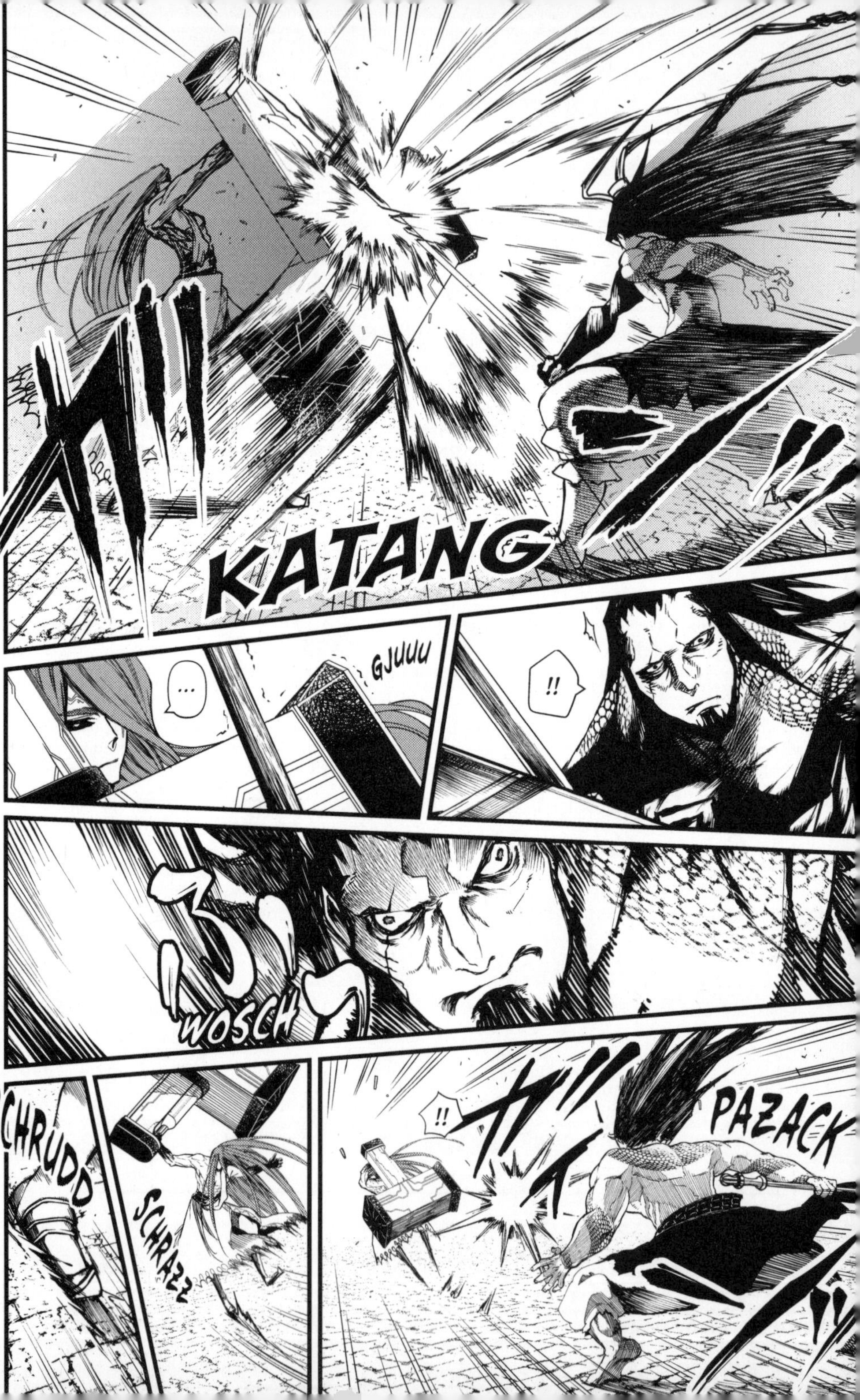
KATANG
GJUUU
...
!!
WOSCH
PAZACK
!!
SCHRAZZ
SCHRUDD

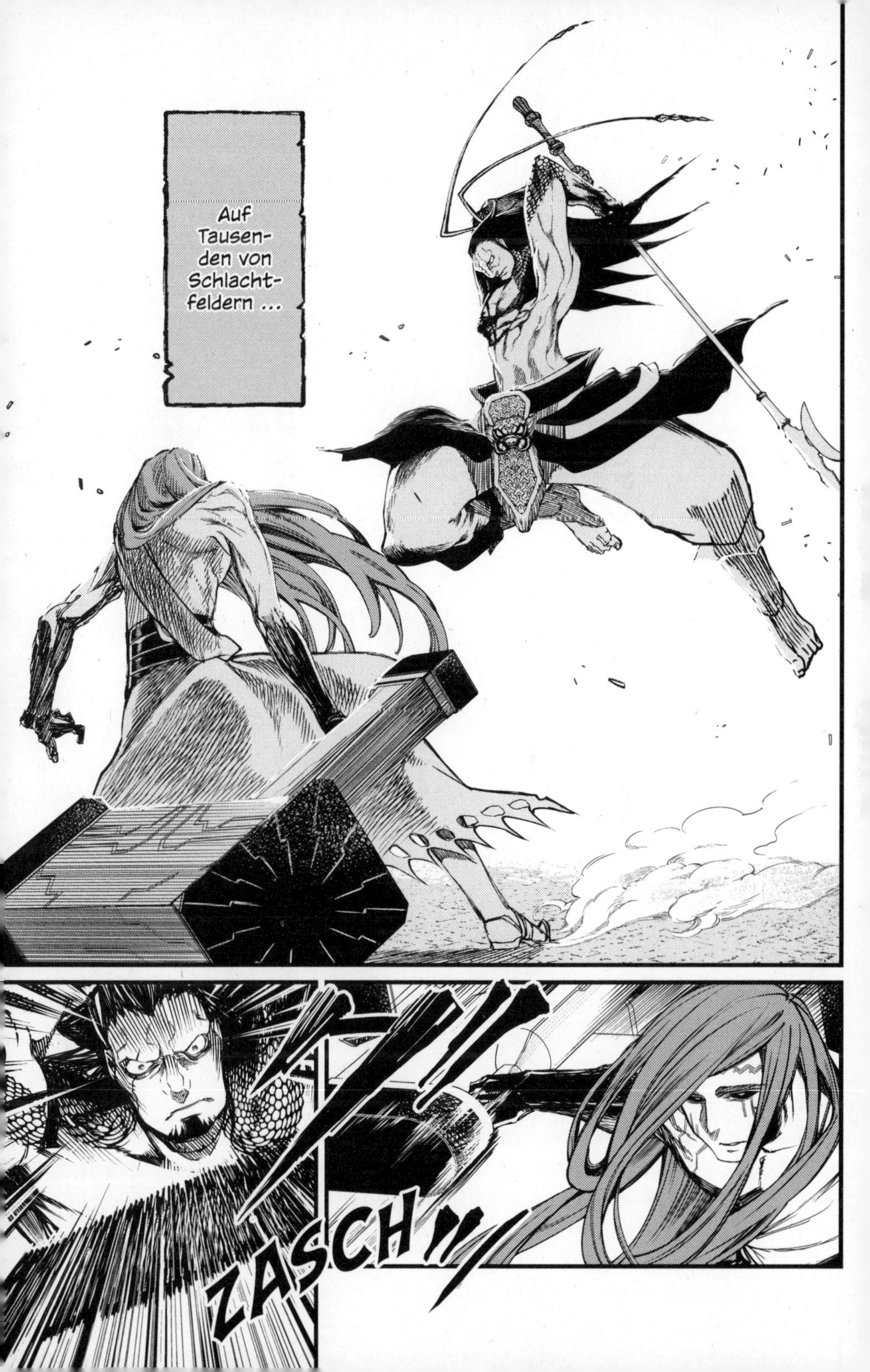
Auf Tausen-den von Schlacht-feldern ...
ZASCH!!

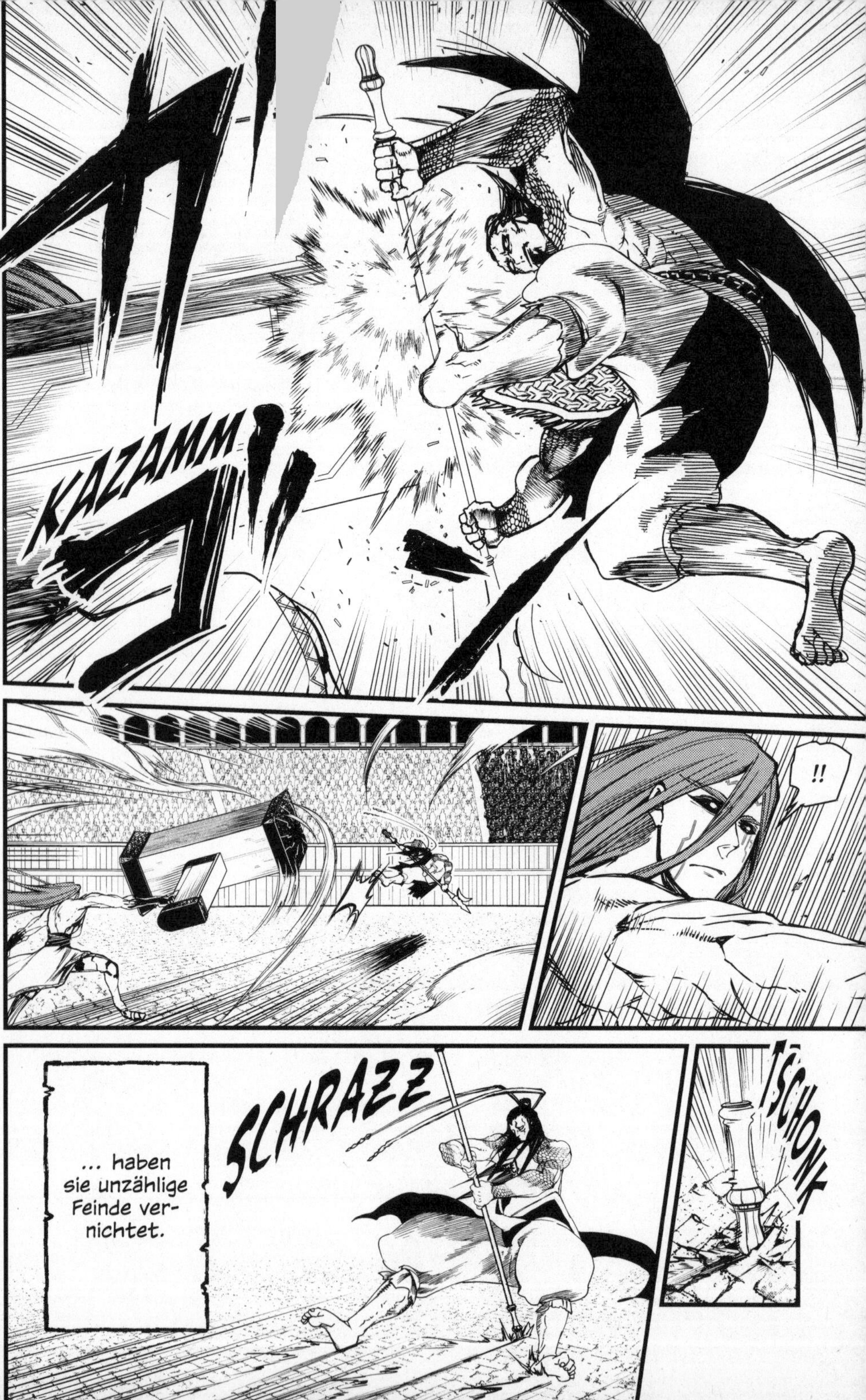
KAZAMM
!!
TSCHONK
SCHRAZZ
... haben sie unzählige Feinde vernichtet.

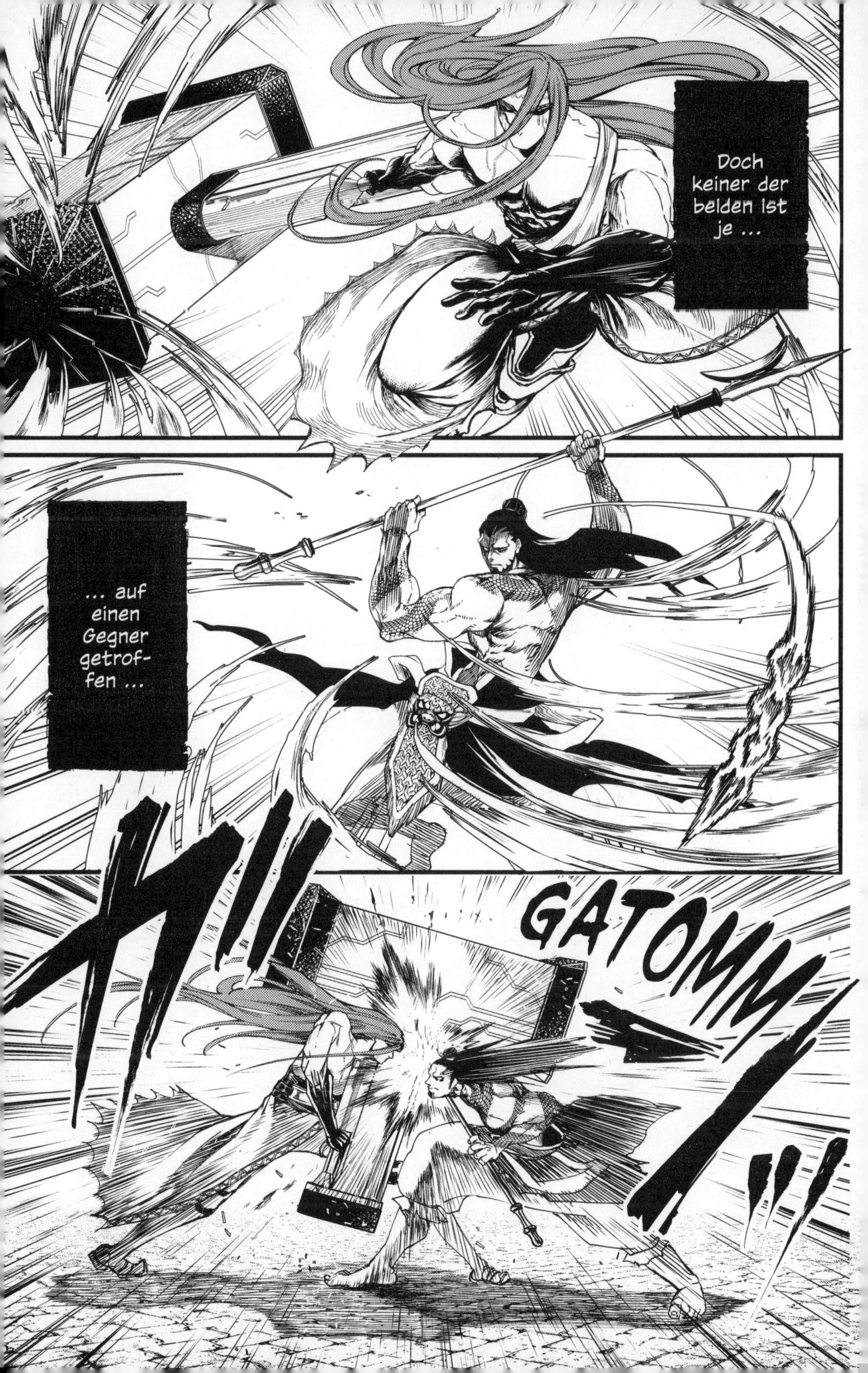
Doch keiner der belden lst je ...
... auf einen Gegner getrof-fen ...
GATOMM

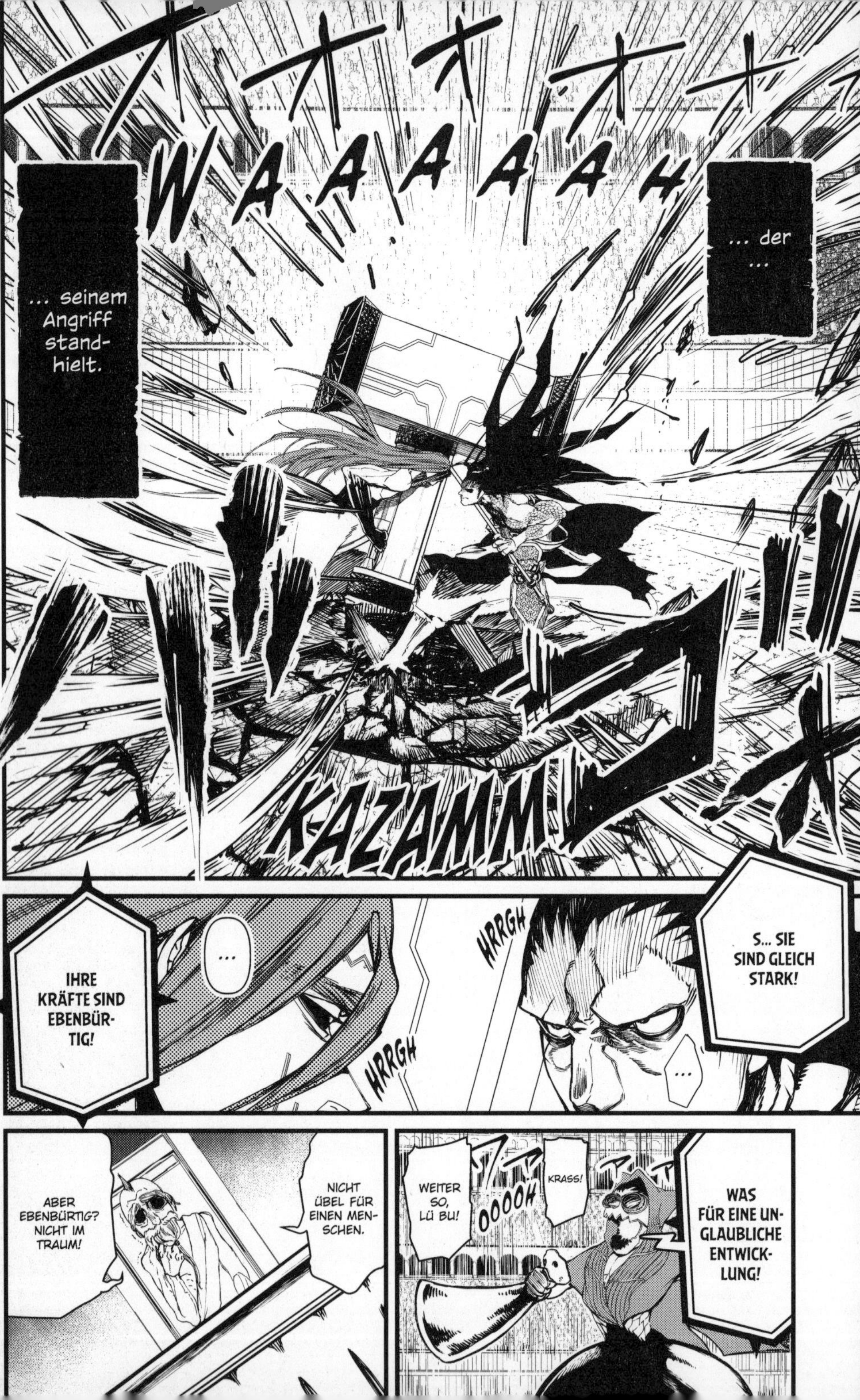

... der ...
... seinem Angriff standhielt.
WAAAAAH
KAZAMM
S... SIE SIND GLEICH STARK!
...
HRRGH
HRRGH
IHRE KRÄFTE SIND EBENBÜRTIG!
...
WAS FÜR EINE UNGLAUBLICHE ENTWICKLUNG!
KRASS!
WEITER SO, LÜ BU!
OOOOH
NICHT ÜBEL FÜR EINEN MENSCHEN.
ABER EBENBÜRTIG? NICHT IM TRAUM!

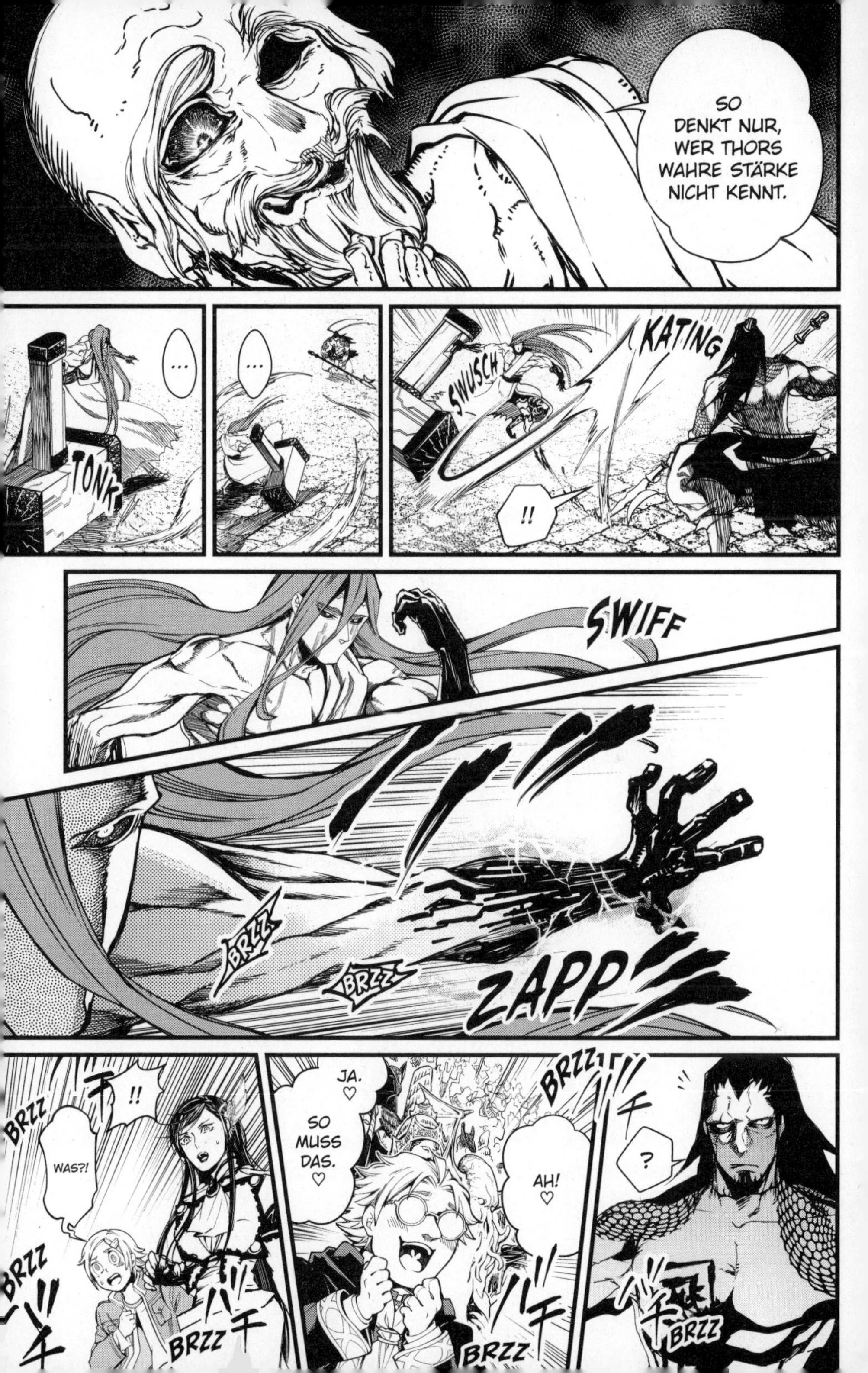
SO DENKT NUR, WER THORS WAHRE STÄRKE NICHT KENNT.
KATING
SWUSCH
!!
...
...
TONK
SWIFF
BRZZ
BRZZ
ZAPP
BRZZ
?
BRZZ
BRZZ
AH! ♡
JA. ♡
SO MUSS DAS. ♡
BRZZ
!!
WAS?!
BRZZ
BRZZ
BRZZ

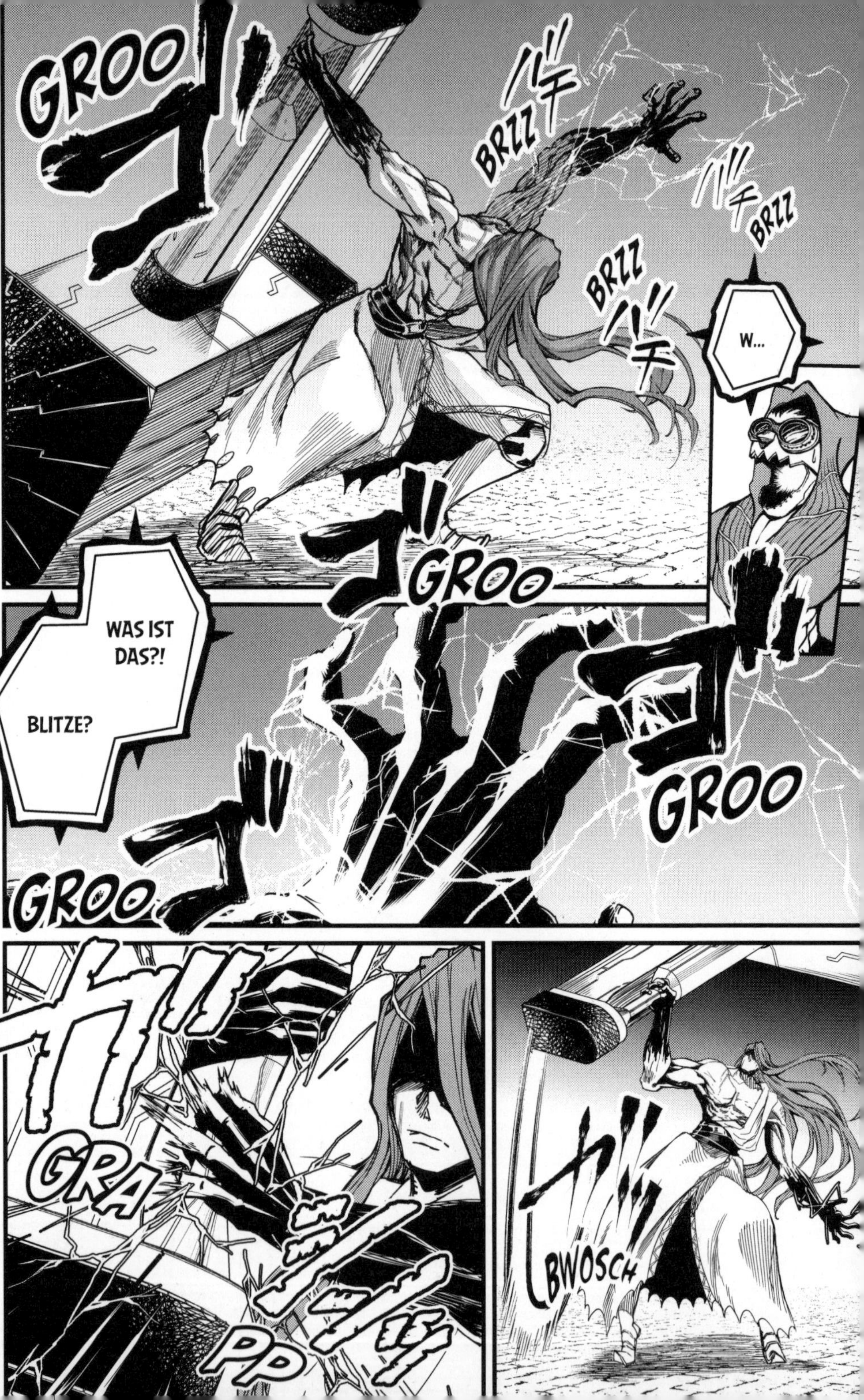
GROO
BRZZ
BRZZ
BRZZ
W...
GROO
WAS IST DAS?!
BLITZE?
GROO
GROO
BWOSCH
GRA
PP

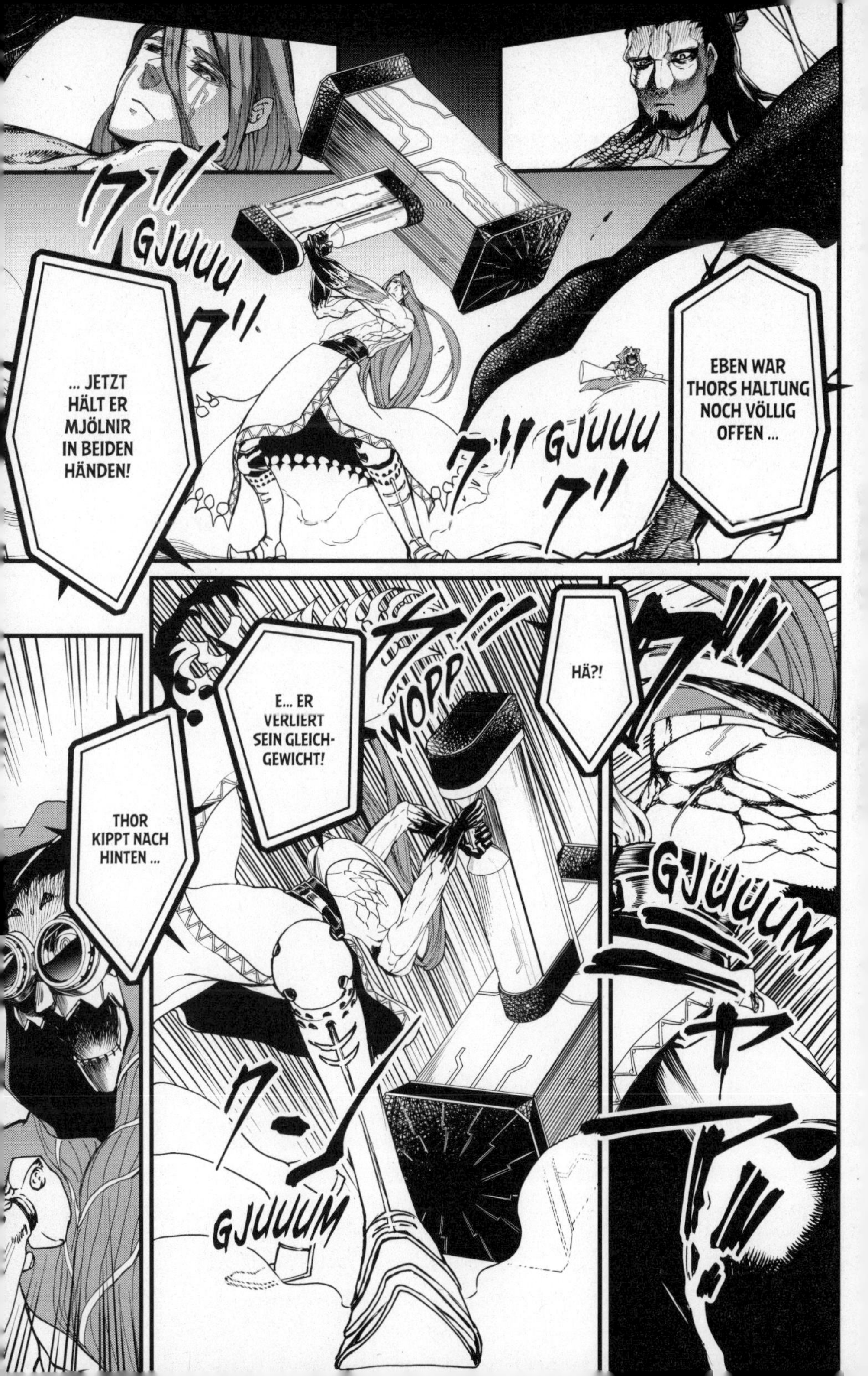
EBEN WAR THORS HALTUNG NOCH VÖLLIG OFFEN ...
GJUUU
... JETZT HÄLT ER MJÖLNIR IN BEIDEN HÄNDEN!
GJUUU
HÄ?!
GJUUUM
E... ER VERLIERT SEIN GLEICH-GEWICHT!
WOPP
THOR KIPPT NACH HINTEN ...
GJUUUM

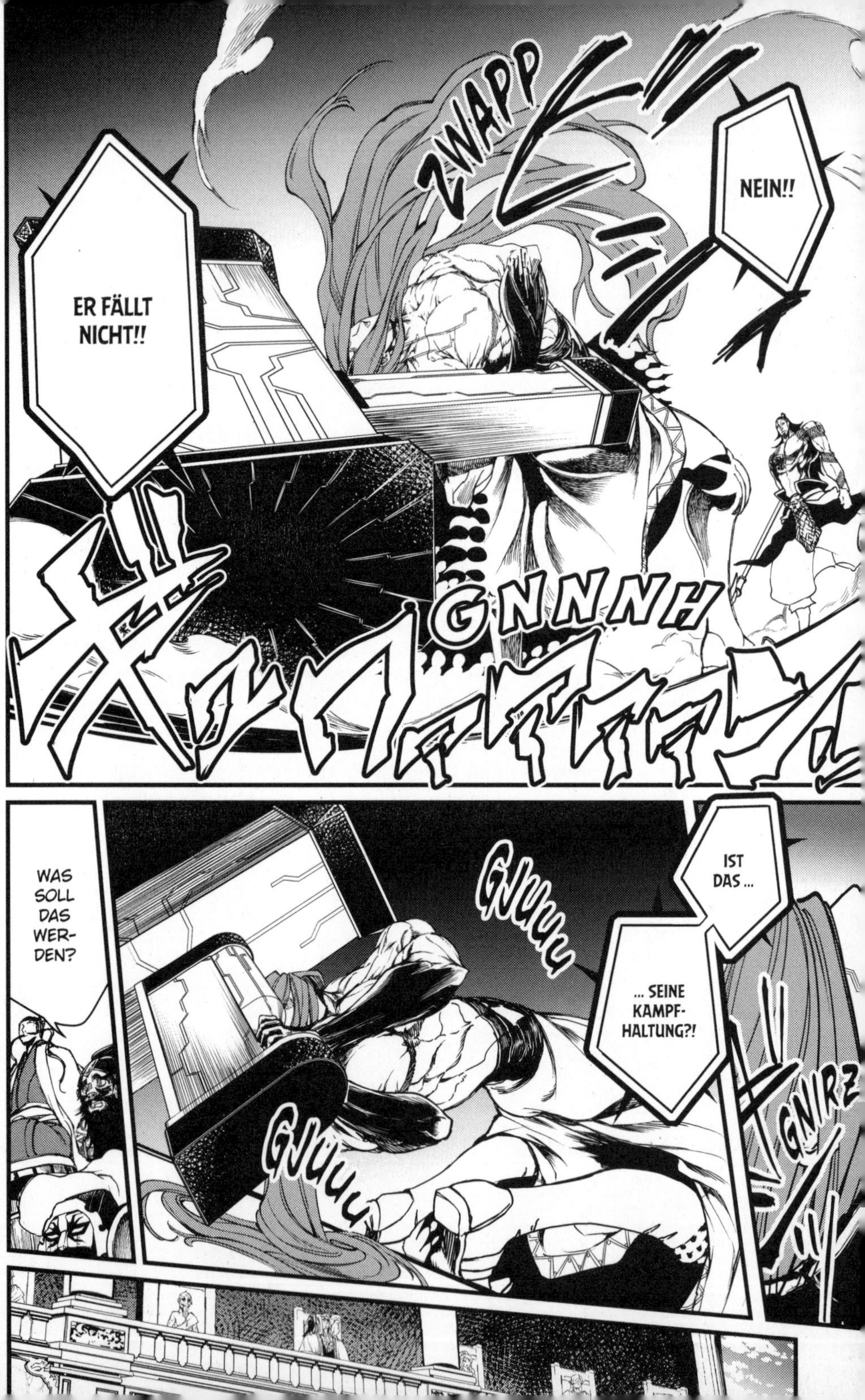
ZWAPP
NEIN!!
ER FÄLLT NICHT!!
GNNNH
IST DAS …
… SEINE KAMPF-HALTUNG?!
WAS SOLL DAS WER-DEN?
GJUUU
GJUUU
GNIRZ

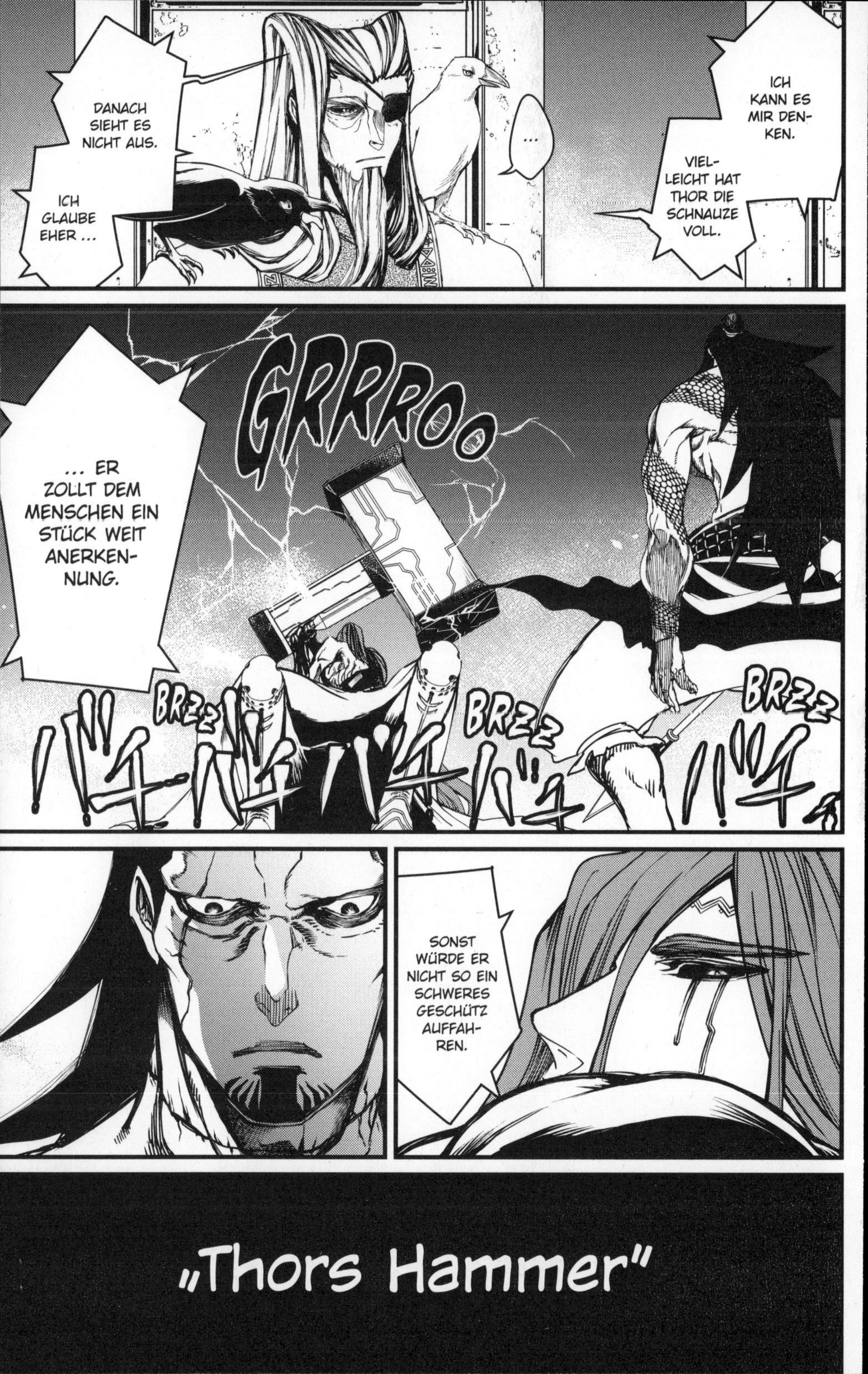
ICH KANN ES MIR DEN-KEN.
VIEL-LEICHT HAT THOR DIE SCHNAUZE VOLL.
...
DANACH SIEHT ES NICHT AUS.
ICH GLAUBE EHER ...
GRRROO
... ER ZOLLT DEM MENSCHEN EIN STÜCK WEIT ANERKEN-NUNG.
BRZZ
BRZZ
BRZZ
SONST WÜRDE ER NICHT SO EIN SCHWERES GESCHÜTZ AUFFAH-REN.
„Thors Hammer“

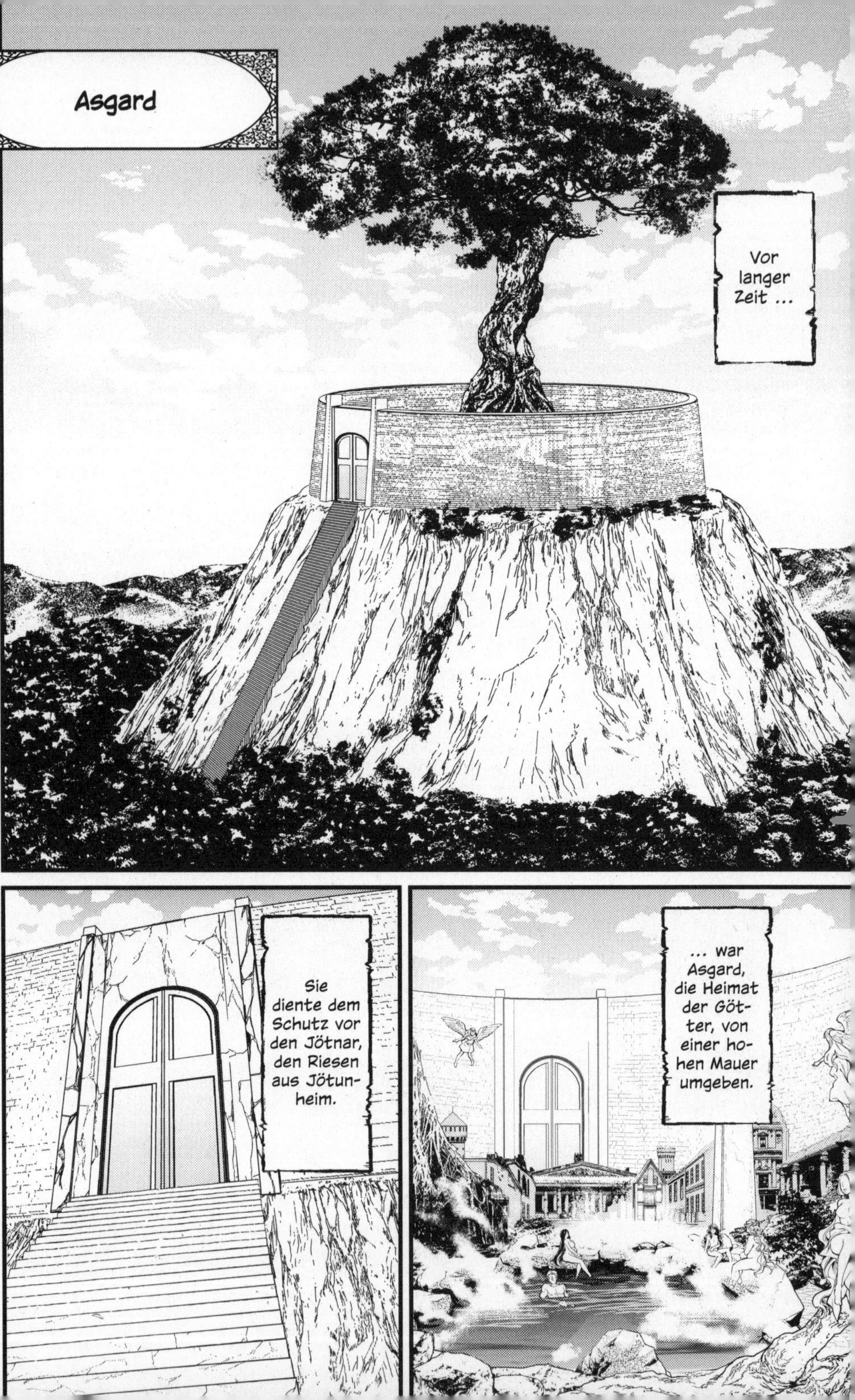
Asgard
Vor langer Zeit ...
... war Asgard, die Heimat der Göt-ter, von einer ho-hen Mauer umgeben.
Sie diente dem Schutz vor den Jötnar, den Riesen aus Jötun-heim.

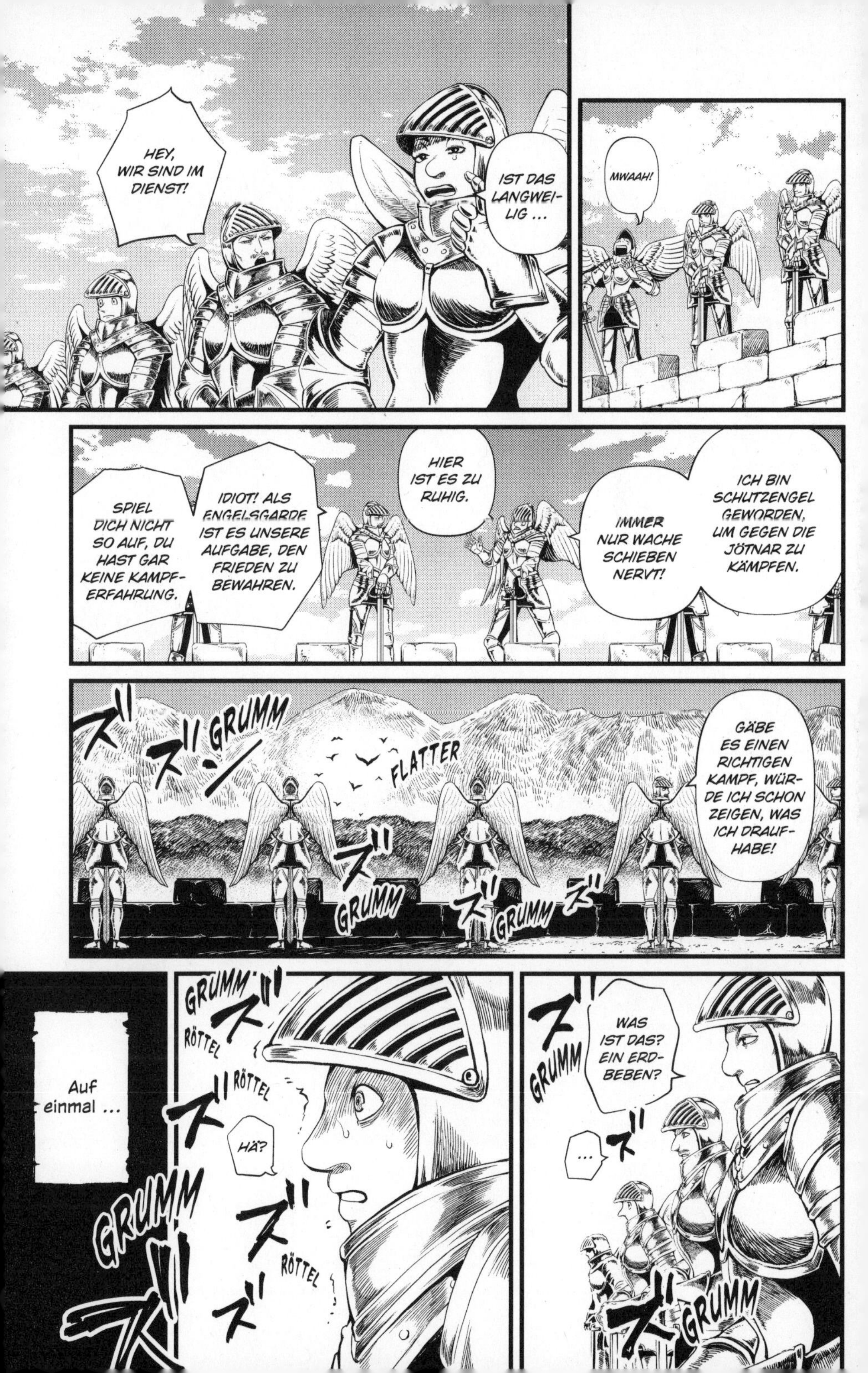
IST DAS LANGWEILIG …
HEY, WIR SIND IM DIENST!
MWAAH!
ICH BIN SCHUTZENGEL GEWORDEN, UM GEGEN DIE JÖTNAR ZU KÄMPFEN.
IMMER NUR WACHE SCHIEBEN NERVT!
HIER IST ES ZU RUHIG.
IDIOT! ALS ENGELSGARDE IST ES UNSERE AUFGABE, DEN FRIEDEN ZU BEWAHREN.
SPIEL DICH NICHT SO AUF, DU HAST GAR KEINE KAMPFERFAHRUNG.
GÄBE ES EINEN RICHTIGEN KAMPF, WÜRDE ICH SCHON ZEIGEN, WAS ICH DRAUFHABE!
FLATTER
GRUMM
GRUMM
GRUMM
WAS IST DAS? EIN ERDBEBEN?
…
GRUMM
GRUMM
GRUMM
RÖTTEL
RÖTTEL
HÄ?
RÖTTEL
GRUMM
Auf einmal …

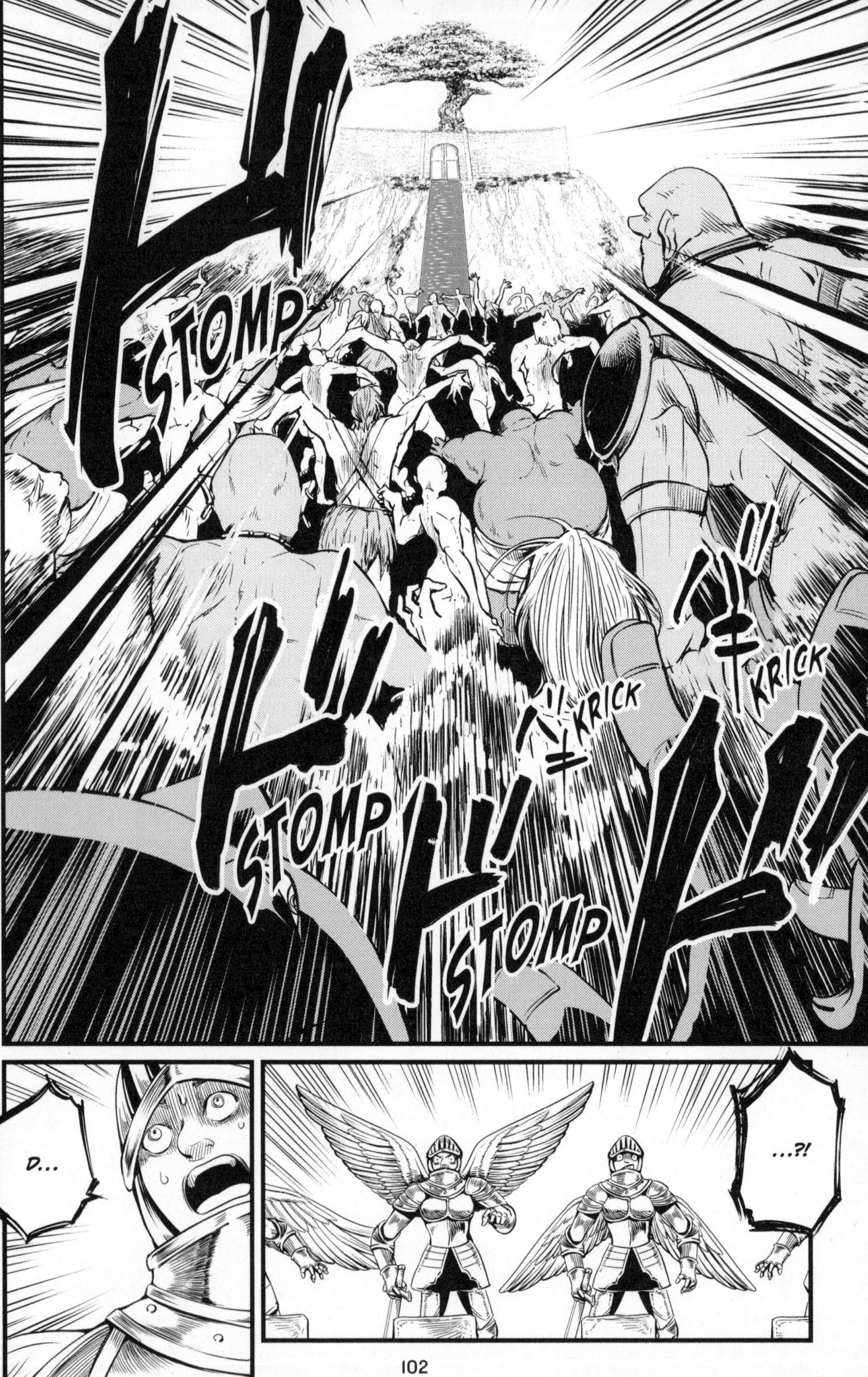
STOMP
STOMP
KRICK
KRICK
STOMP
D...
...?!

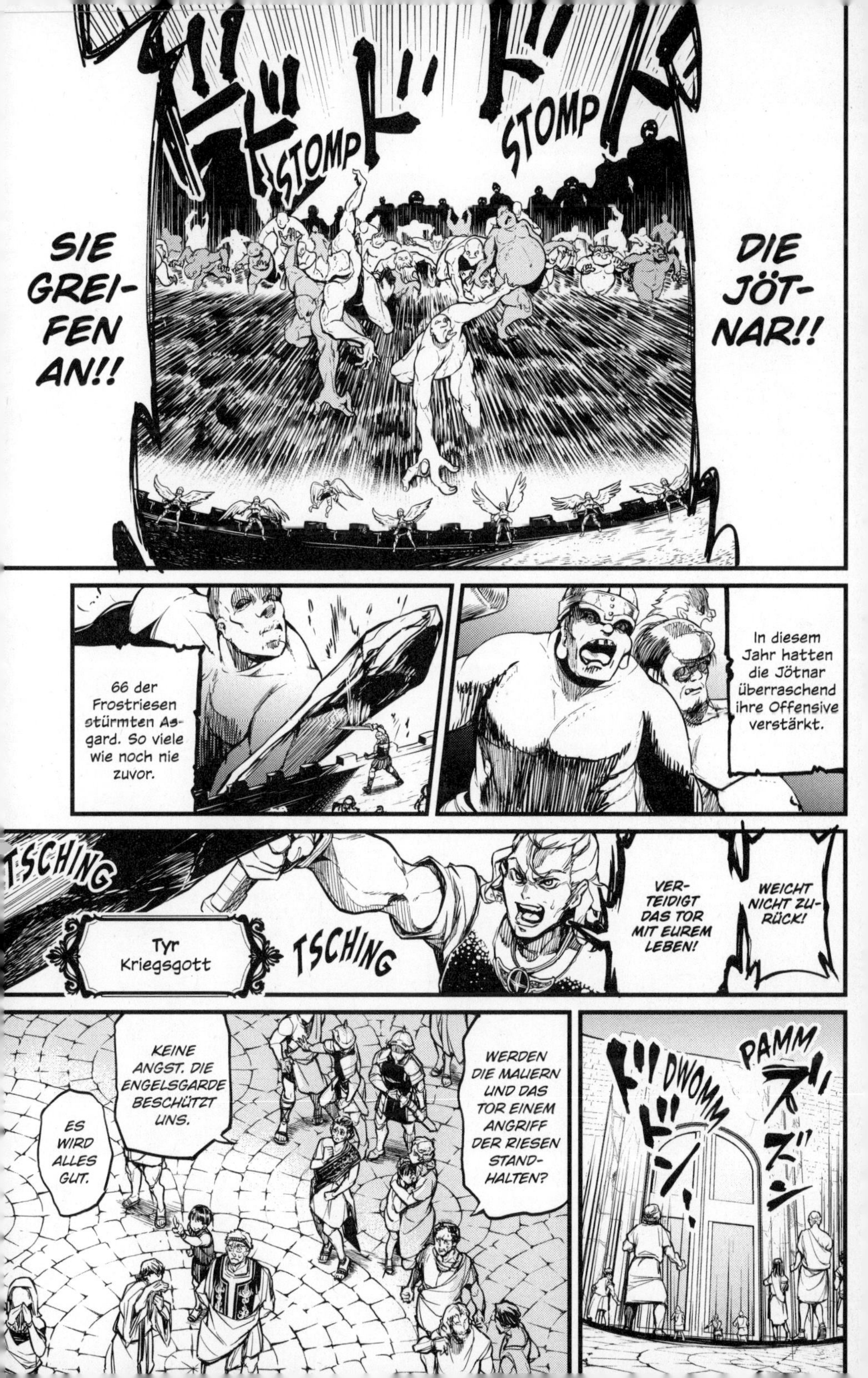
STOMP
STOMP
DIE JÖTNAR!!
SIE GREIFEN AN!!
In diesem Jahr hatten die Jötnar überraschend ihre Offensive verstärkt.
66 der Frostriesen stürmten Asgard. So viele wie noch nie zuvor.
TSCHING
WEICHT NICHT ZURÜCK!
VERTEIDIGT DAS TOR MIT EUREM LEBEN!
TSCHING
Tyr
Kriegsgott
WERDEN DIE MAUERN UND DAS TOR EINEM ANGRIFF DER RIESEN STANDHALTEN?
KEINE ANGST. DIE ENGELSGARDE BESCHÜTZT UNS.
ES WIRD ALLES GUT.
PAMM
DWOMM

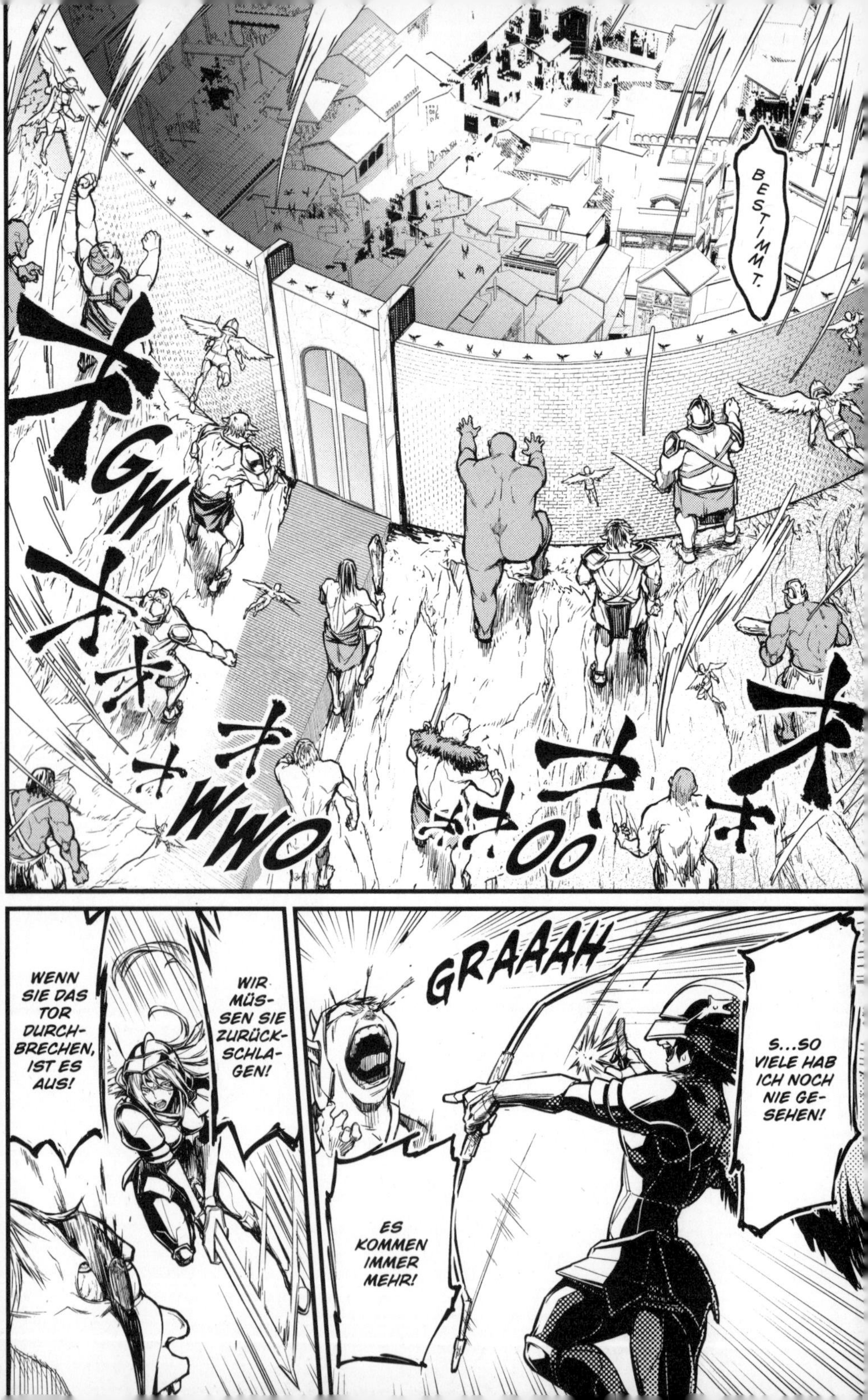
BESTIMMT.
GWWO
OO
S...SO VIELE HAB ICH NOCH NIE GESEHEN!
GRAAAH
ES KOMMEN IMMER MEHR!
WIR MÜSSEN SIE ZURÜCKSCHLAGEN!
WENN SIE DAS TOR DURCHBRECHEN, IST ES AUS!

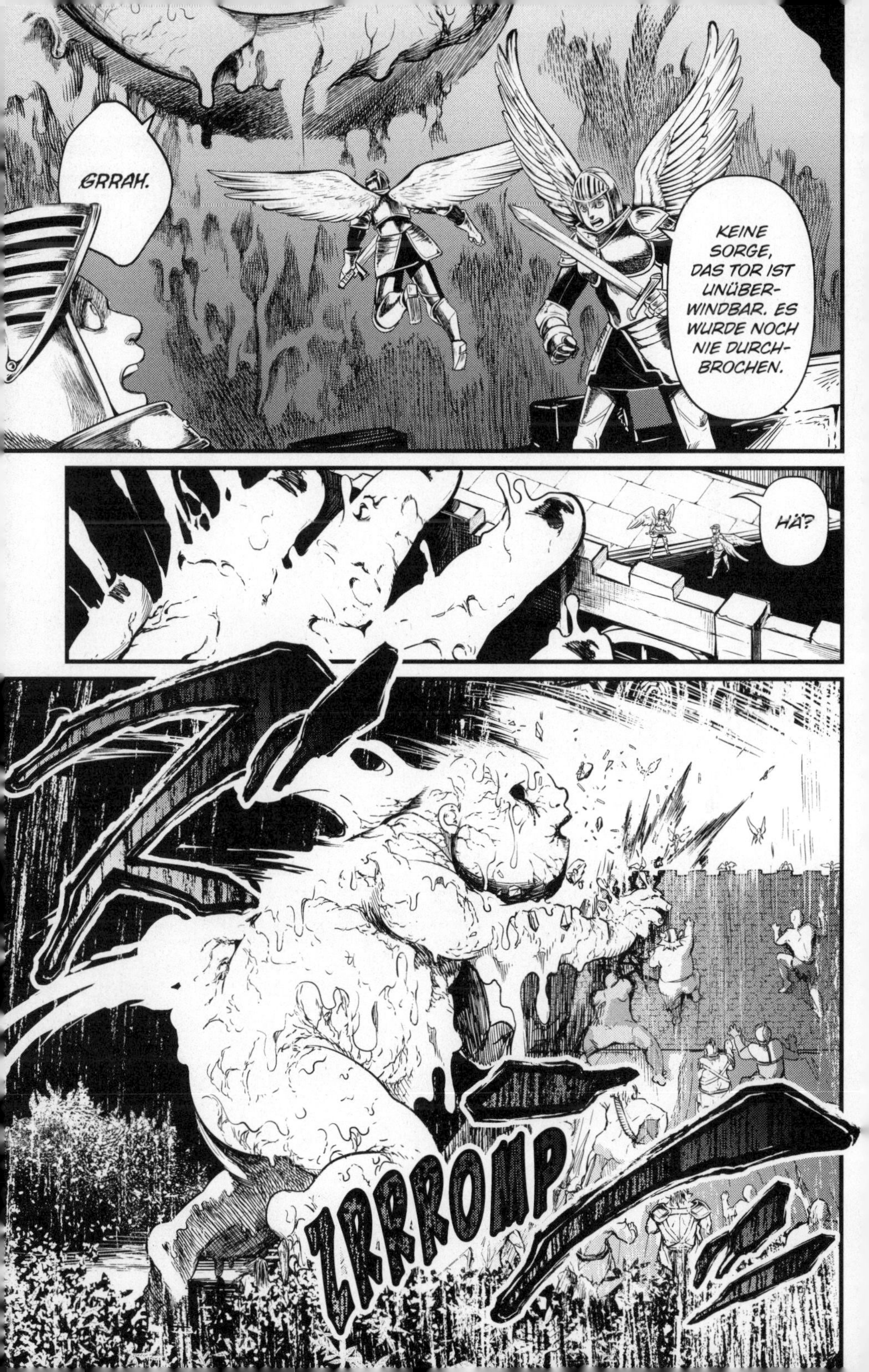
KEINE SORGE, DAS TOR IST UNÜBERWINDBAR. ES WURDE NOCH NIE DURCHBROCHEN.
GRRAH.
HÄ?
ZRRROMP

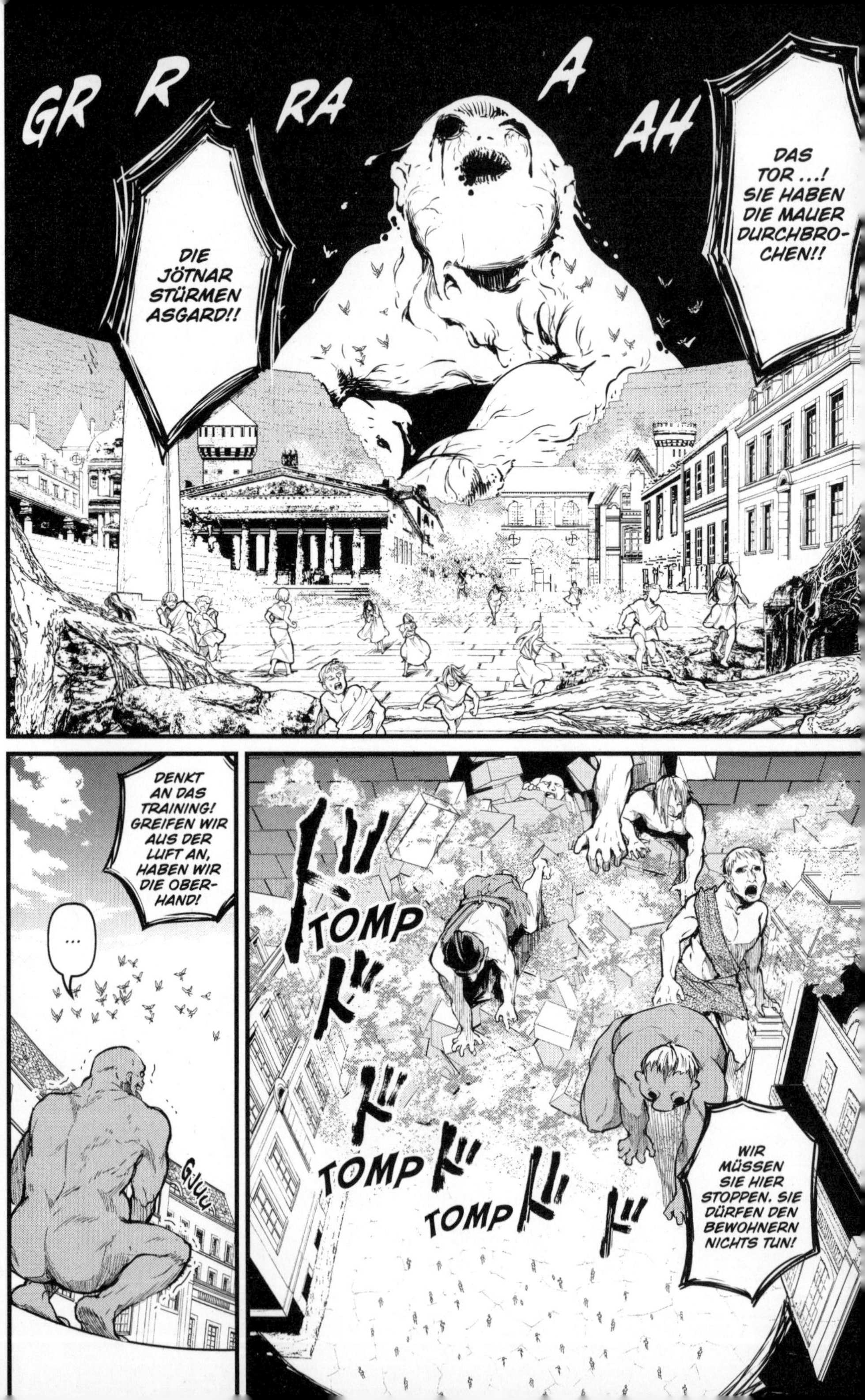
GR R RA A AH
DAS TOR ...! SIE HABEN DIE MAUER DURCHBROCHEN!!
DIE JÖTNAR STÜRMEN ASGARD!!
TOMP
TOMP
TOMP
WIR MÜSSEN SIE HIER STOPPEN. SIE DÜRFEN DEN BEWOHNERN NICHTS TUN!
DENKT AN DAS TRAINING! GREIFEN WIR AUS DER LUFT AN, HABEN WIR DIE OBERHAND!
...

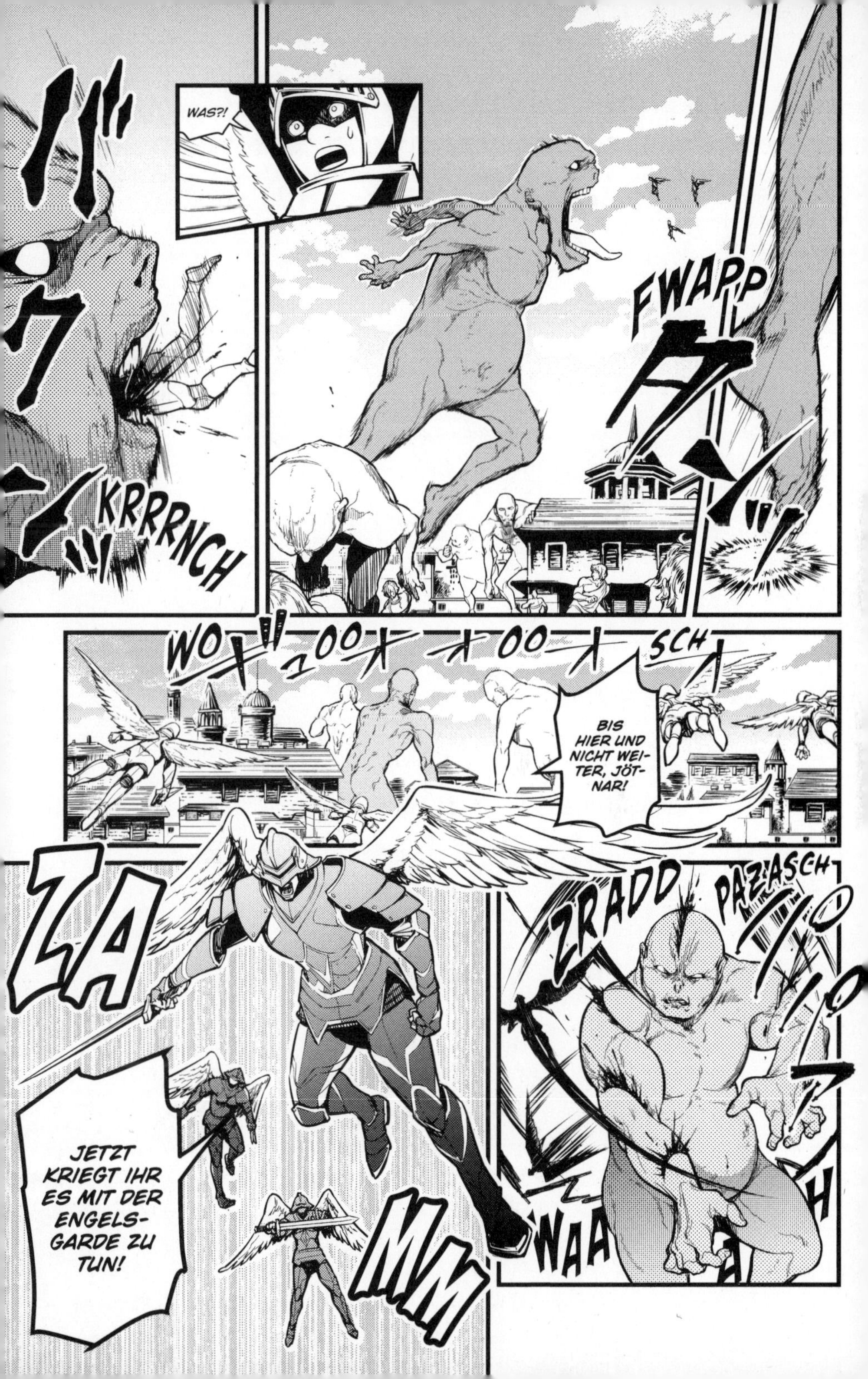
FWAPP
WAS?!
KRRRNCH
WO
OO
OO
SCH
BIS HIER UND NICHT WEITER, JÖTNAR!
ZRADD
PAZASCH
WAA
H
ZA
MM
JETZT KRIEGT IHR ES MIT DER ENGELSGARDE ZU TUN!

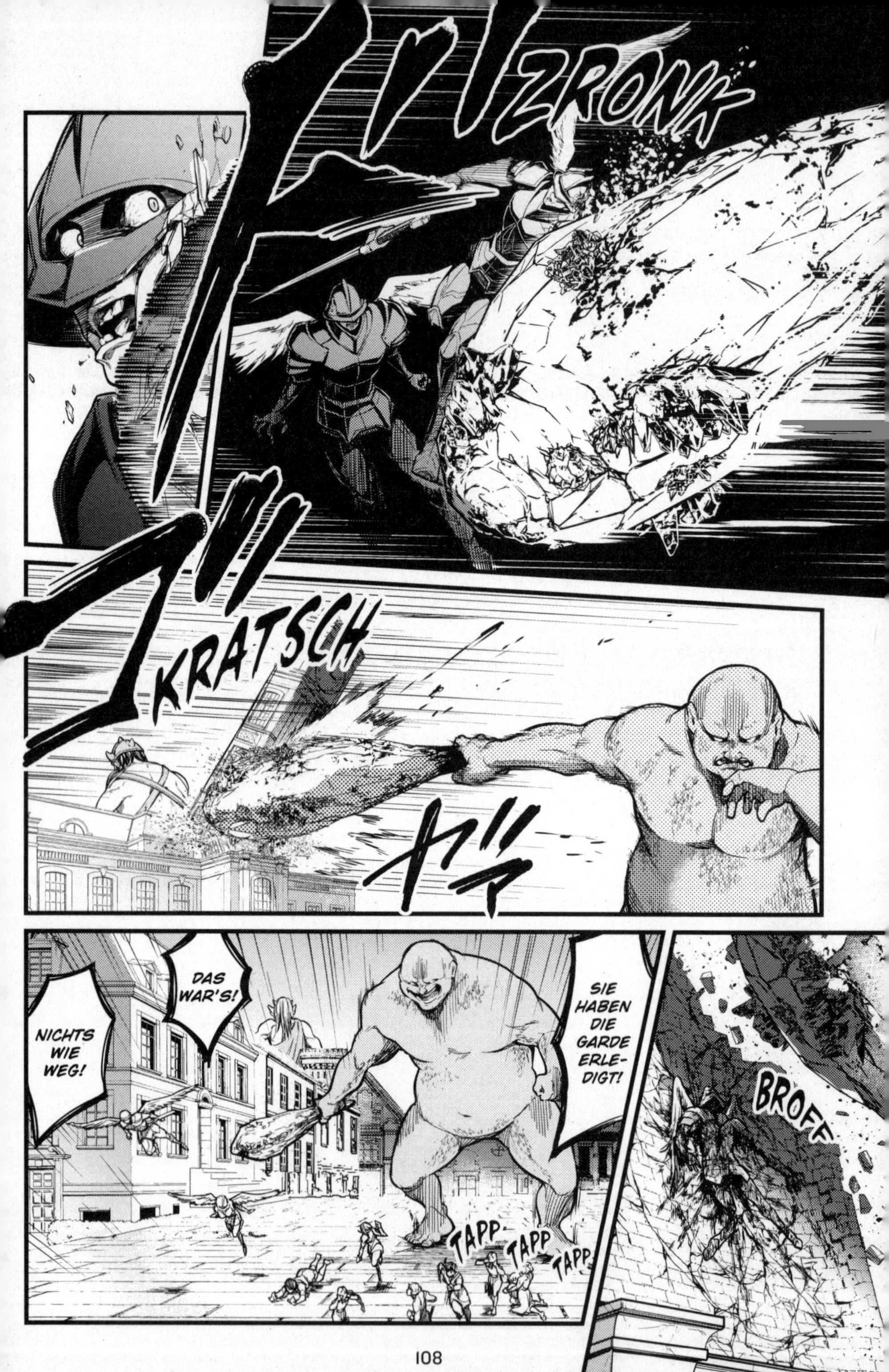
ZRONK
KRATSCH
BROFF
SIE HABEN DIE GARDE ERLE-DIGT!
DAS WAR'S!
NICHTS WIE WEG!
TAPP
TAPP
TAPP

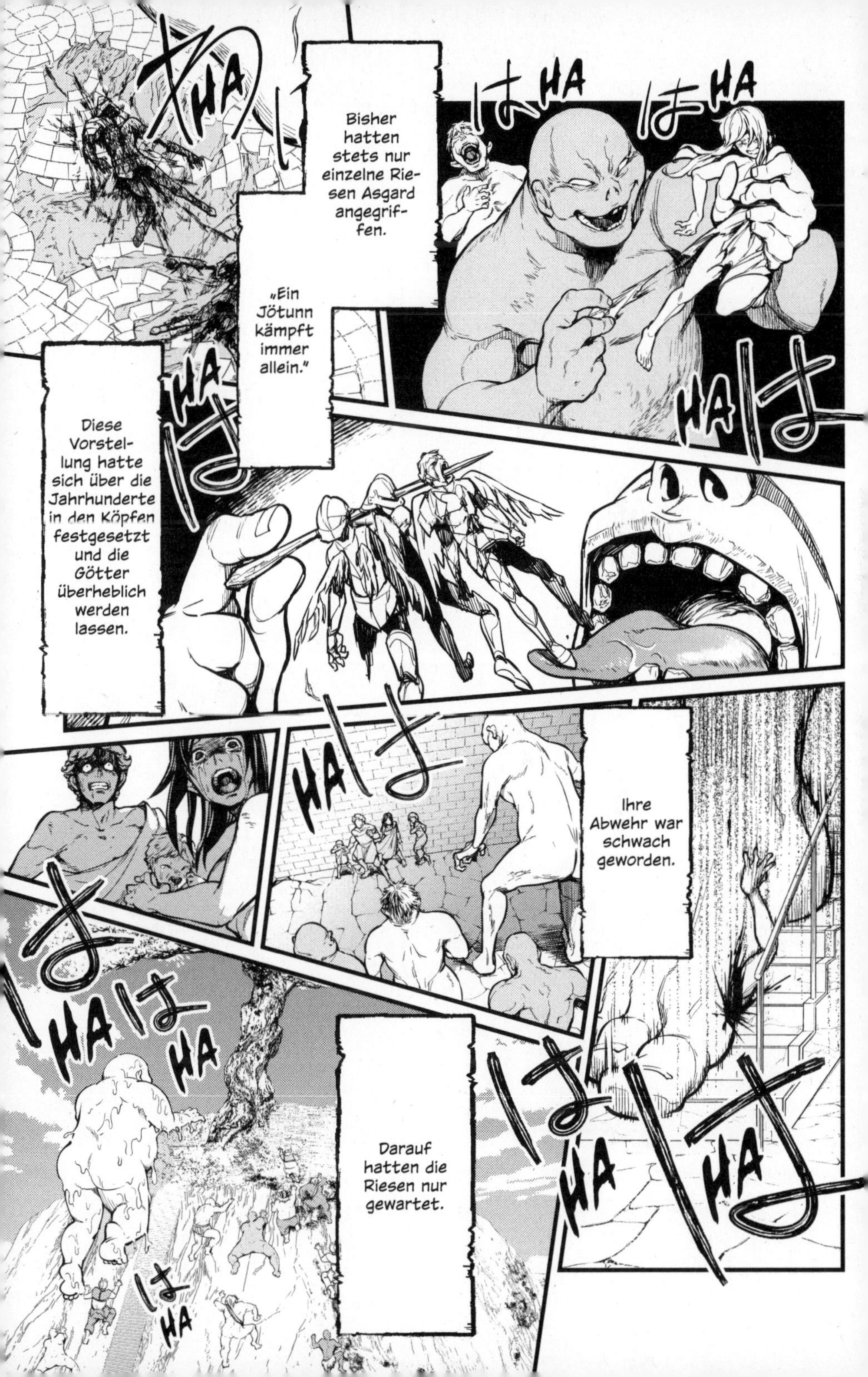

はHA はHA
Bisher hatten stets nur einzelne Riesen Asgard angegriffen.
„Ein Jötunn kämpft immer allein."
HA
HAは
HA
Diese Vorstellung hatte sich über die Jahrhunderte in den Köpfen festgesetzt und die Götter überheblich werden lassen.
HAは
Ihre Abwehr war schwach geworden.
HAは HA
はHA はHA
Darauf hatten die Riesen nur gewartet.
はHA

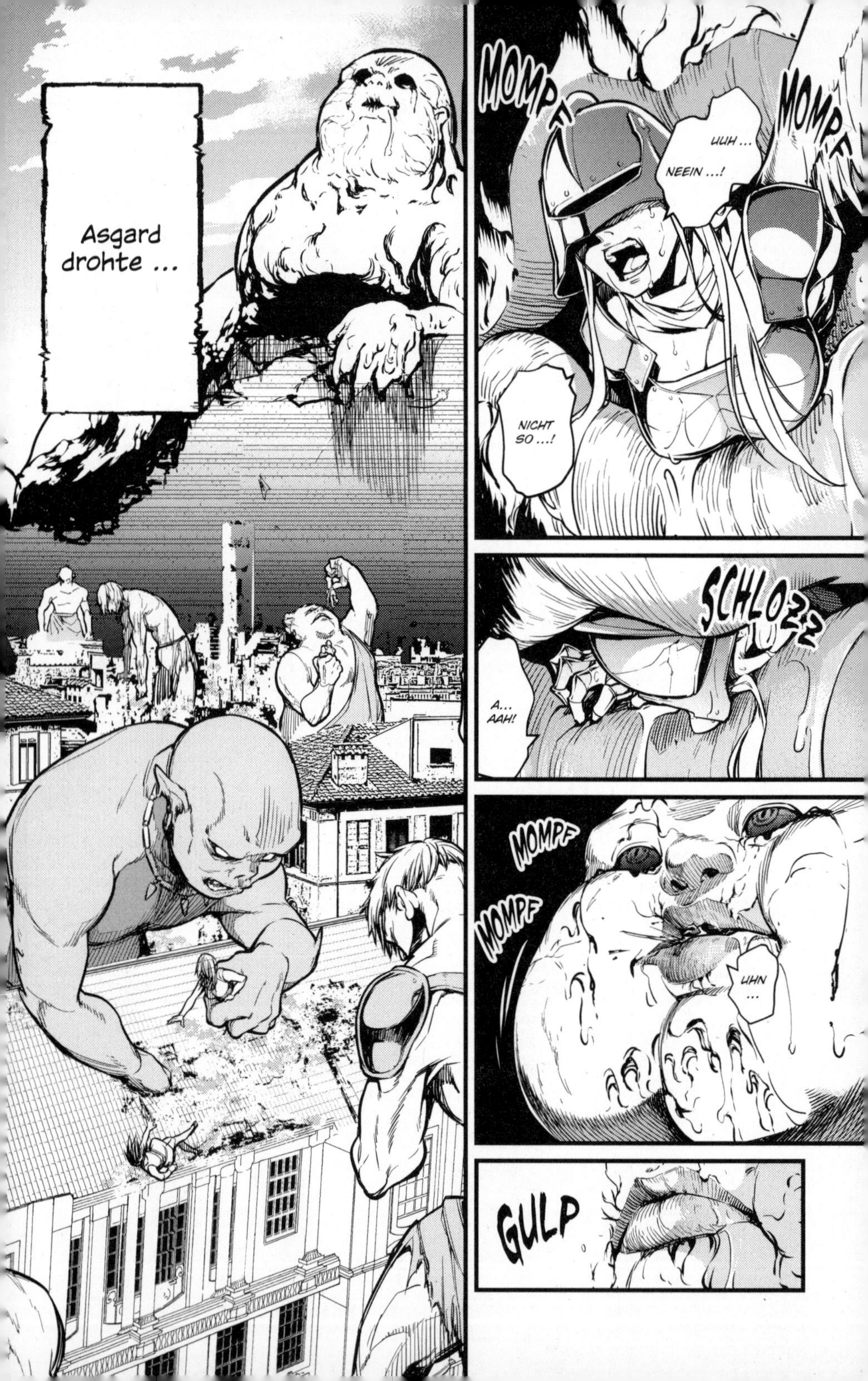

MOMPF
UUH ...
NEEIN ...!
MOMPF
NICHT SO ...!
SCHLOZZ
A... AAH!
MOMPF
MOMPF
UHN ...
GULP
Asgard drohte ...

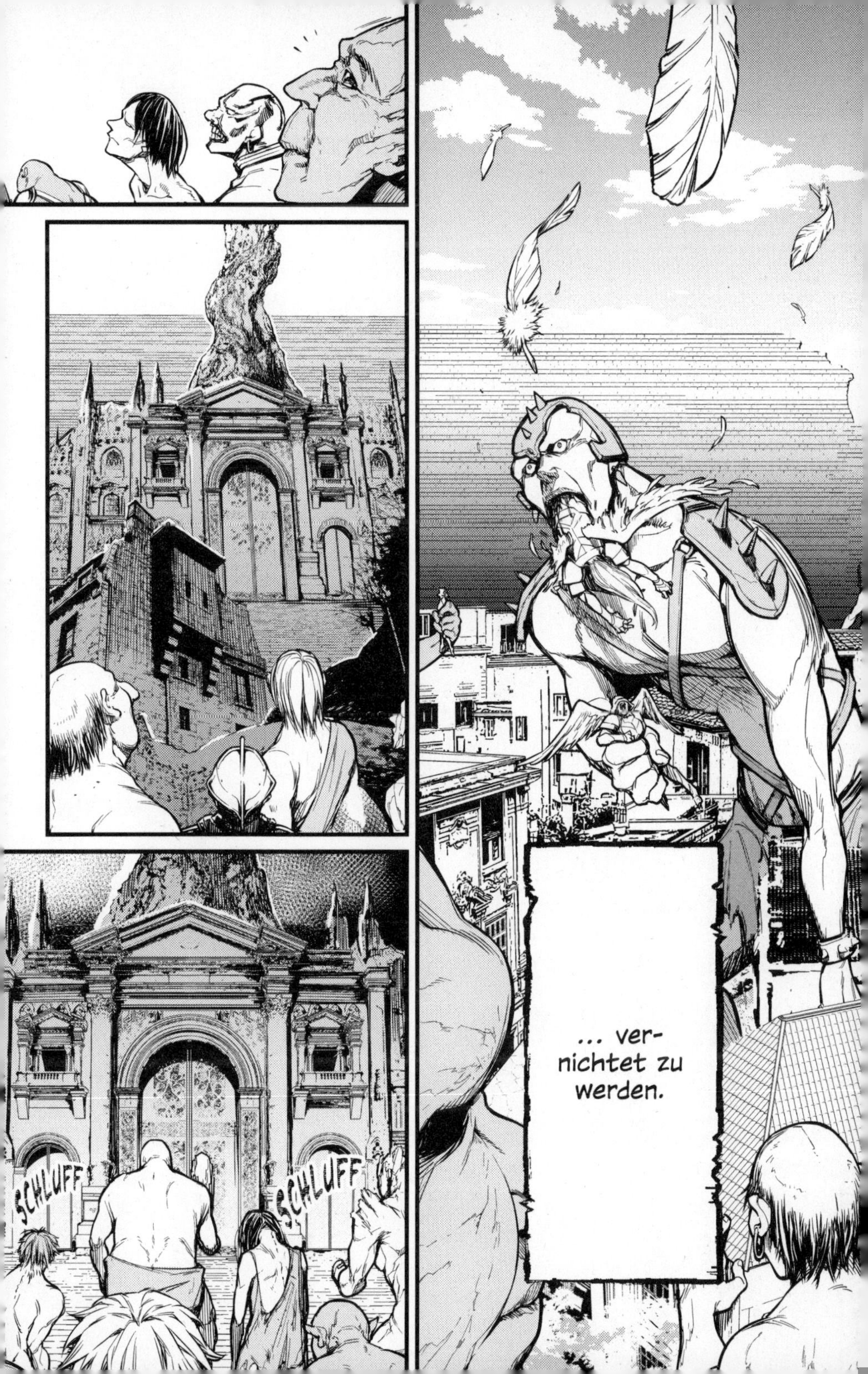
... ver-
nichtet zu
werden.
SCHLUFF
SCHLUFF

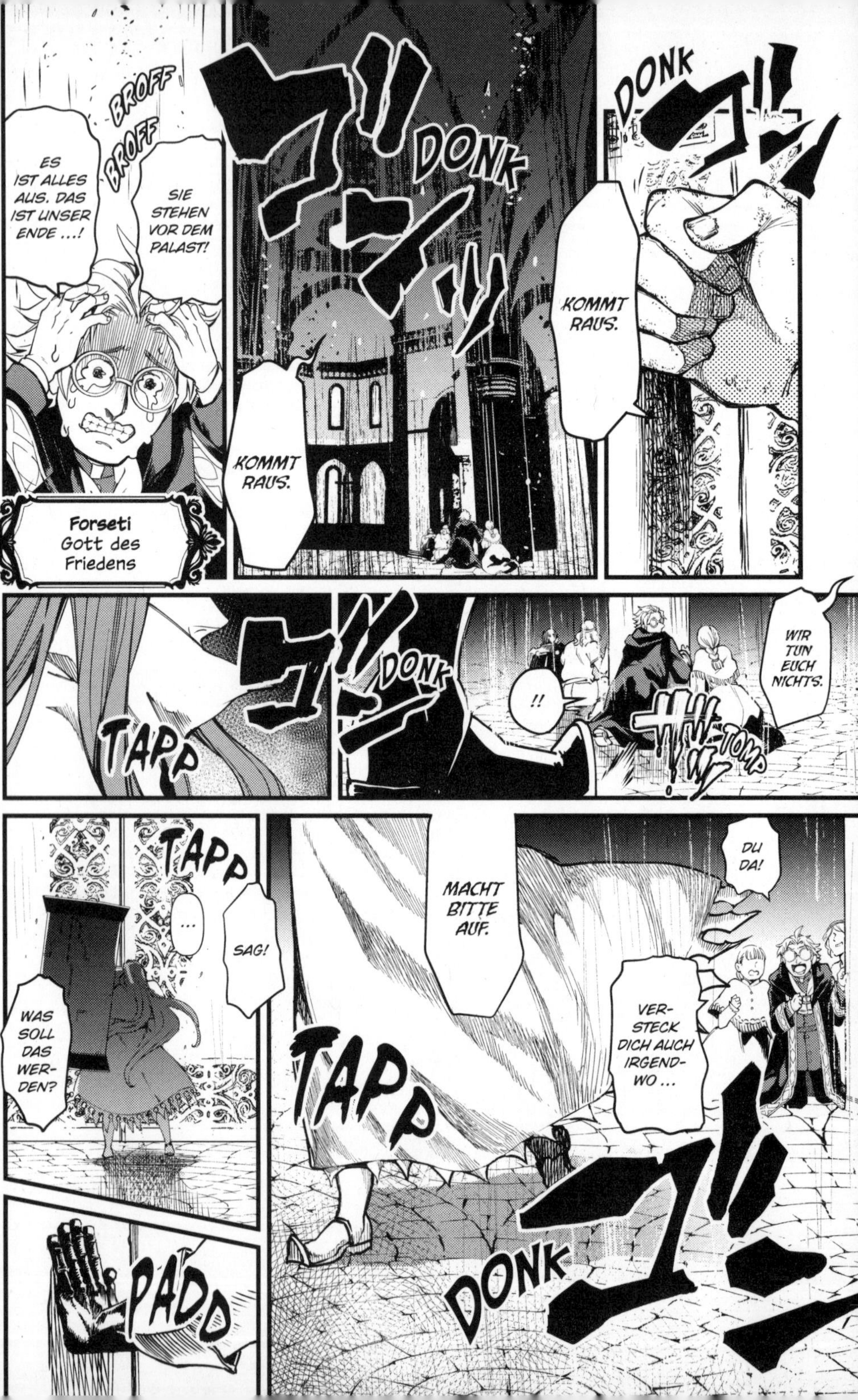
DONK
KOMMT RAUS.
DONK
KOMMT RAUS.
BROFF BROFF
SIE STEHEN VOR DEM PALAST!
ES IST ALLES AUS. DAS IST UNSER ENDE …!
Forseti Gott des Friedens
WIR TUN EUCH NICHTS.
TOMP
!!
DONK
TAPP
DU DA!
VER-STECK DICH AUCH IRGEND-WO …
MACHT BITTE AUF.
TAPP
DONK
TAPP
SAG!
…
WAS SOLL DAS WER-DEN?
PADD

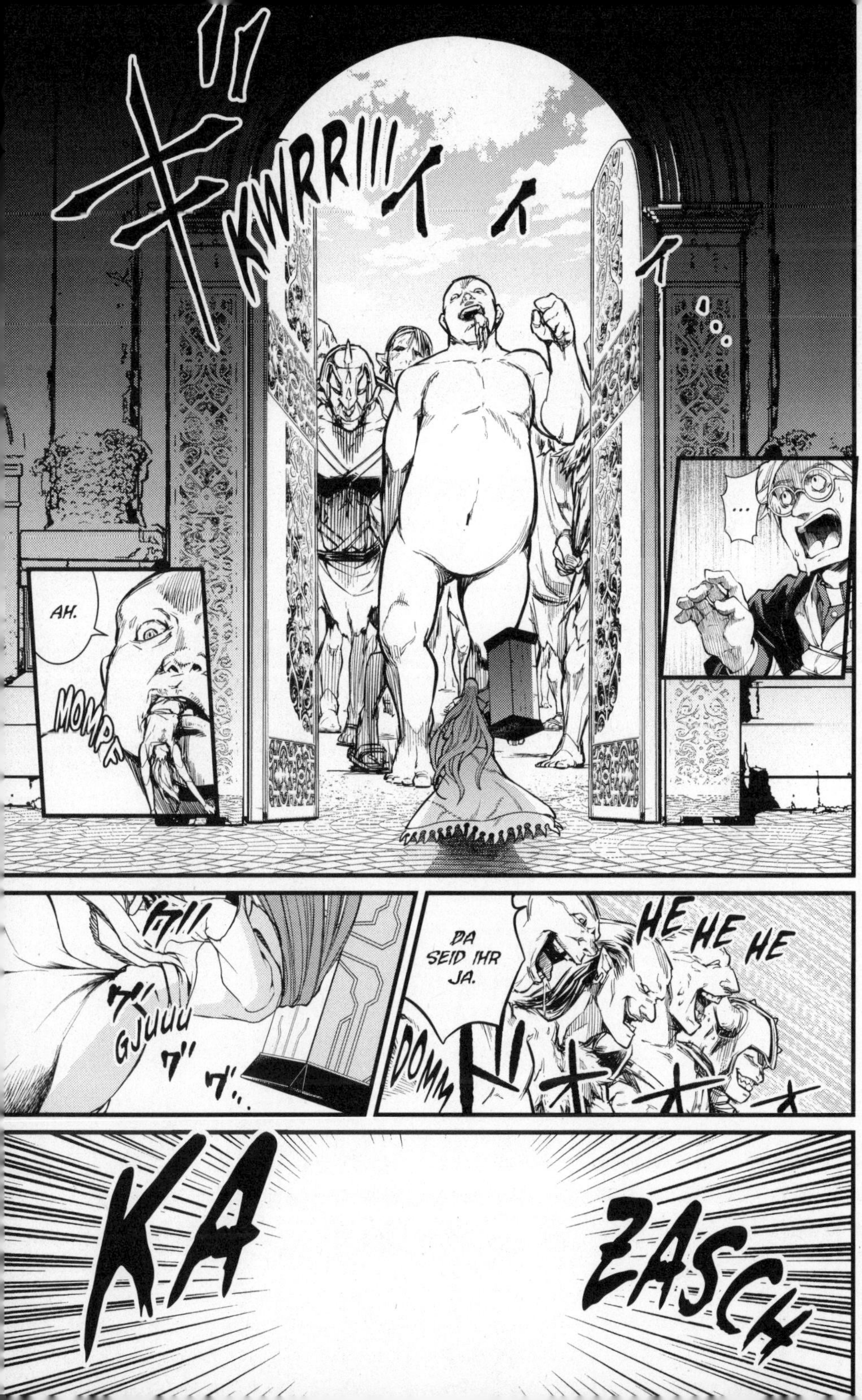
KWRRIII
...
AH.
MOMPF
DA SEID IHR JA.
HE HE HE
DOMM
GJUUU
KA
ZASCH

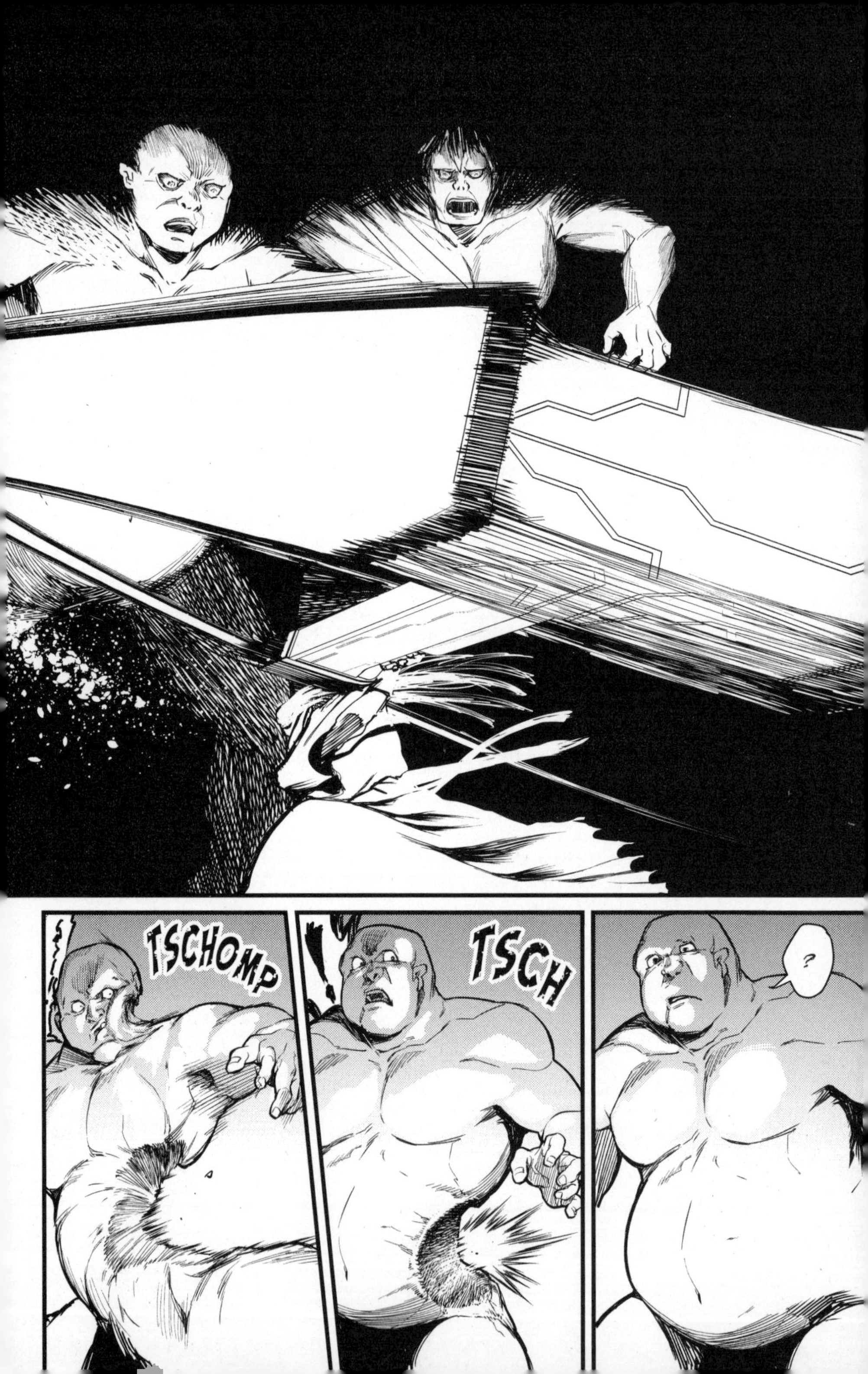
TSCHOMP
TSCH
?

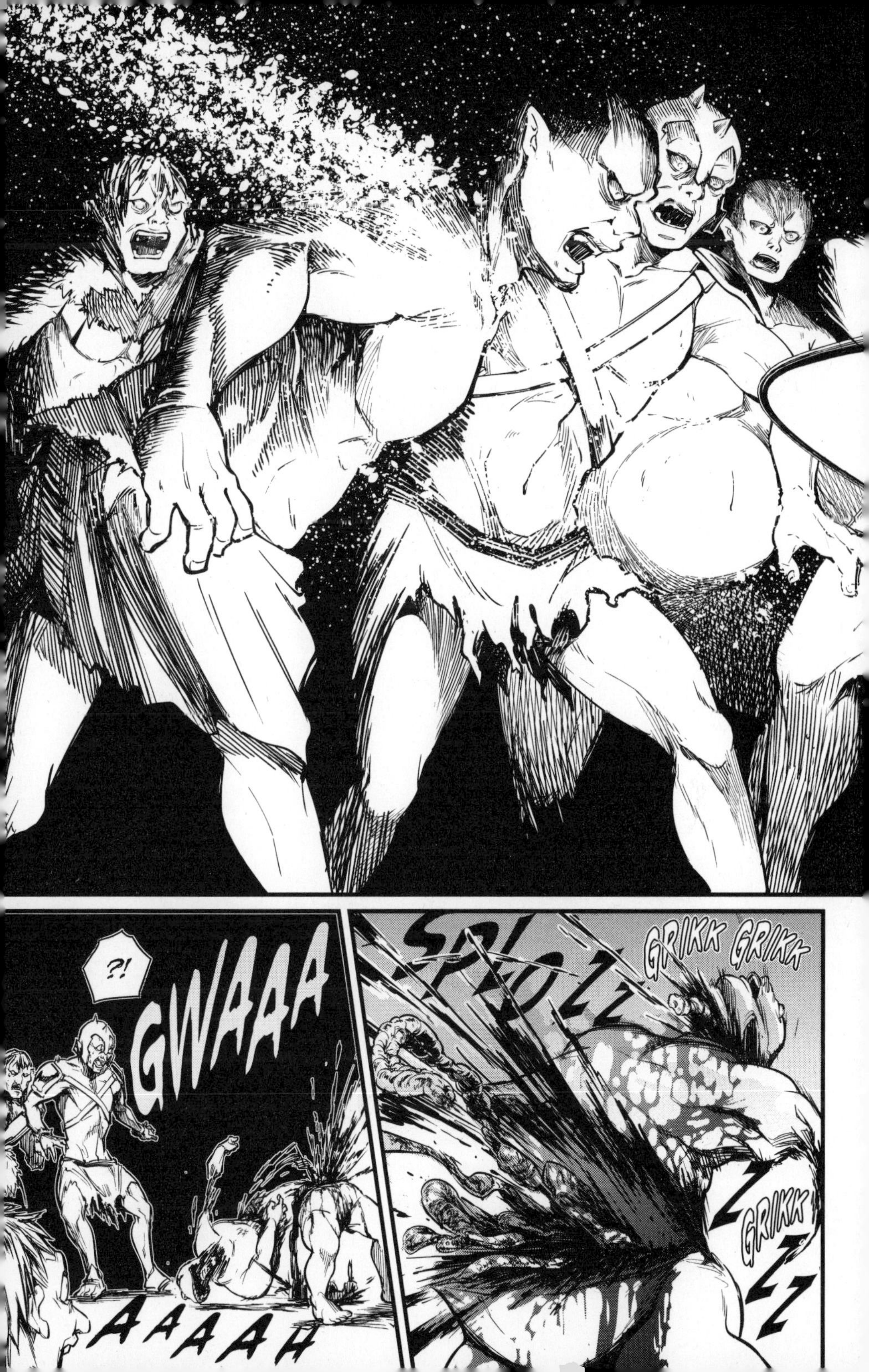
?!
GWAAA
AAAAH
GRIKK GRIKK
GRIKK

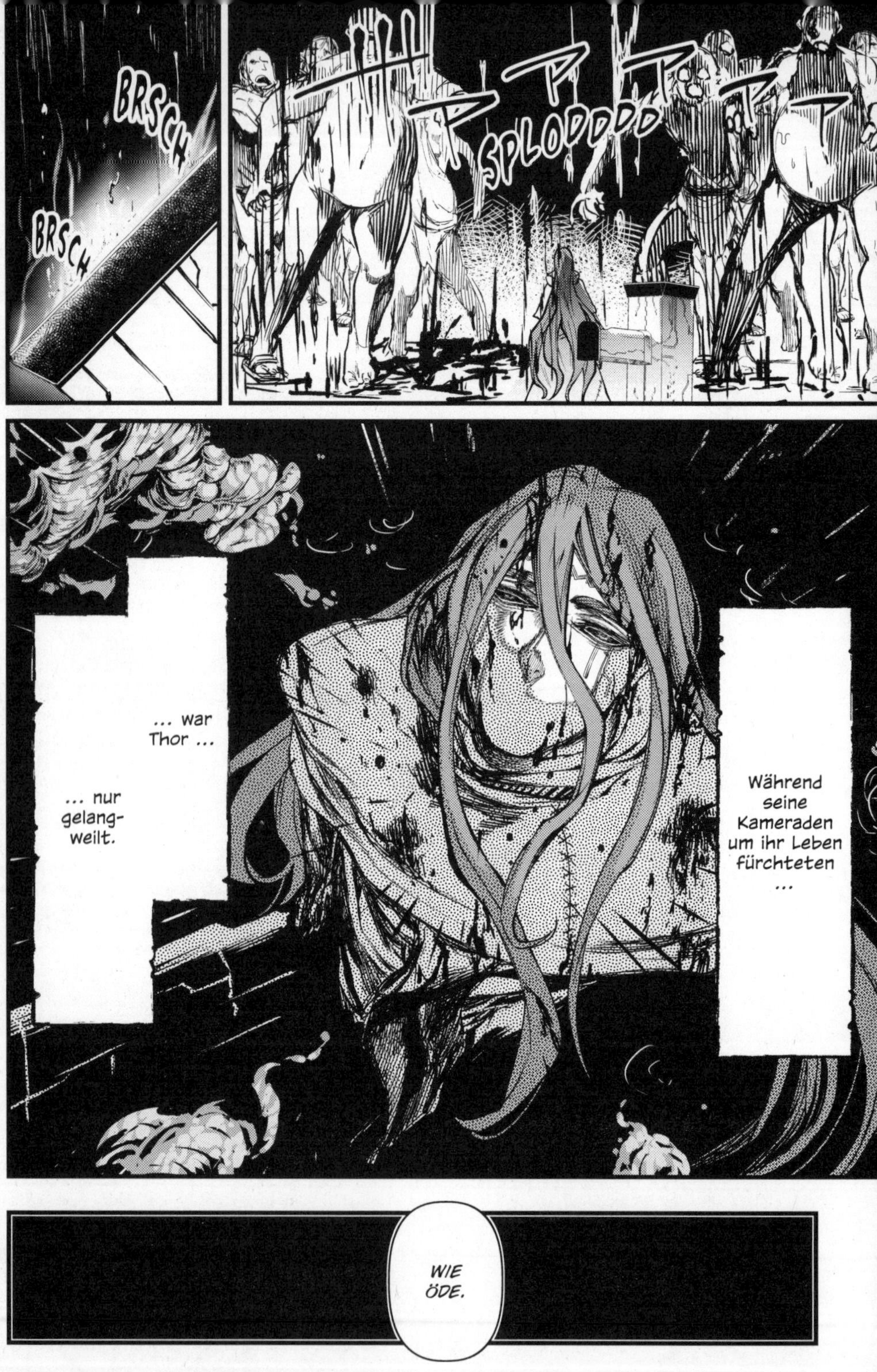
SPLODDDD
BRSCH
BRSCH
Während seine Kameraden um ihr Leben fürchteten …
… war Thor …
… nur gelangweilt.
WIE ÖDE.

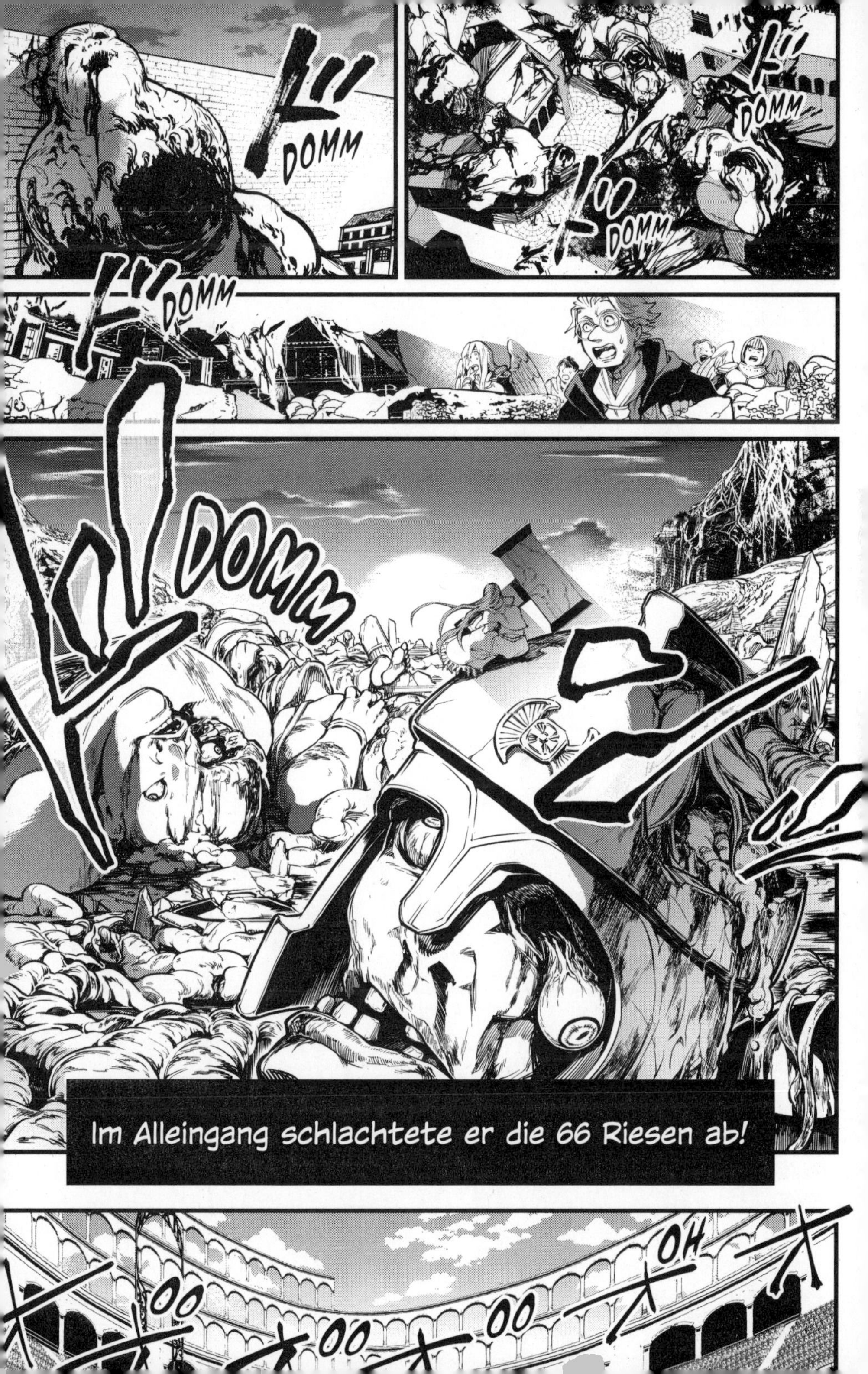
DOMM
DOMM
DOMM
DOMM
DOMM
Im Alleingang schlachtete er die 66 Riesen ab!
OH
OO
OO
OO
OO

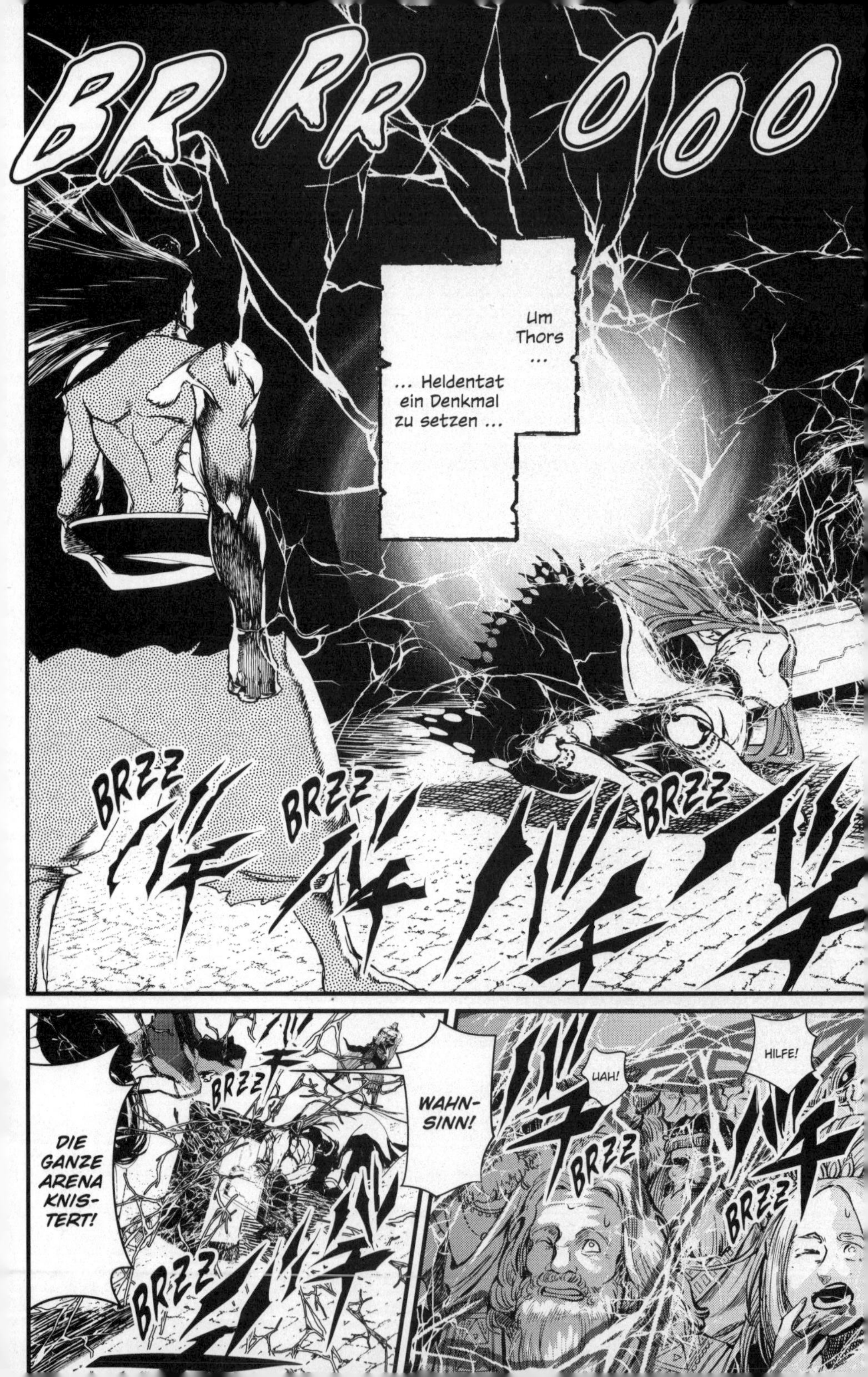
BRRRROOOO
Um Thors …
… Heldentat ein Denkmal zu setzen …
BRZZ
BRZZ
BRZZ
HILFE!
UAH!
BRZZ
BRZZ
WAHN-SINN!
BRZZ
DIE GANZE ARENA KNIS-TERT!
BRZZ

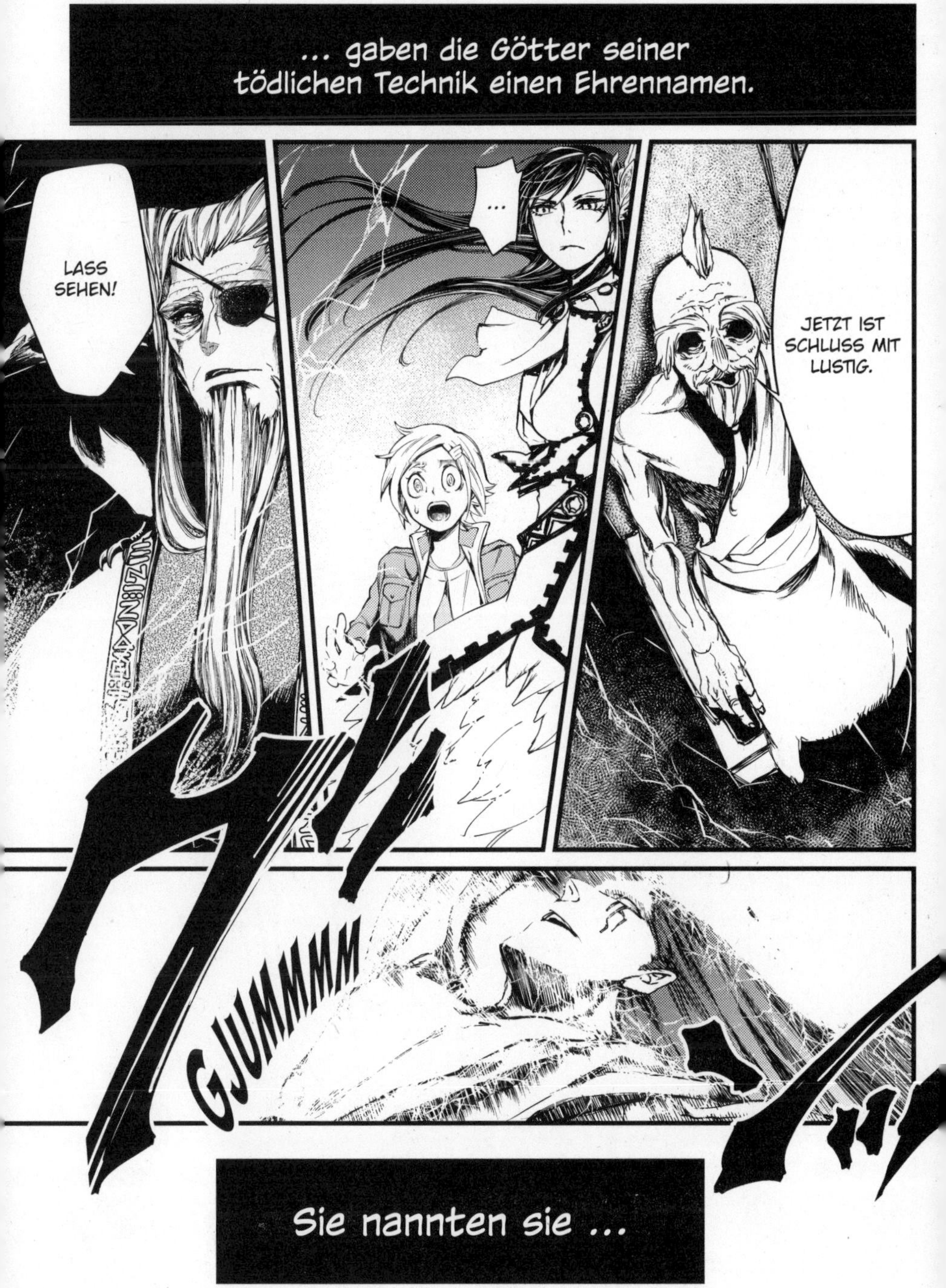
… gaben die Götter seiner tödlichen Technik einen Ehrennamen.
JETZT IST SCHLUSS MIT LUSTIG.
…
LASS SEHEN!
GJUMMMM
Sie nannten sie …

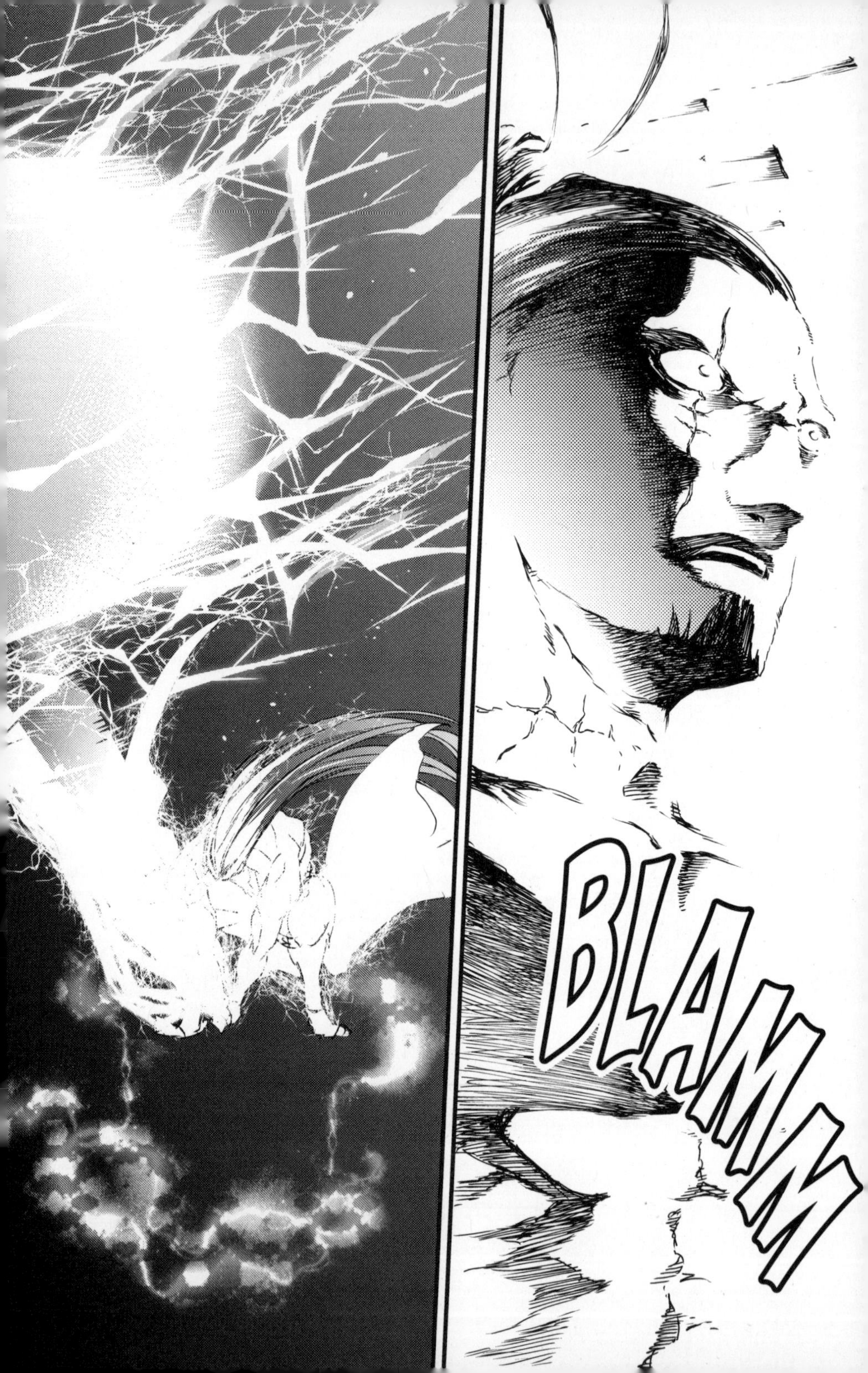
BLAMM

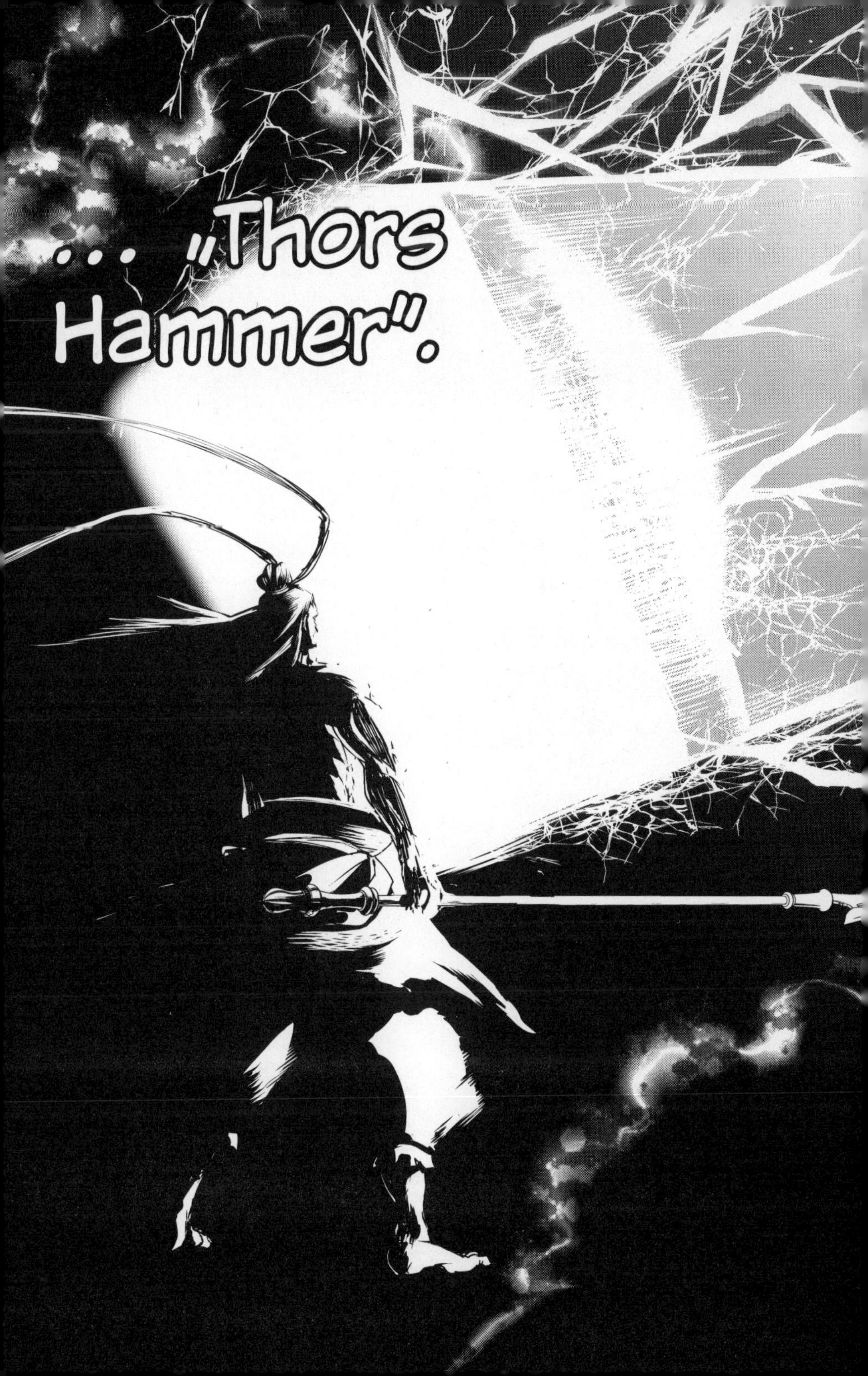
... „Thors Hammer".

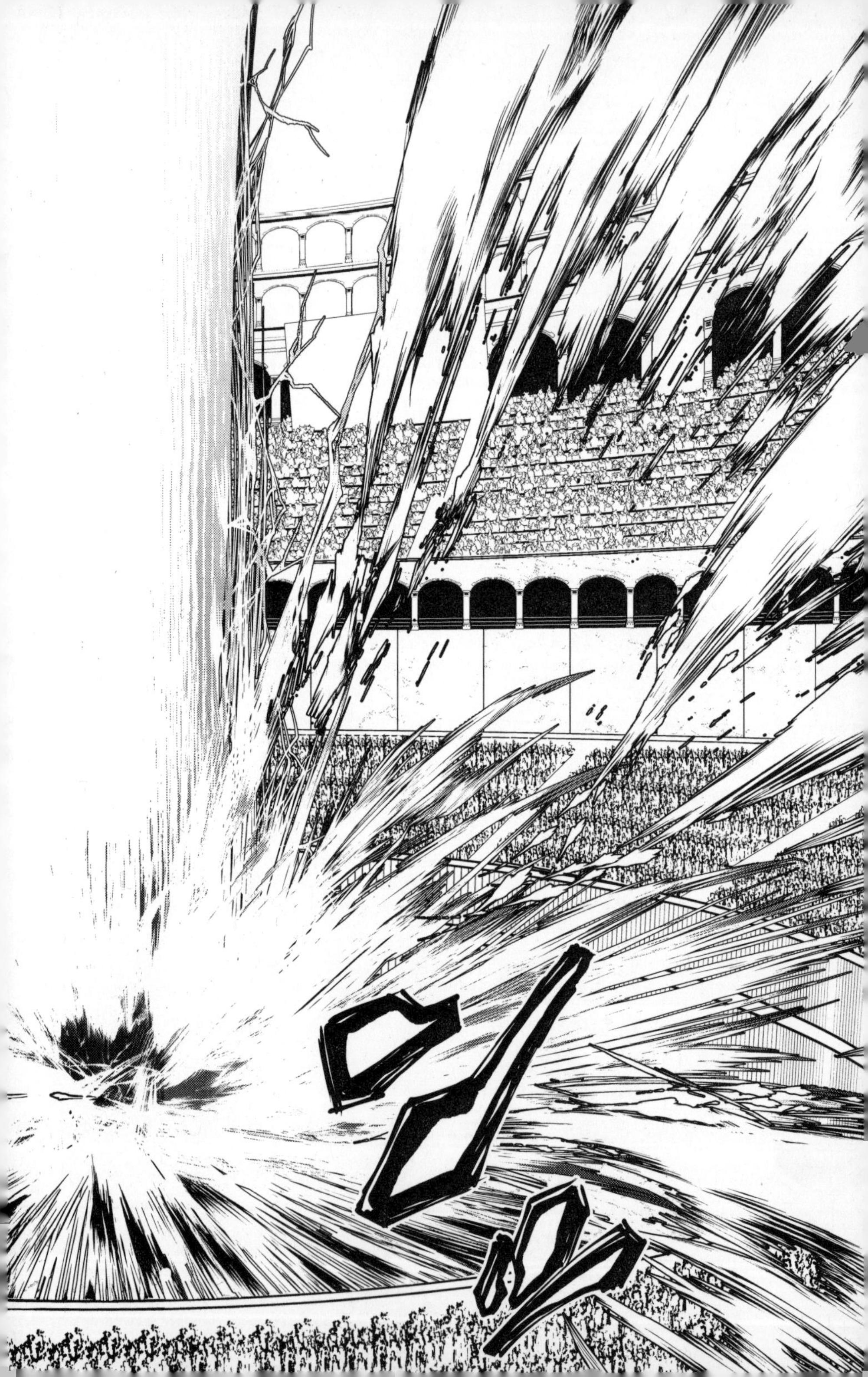

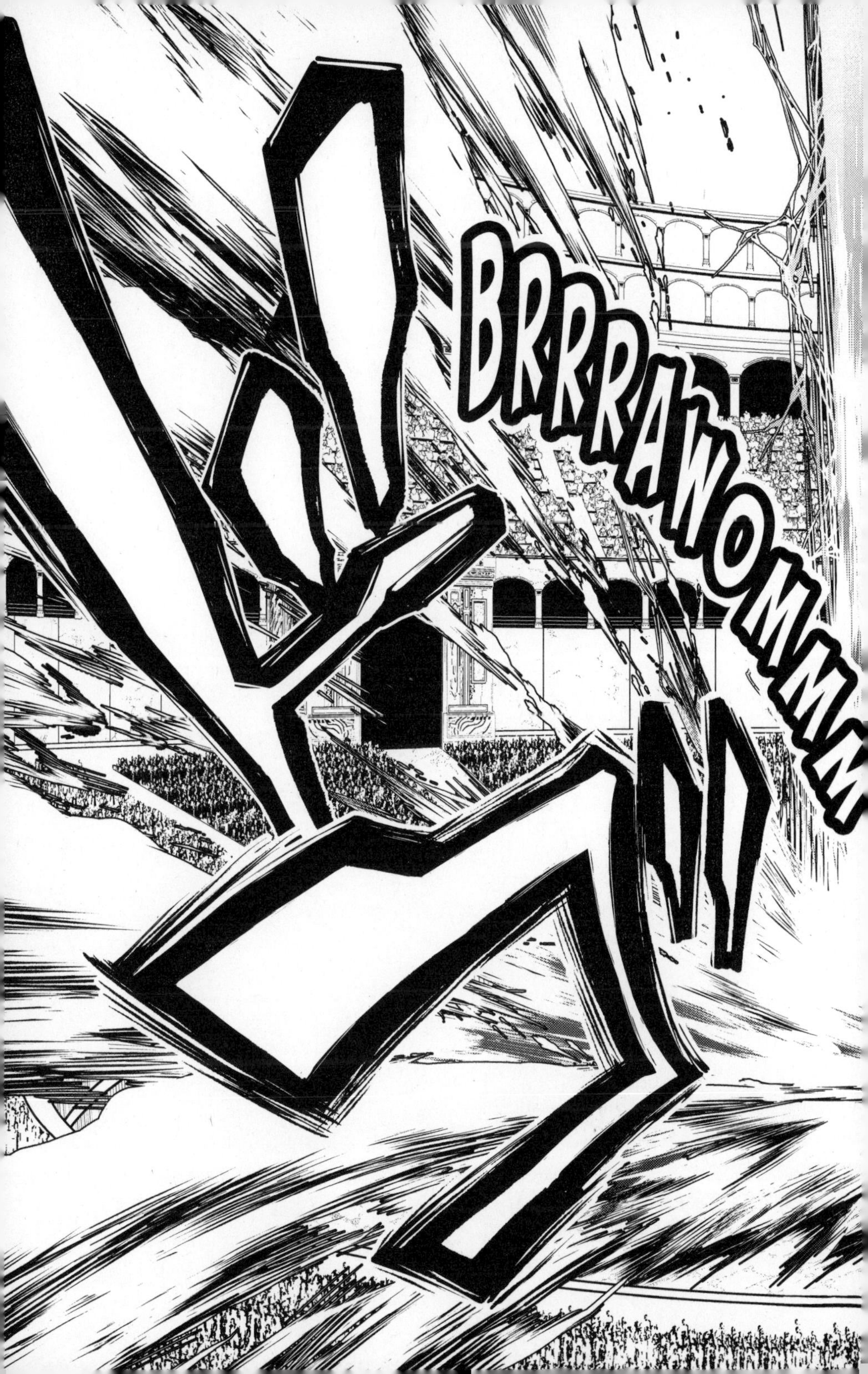
BRRRAWOMMM

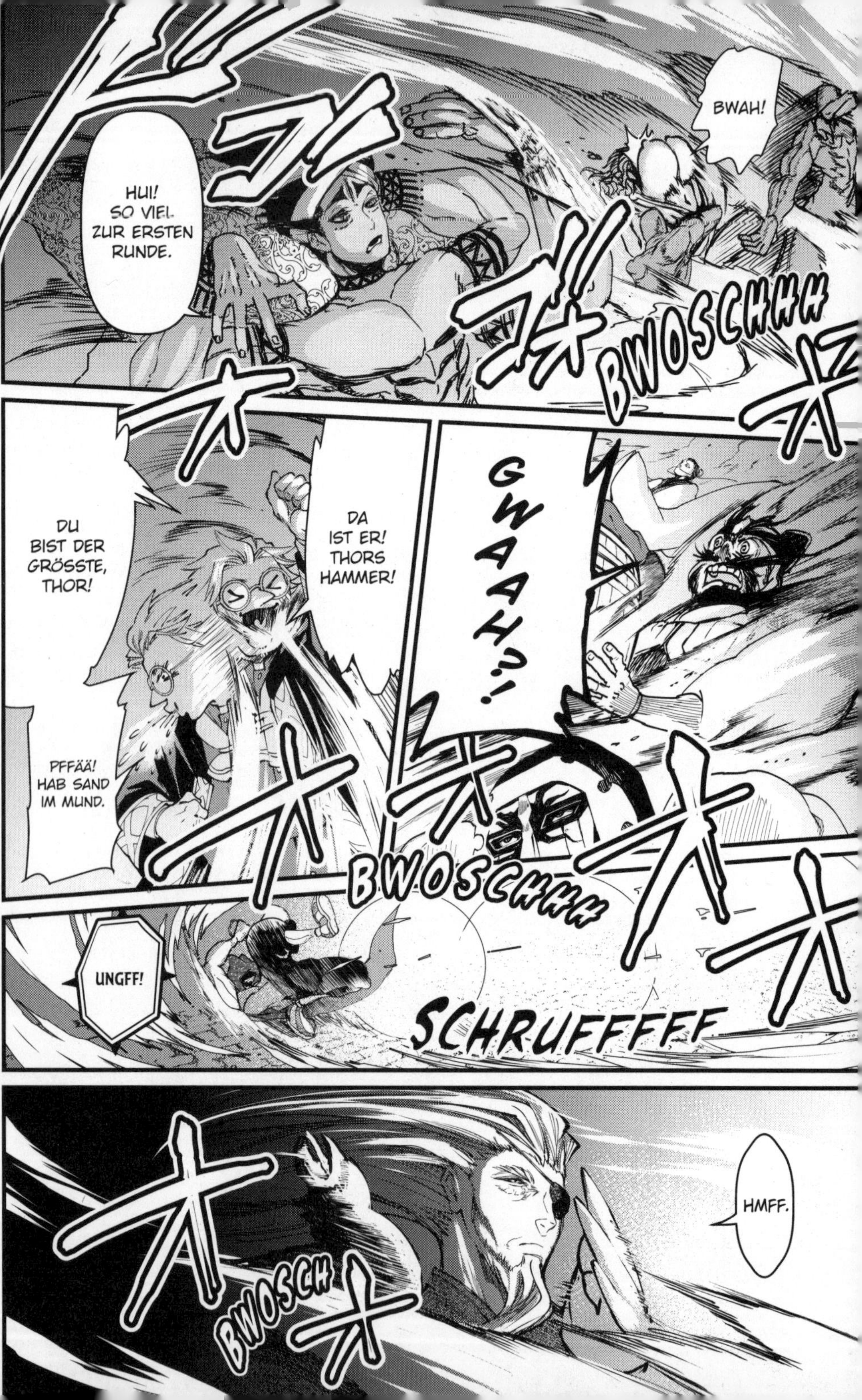

BWAH!
HUI! SO VIEL ZUR ERSTEN RUNDE.
BWOSCHHH
GWAAAH?!
DA IST ER! THORS HAMMER!
DU BIST DER GRÖSSTE, THOR!
PFFÄÄ! HAB SAND IM MUND.
BWOSCHHH
UNGFF!
SCHRUFFFFF
HMFF.
BWOSCH

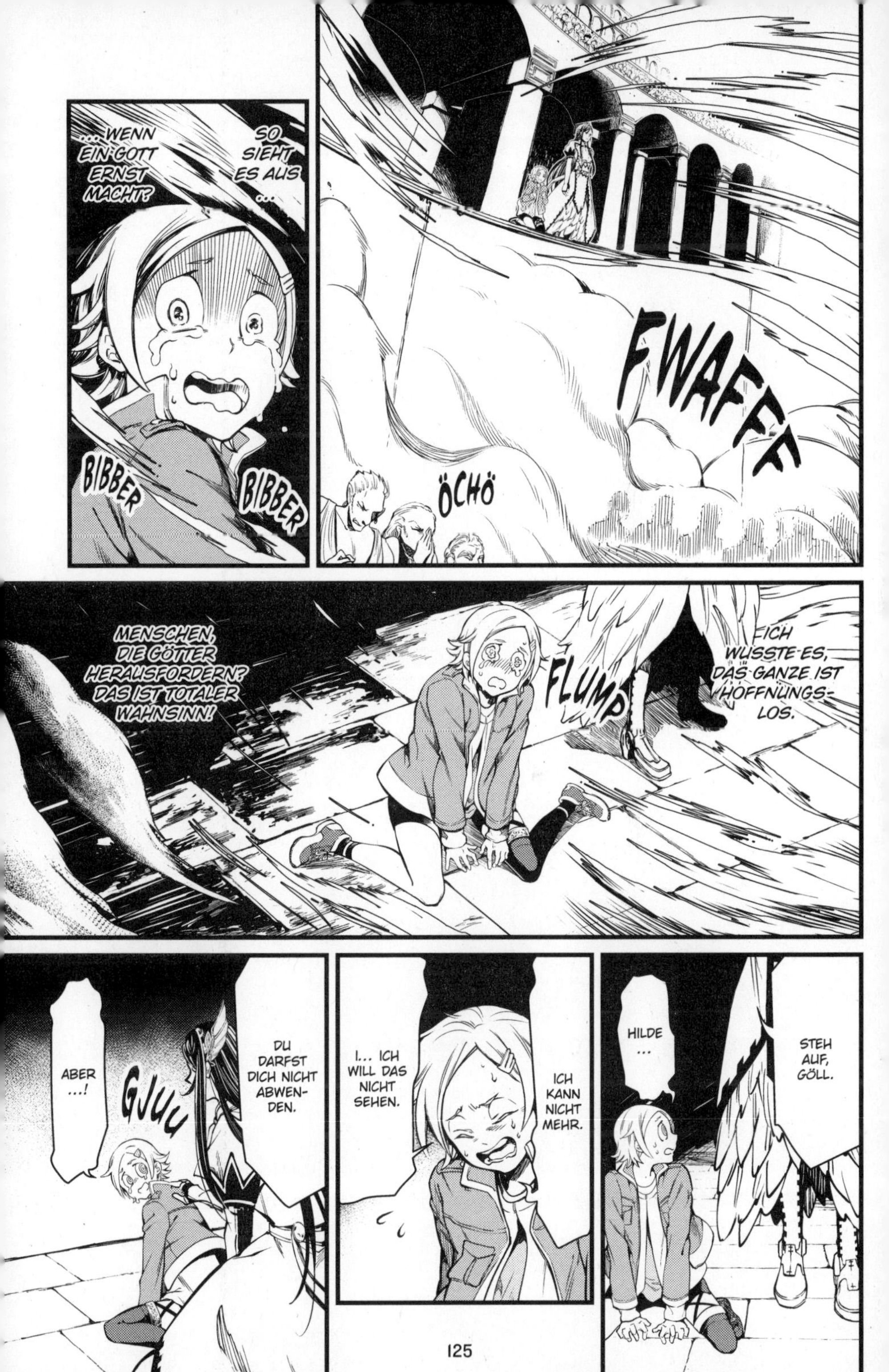
FWAFFF
ÖCHÖ
SO SIEHT ES AUS ...
... WENN EIN GOTT ERNST MACHT?
BIBBER
BIBBER
ICH WUSSTE ES, DAS GANZE IST HOFFNUNGS-LOS.
FLUMP
MENSCHEN, DIE GÖTTER HERAUSFORDERN? DAS IST TOTALER WAHNSINN!
STEH AUF, GÖLL.
HILDE ...
ICH KANN NICHT MEHR.
I... ICH WILL DAS NICHT SEHEN.
DU DARFST DICH NICHT ABWENDEN.
GJUU
ABER ...!

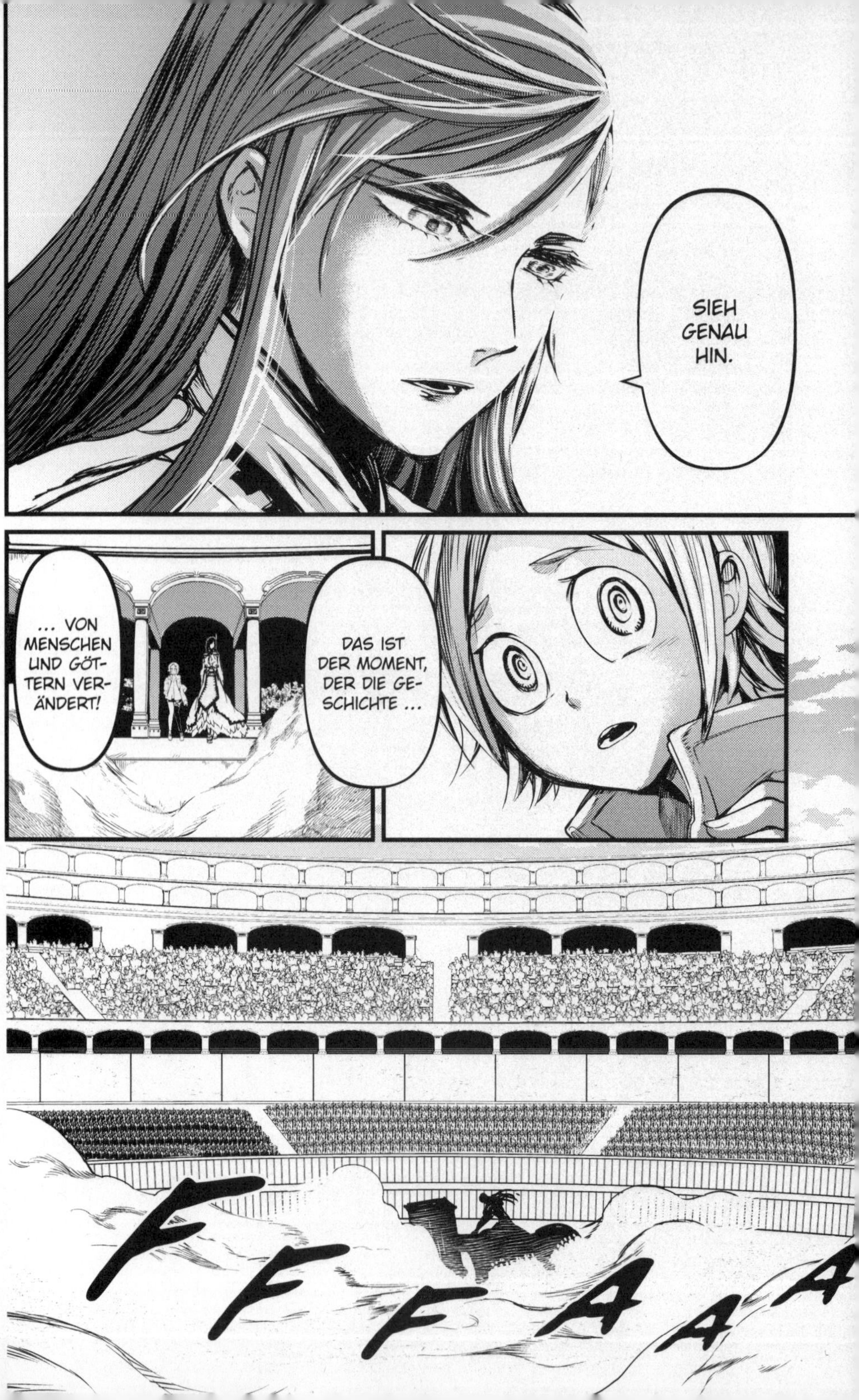
SIEH GENAU HIN.
DAS IST DER MOMENT, DER DIE GESCHICHTE …
… VON MENSCHEN UND GÖTTERN VERÄNDERT!
FFFAAAA

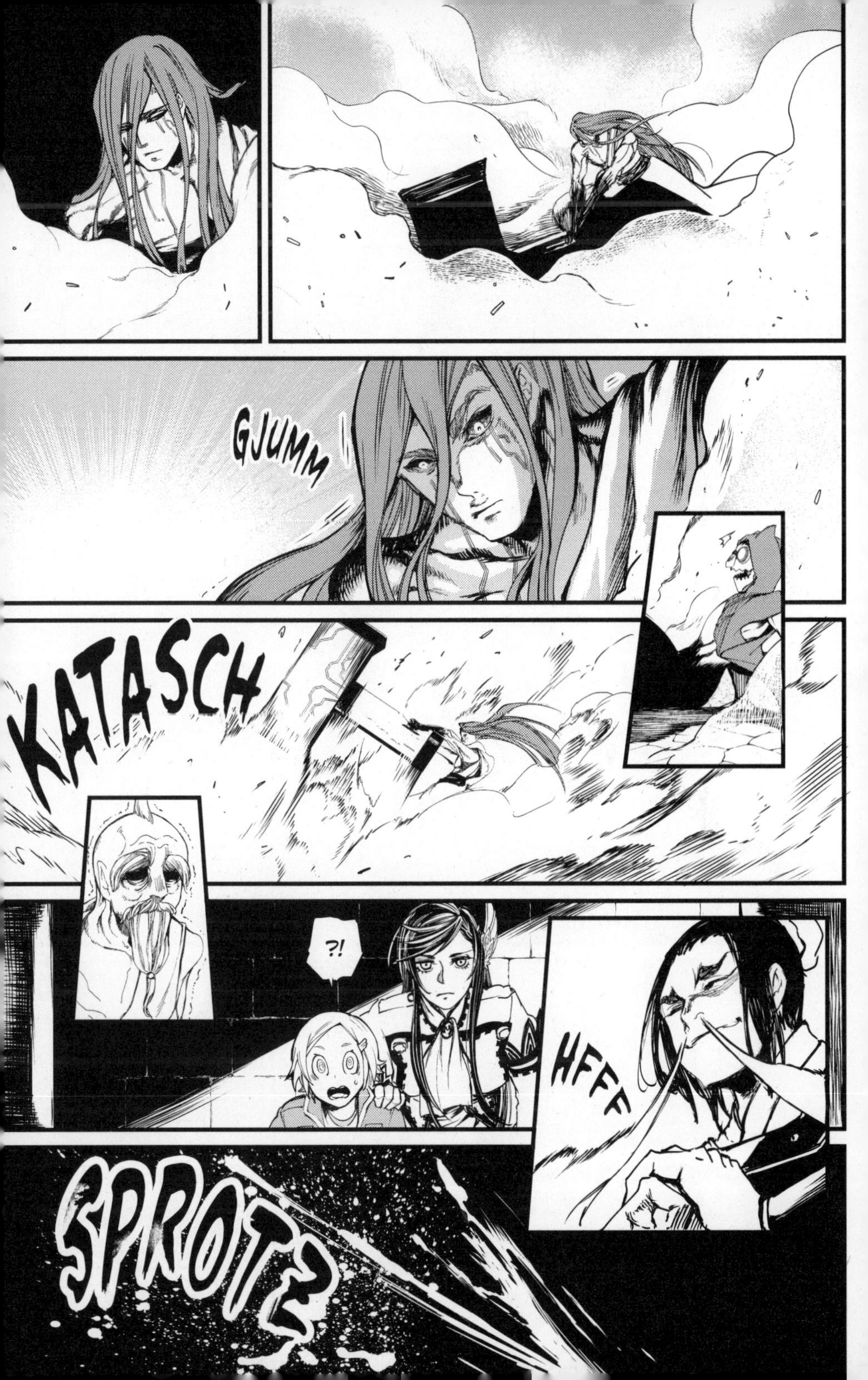
GJUMM
KATASCH
?!
HFFF
SPROTZ

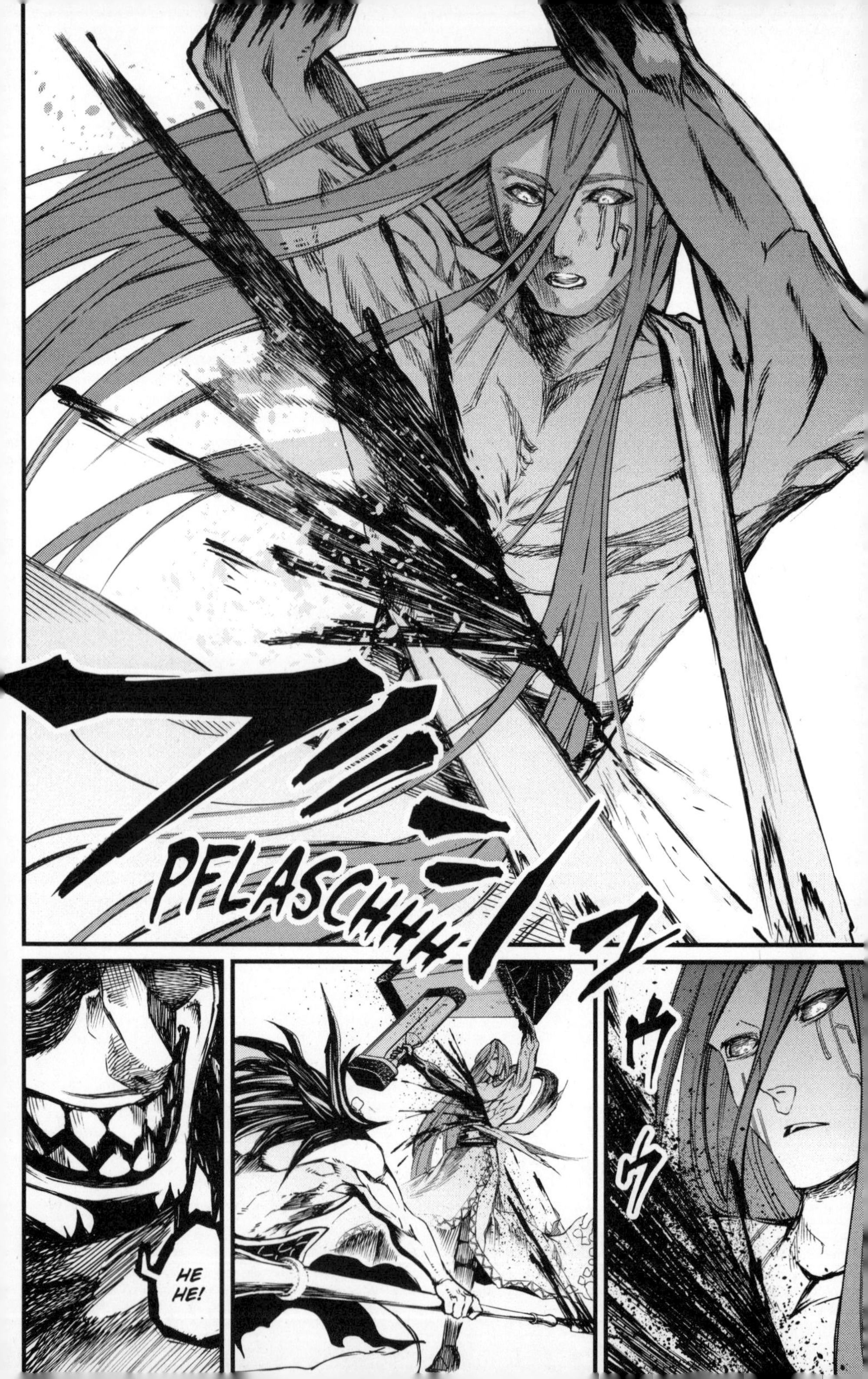
PFLASCHHH
HE HE!

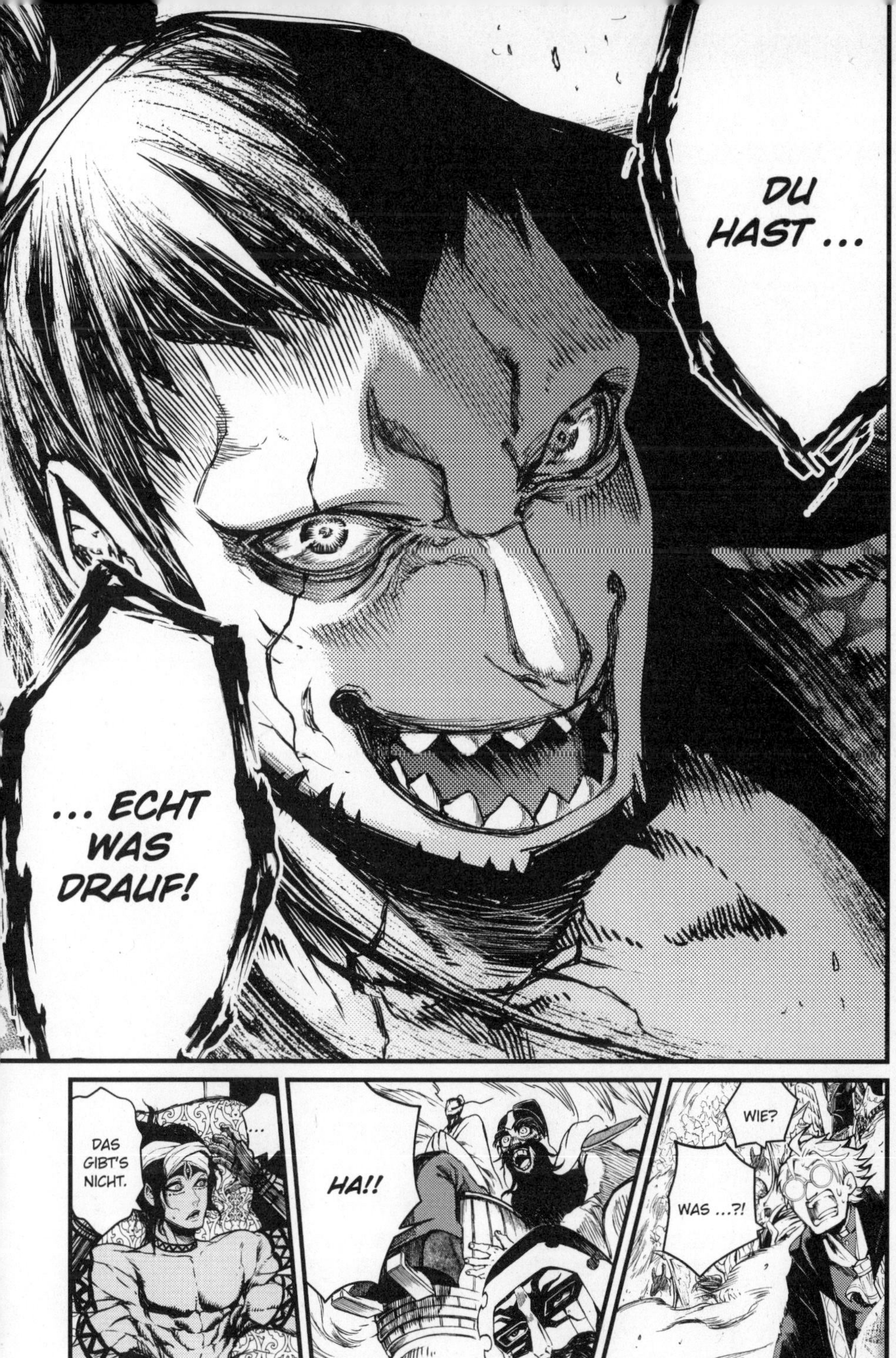
DU HAST ...
... ECHT WAS DRAUF!
WIE?
WAS ...?!
HA!!
...
DAS GIBT'S NICHT.

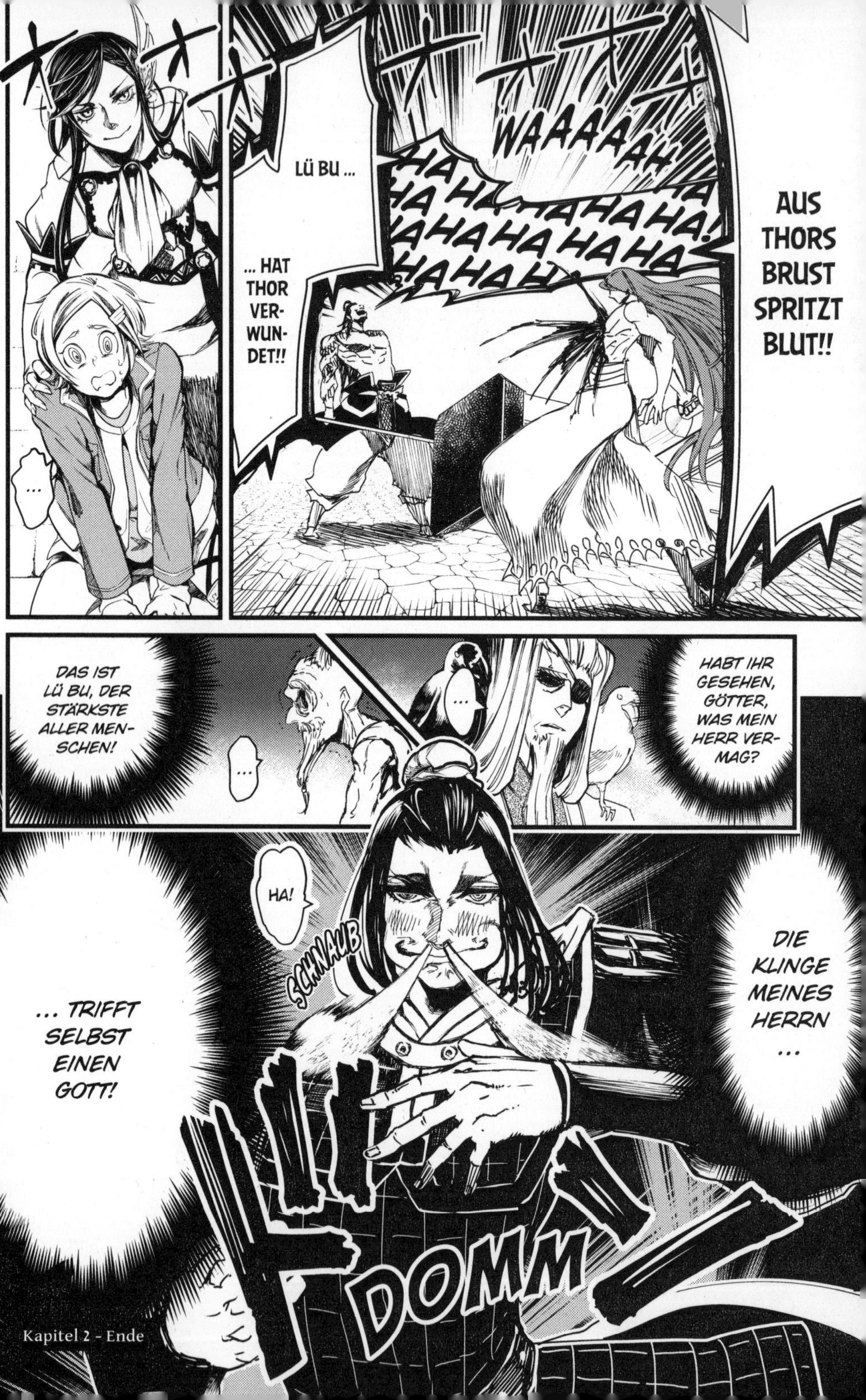

Kapitel 2 - Ende

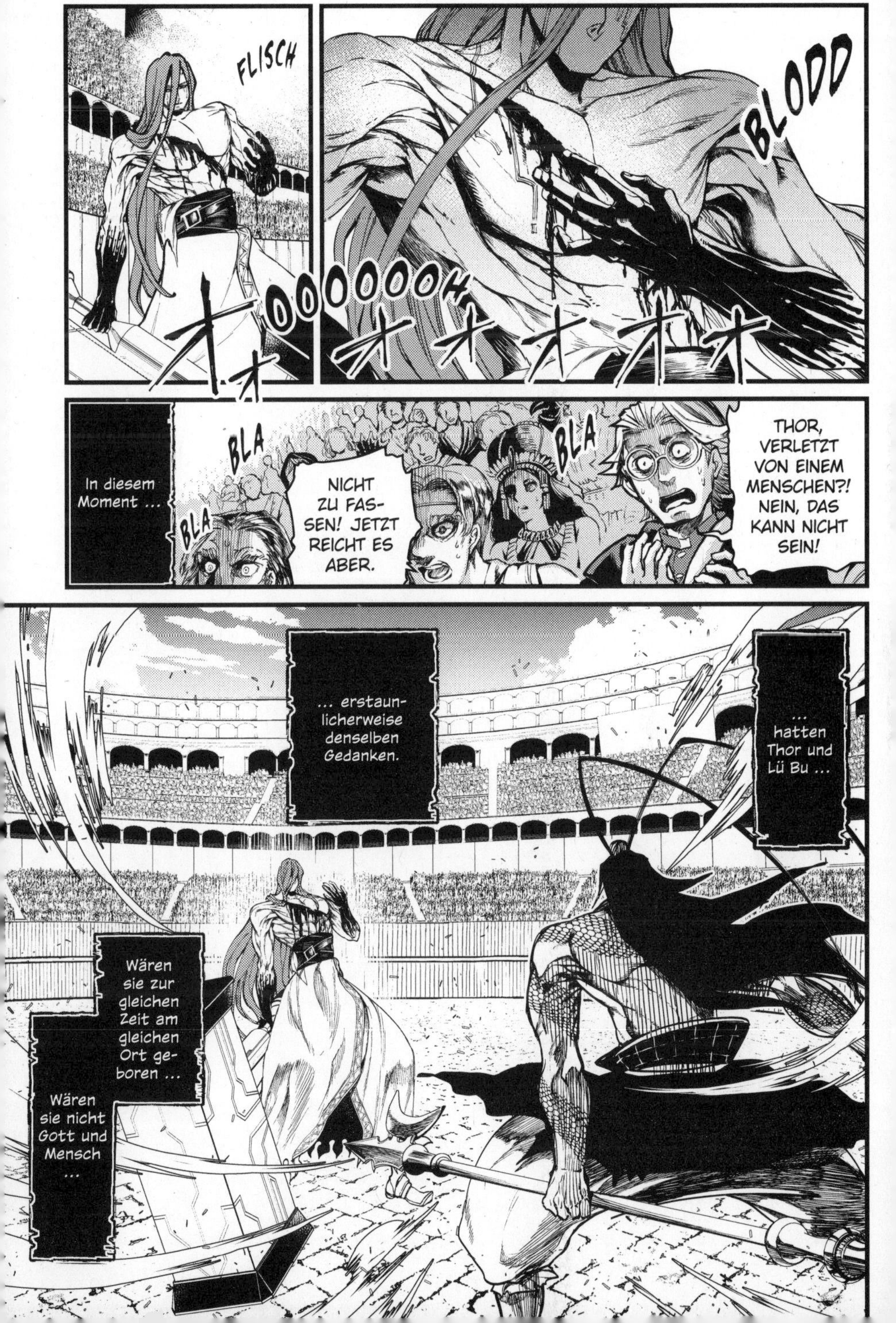

BLODD
FLISCH
OOOOOOOH
In diesem Moment …
THOR, VERLETZT VON EINEM MENSCHEN?! NEIN, DAS KANN NICHT SEIN!
BLA
NICHT ZU FASSEN! JETZT REICHT ES ABER.
BLA
BLA
… hatten Thor und Lü Bu …
… erstaunlicherweise denselben Gedanken.
Wären sie zur gleichen Zeit am gleichen Ort geboren …
Wären sie nicht Gott und Mensch …

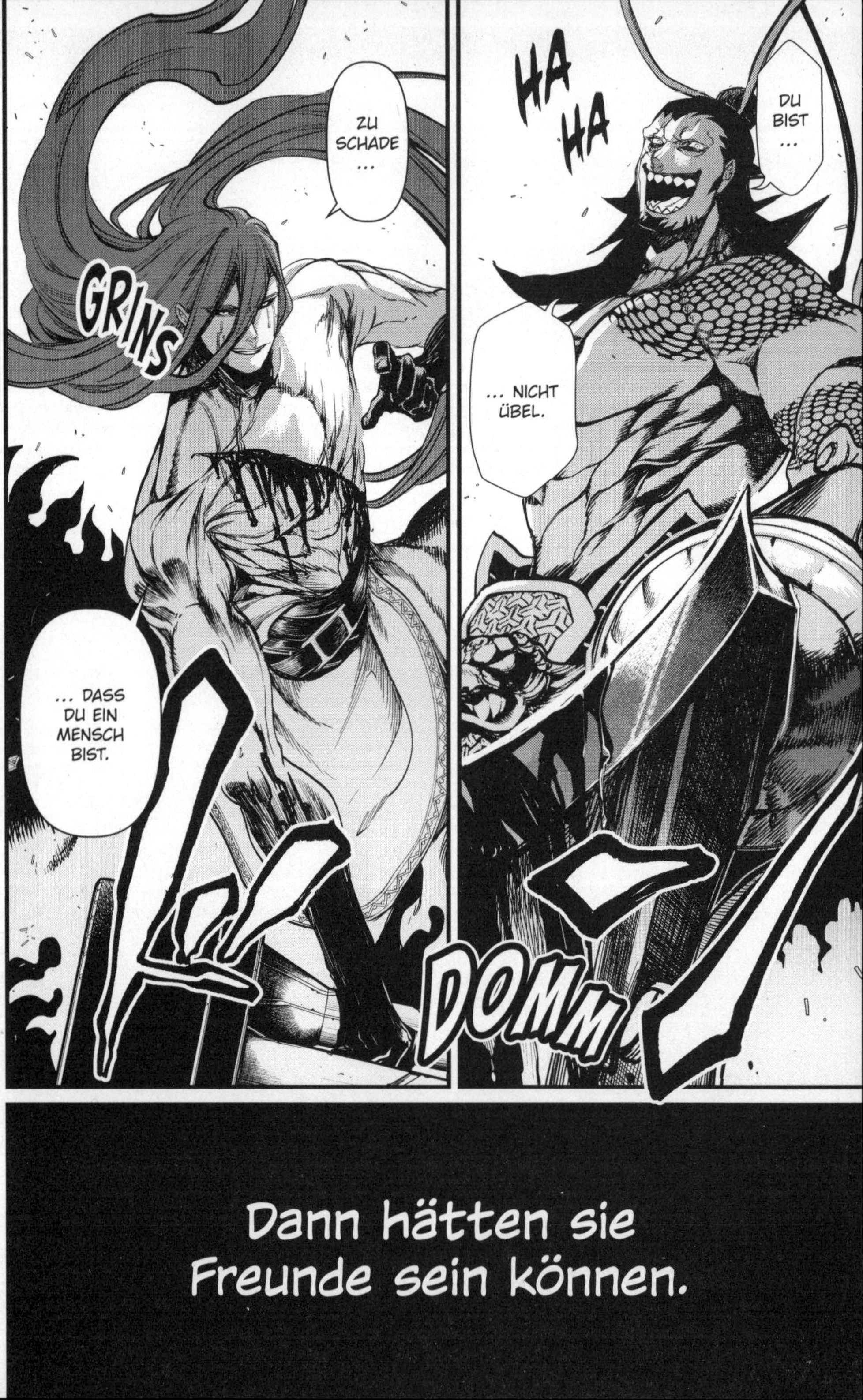
HA HA
DU BIST …
… NICHT ÜBEL.
ZU SCHADE …
GRINS
… DASS DU EIN MENSCH BIST.
DOMM
Dann hätten sie Freunde sein können.

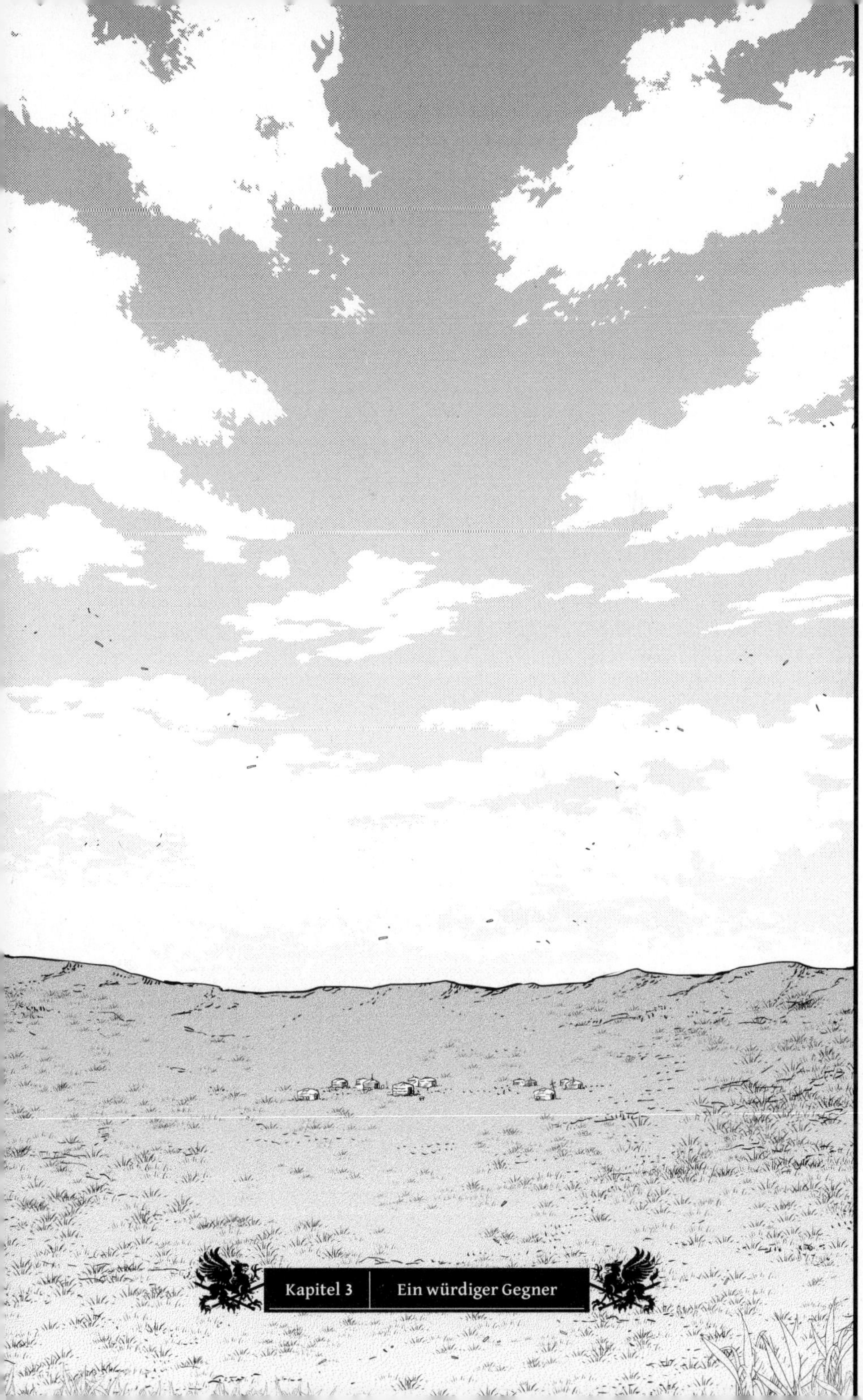
Kapitel 3
Ein würdiger Gegner

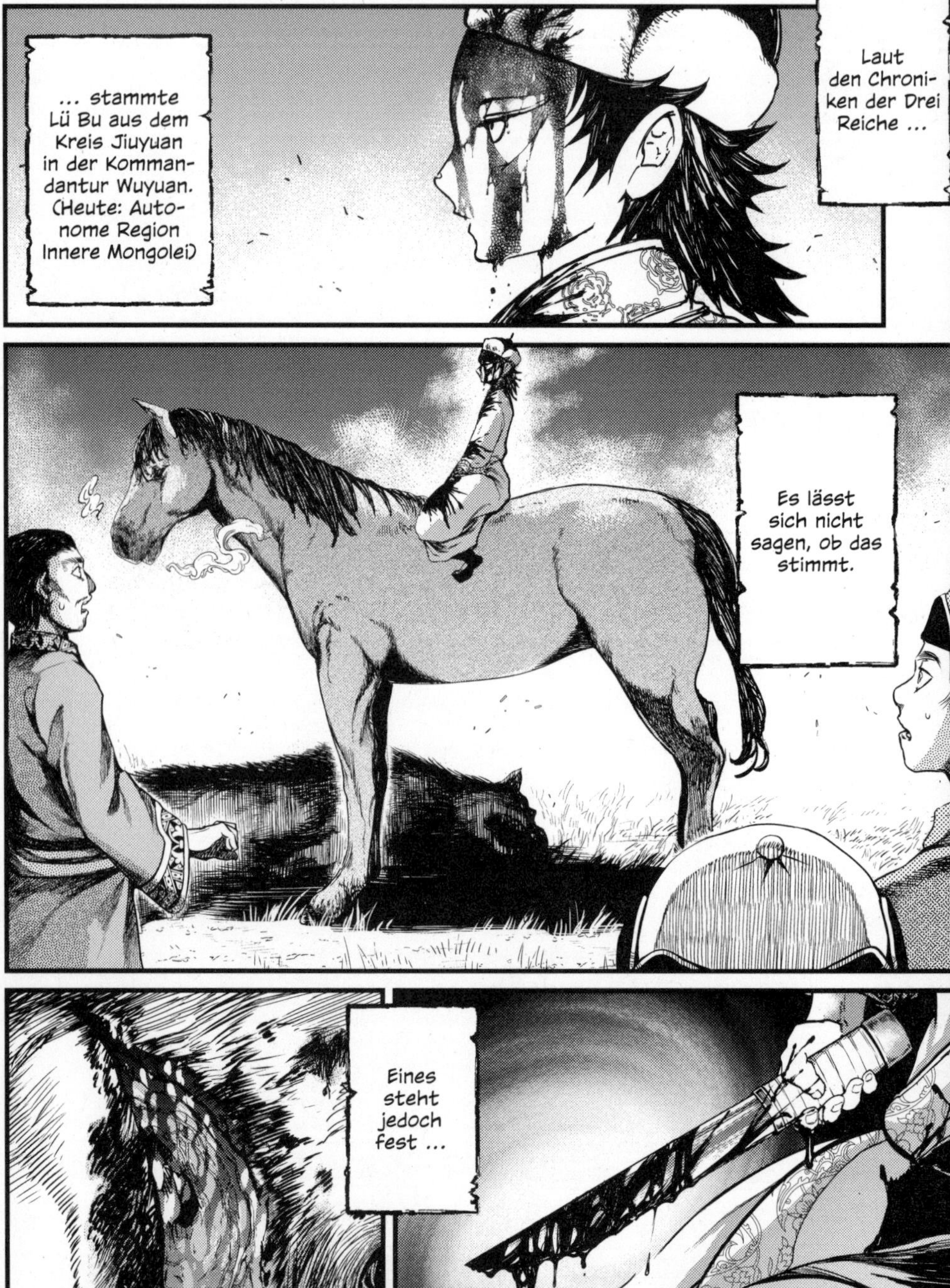
Laut den Chroniken der Drei Reiche ...
... stammte Lü Bu aus dem Kreis Jiuyuan in der Kommandantur Wuyuan. (Heute: Autonome Region Innere Mongolei)
Es lässt sich nicht sagen, ob das stimmt.
Eines steht jedoch fest ...

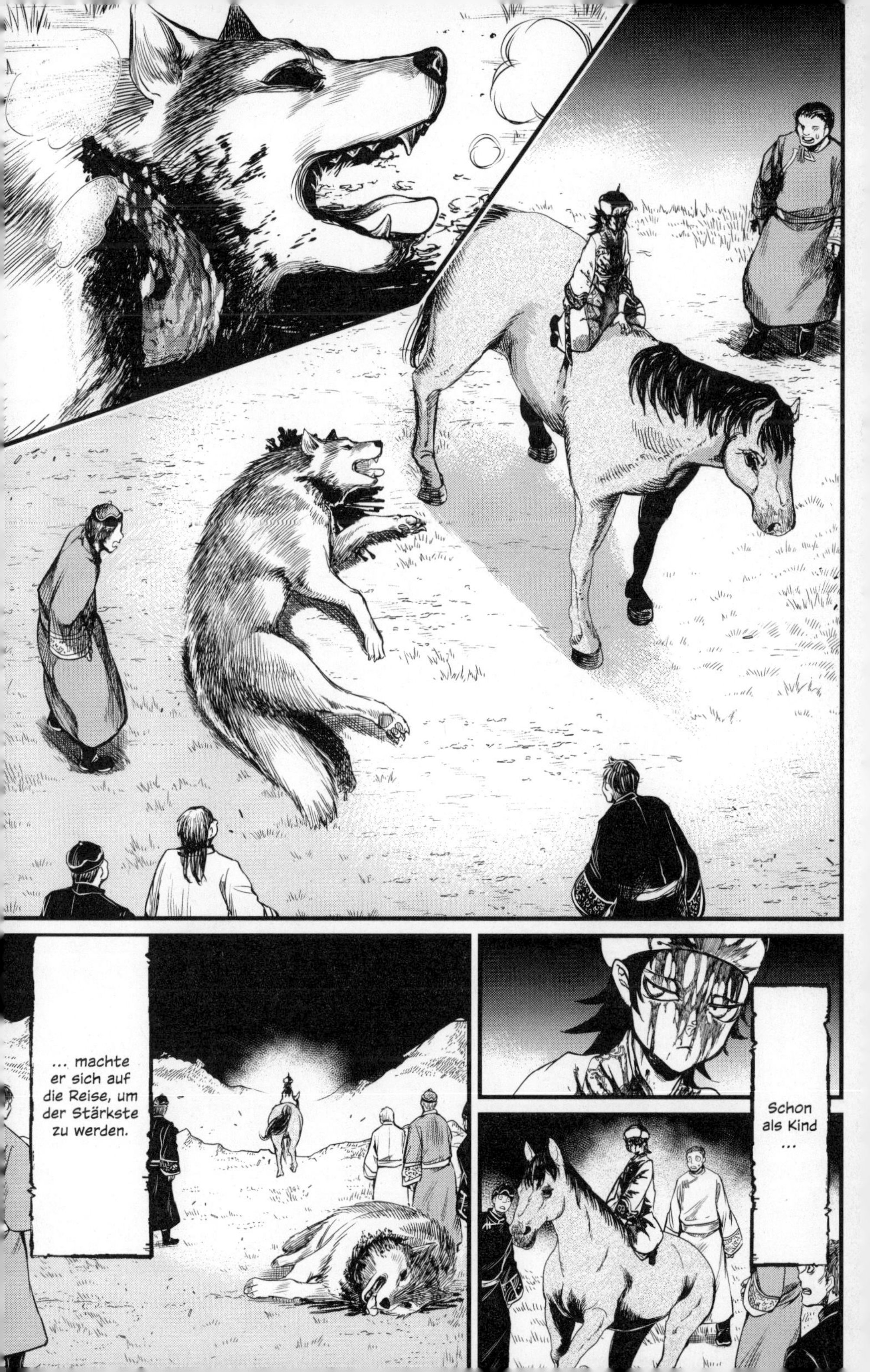

Schon als Kind ...
... machte er sich auf die Reise, um der Stärkste zu werden.

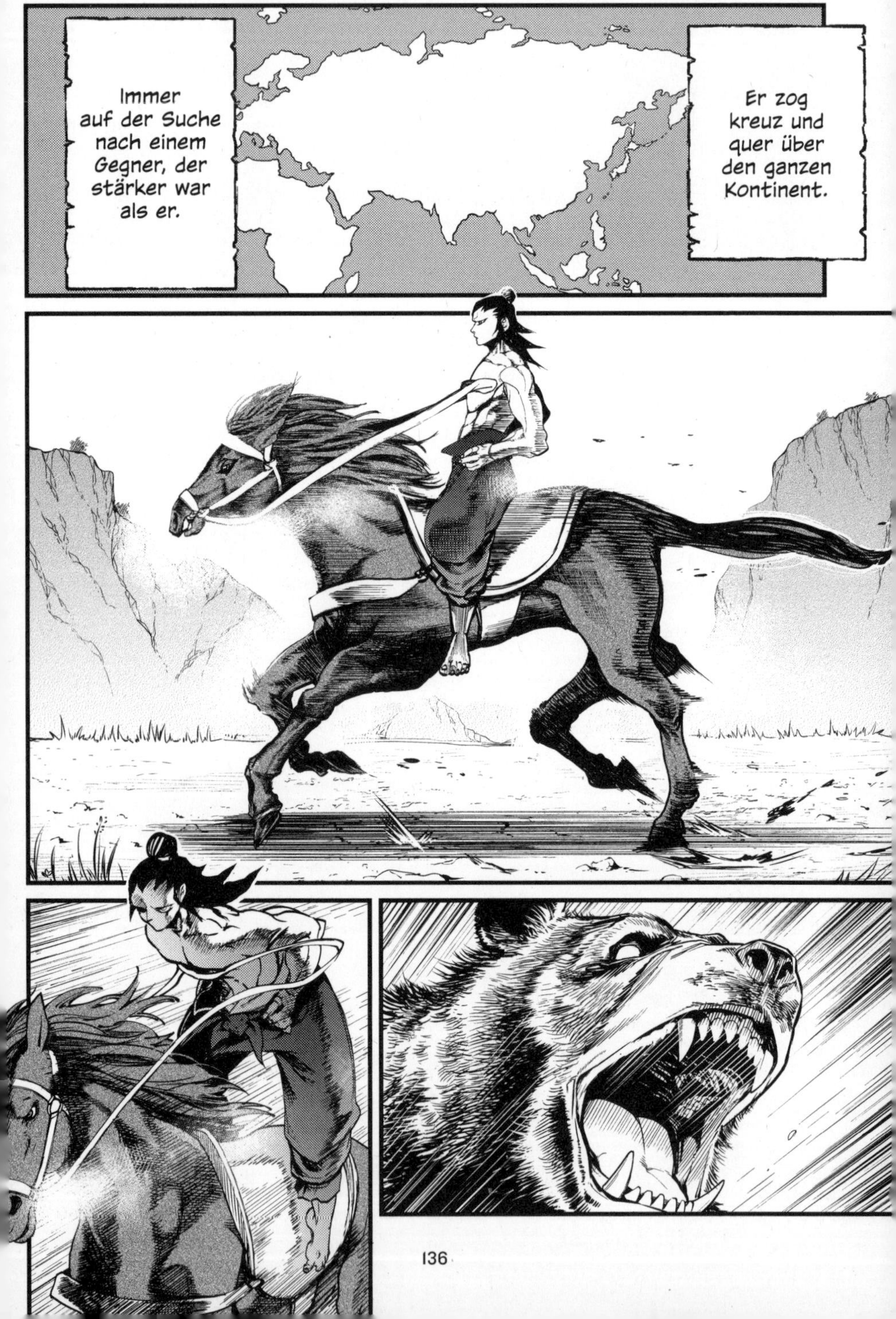
Er zog kreuz und quer über den ganzen Kontinent.
Immer auf der Suche nach einem Gegner, der stärker war als er.

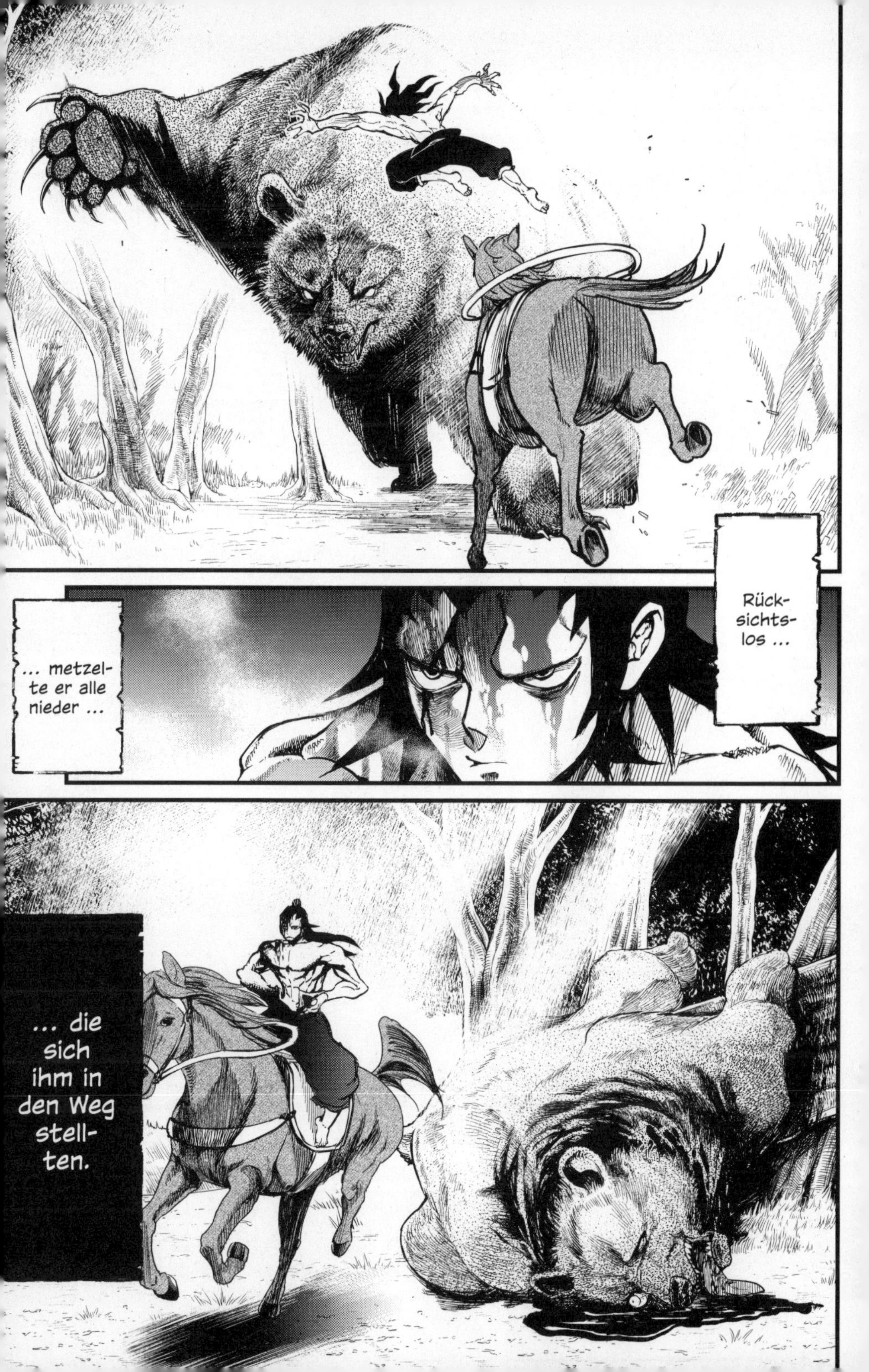
Rück-
sichts-
los ...
... metzel-
te er alle
nieder ...
... die
sich
ihm in
den Weg
stell-
ten.

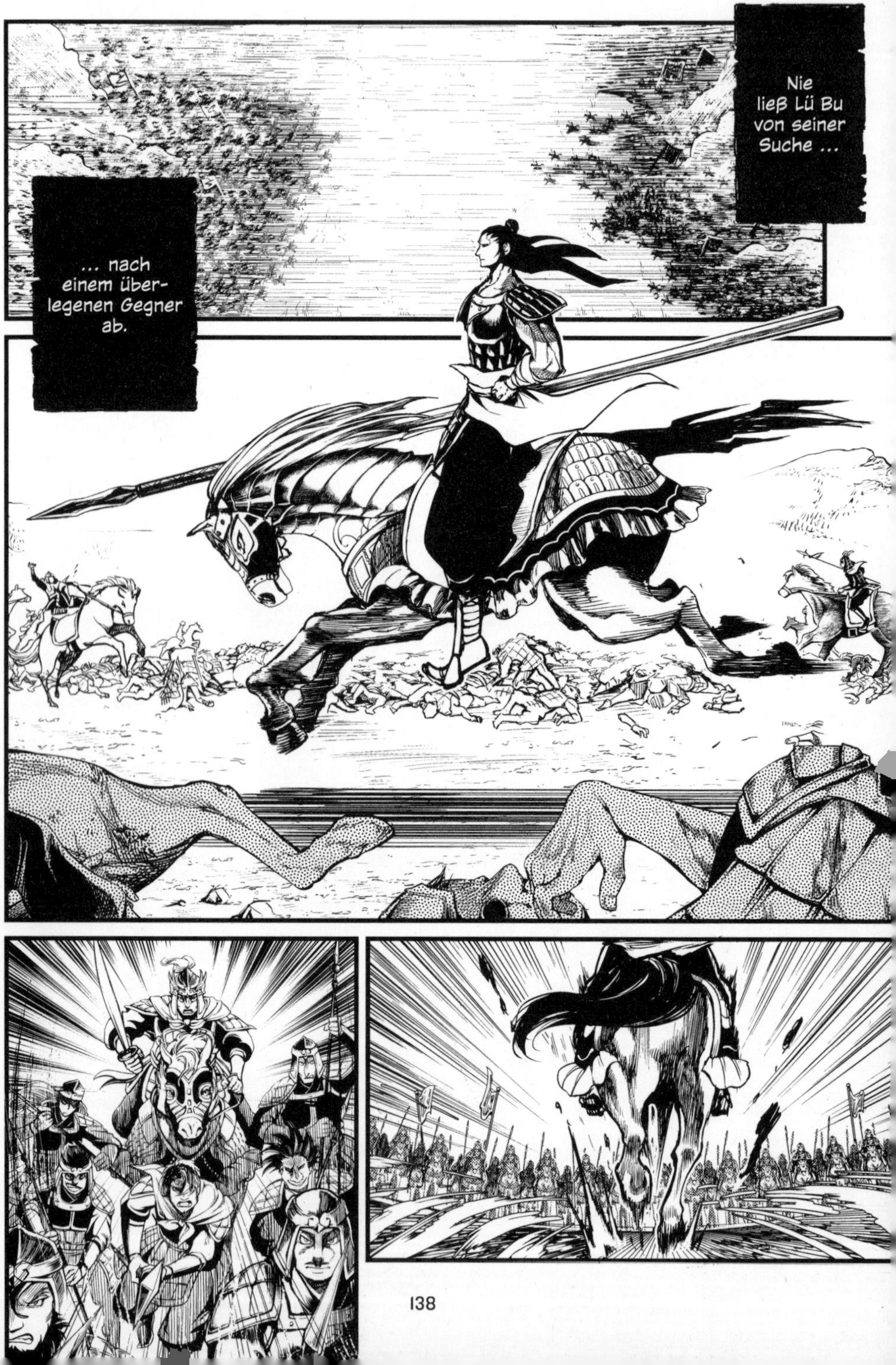
Nie
ließ Lü Bu
von seiner
Suche ...
... nach
einem über-
legenen Gegner
ab.

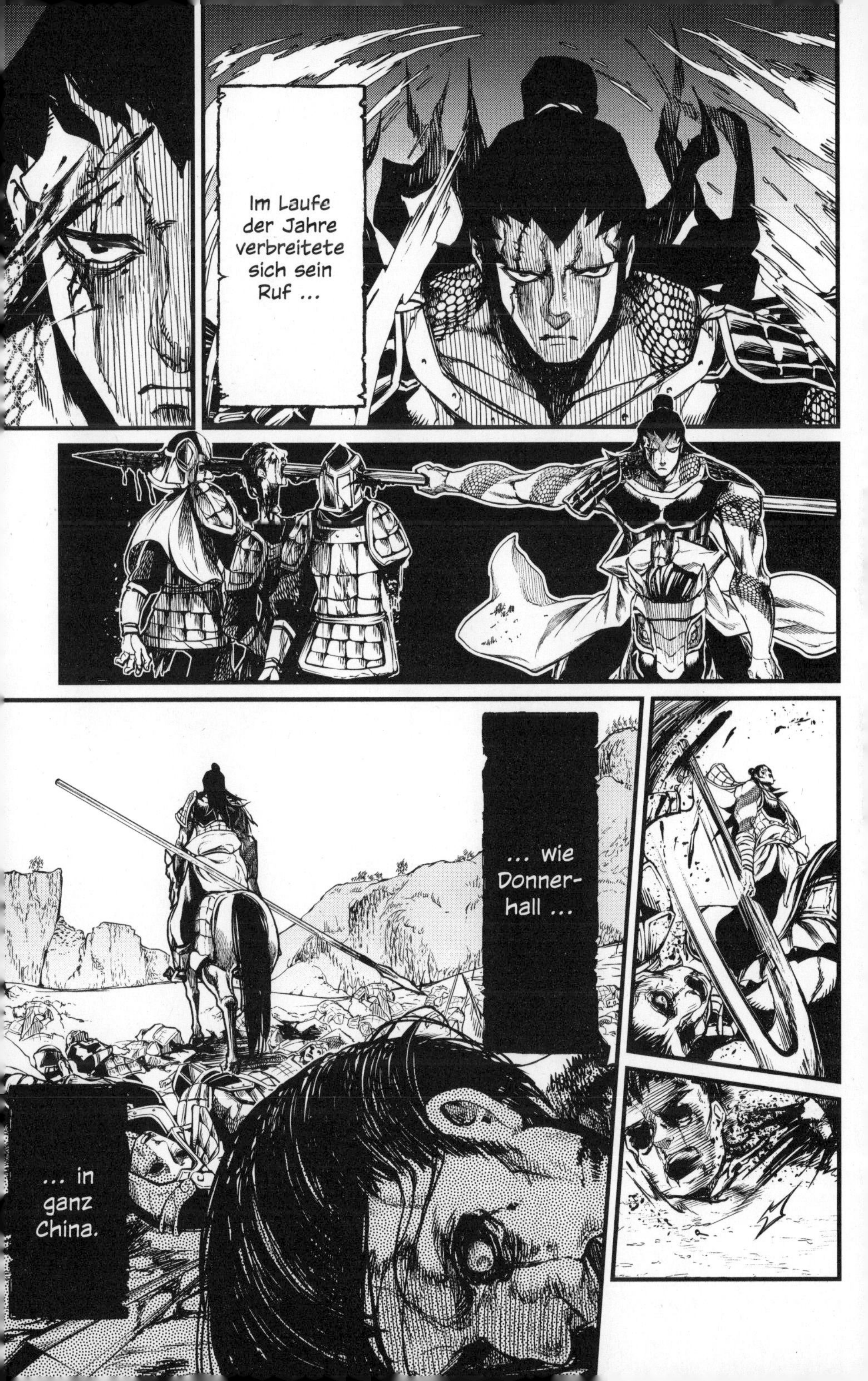
Im Laufe der Jahre verbreitete sich sein Ruf …
… wie Donner-hall …
… in ganz China.

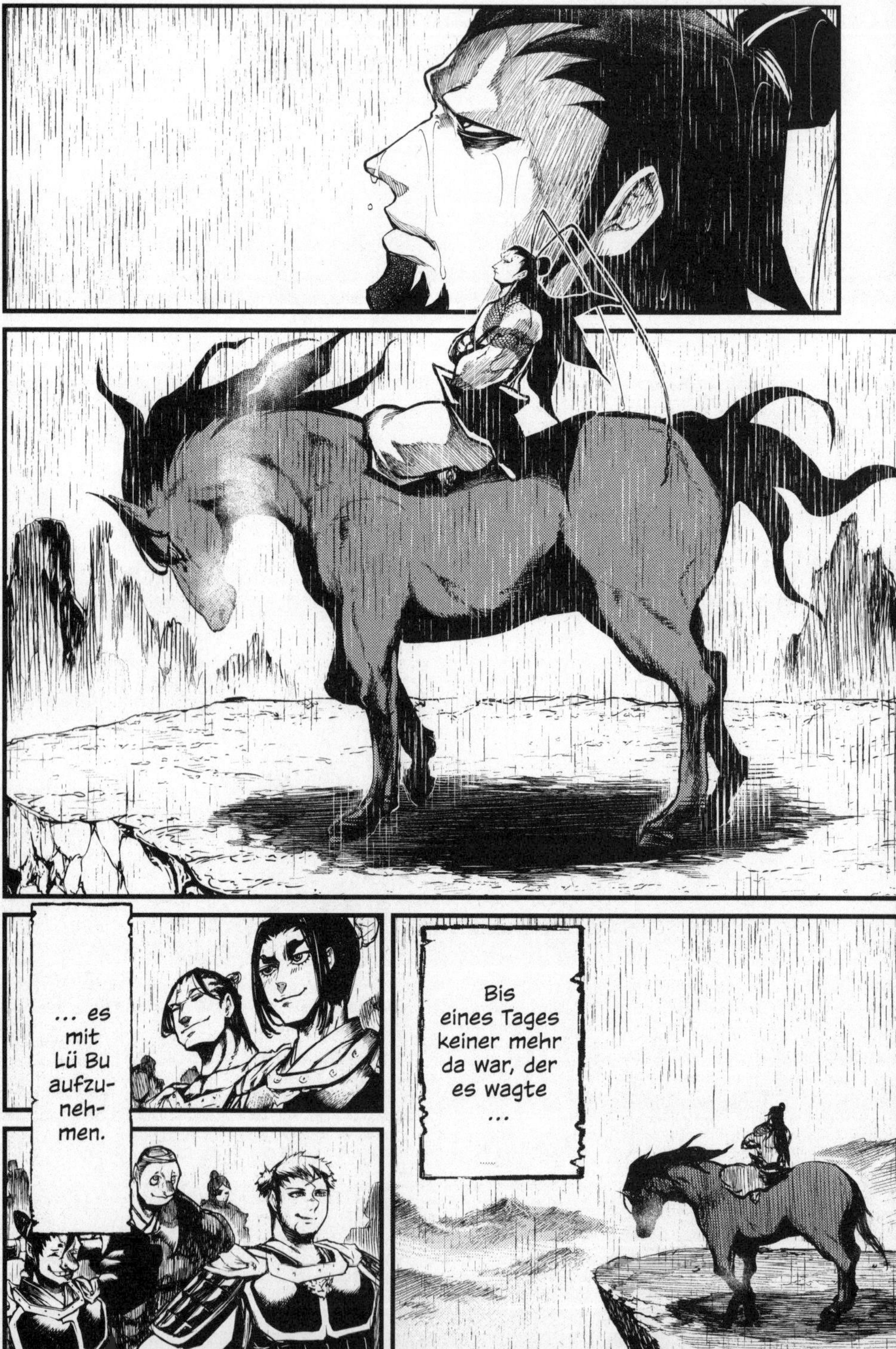
Bis eines Tages keiner mehr da war, der es wagte …
… es mit Lü Bu aufzunehmen.

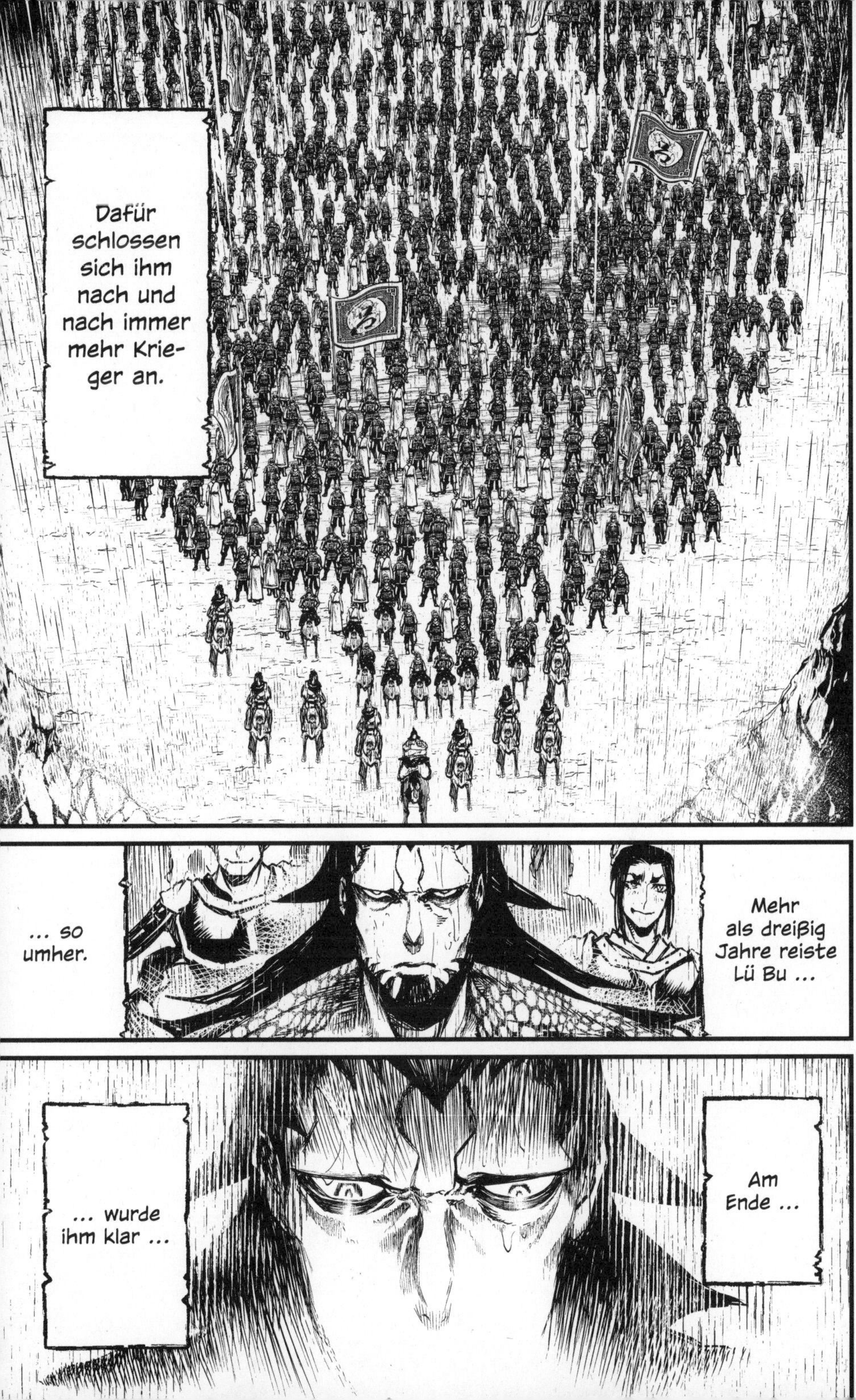
Dafür schlossen sich ihm nach und nach immer mehr Krieger an.
Mehr als dreißig Jahre reiste Lü Bu …
… so umher.
Am Ende …
… wurde ihm klar …

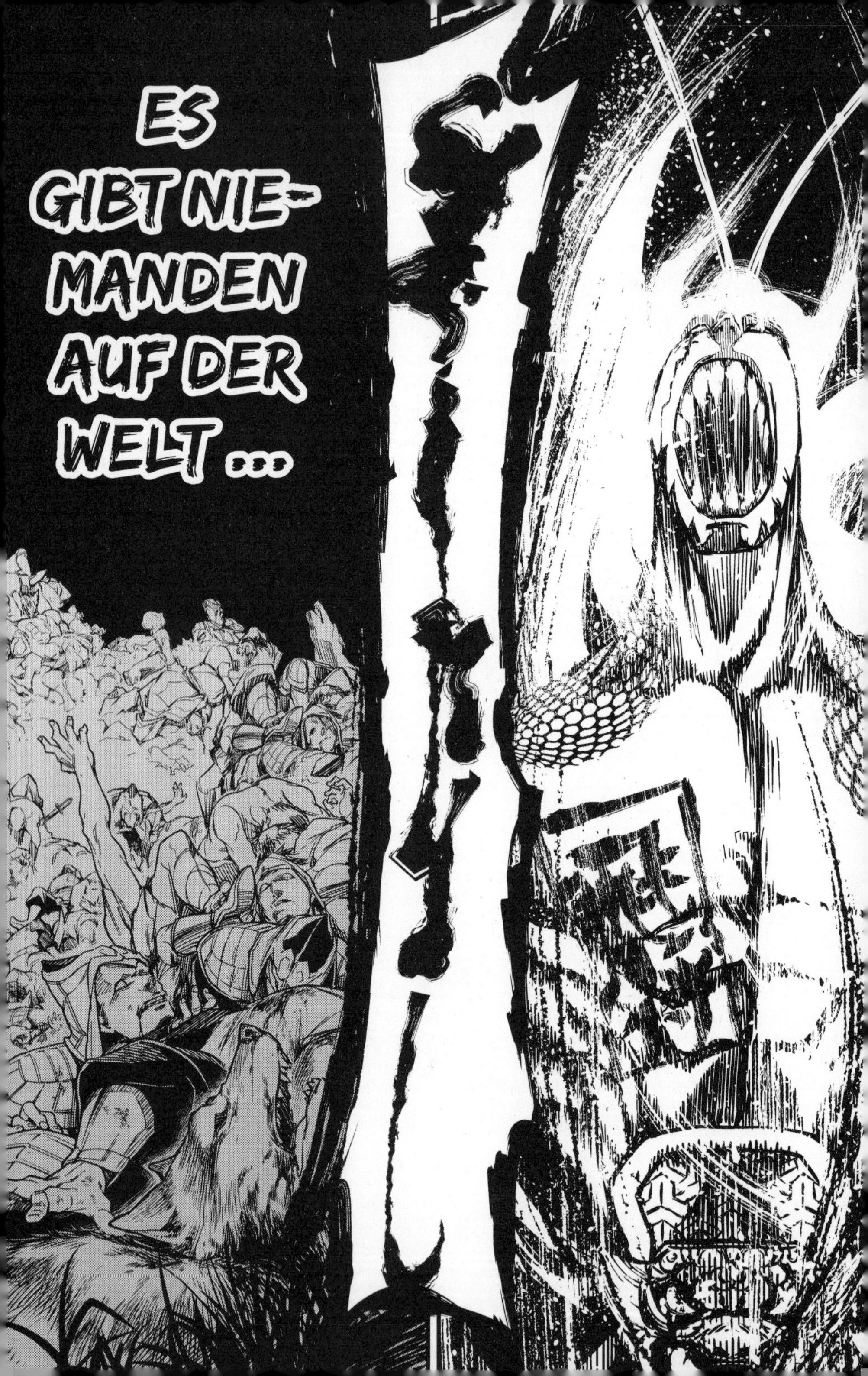
ES GIBT NIE-MANDEN AUF DER WELT ...

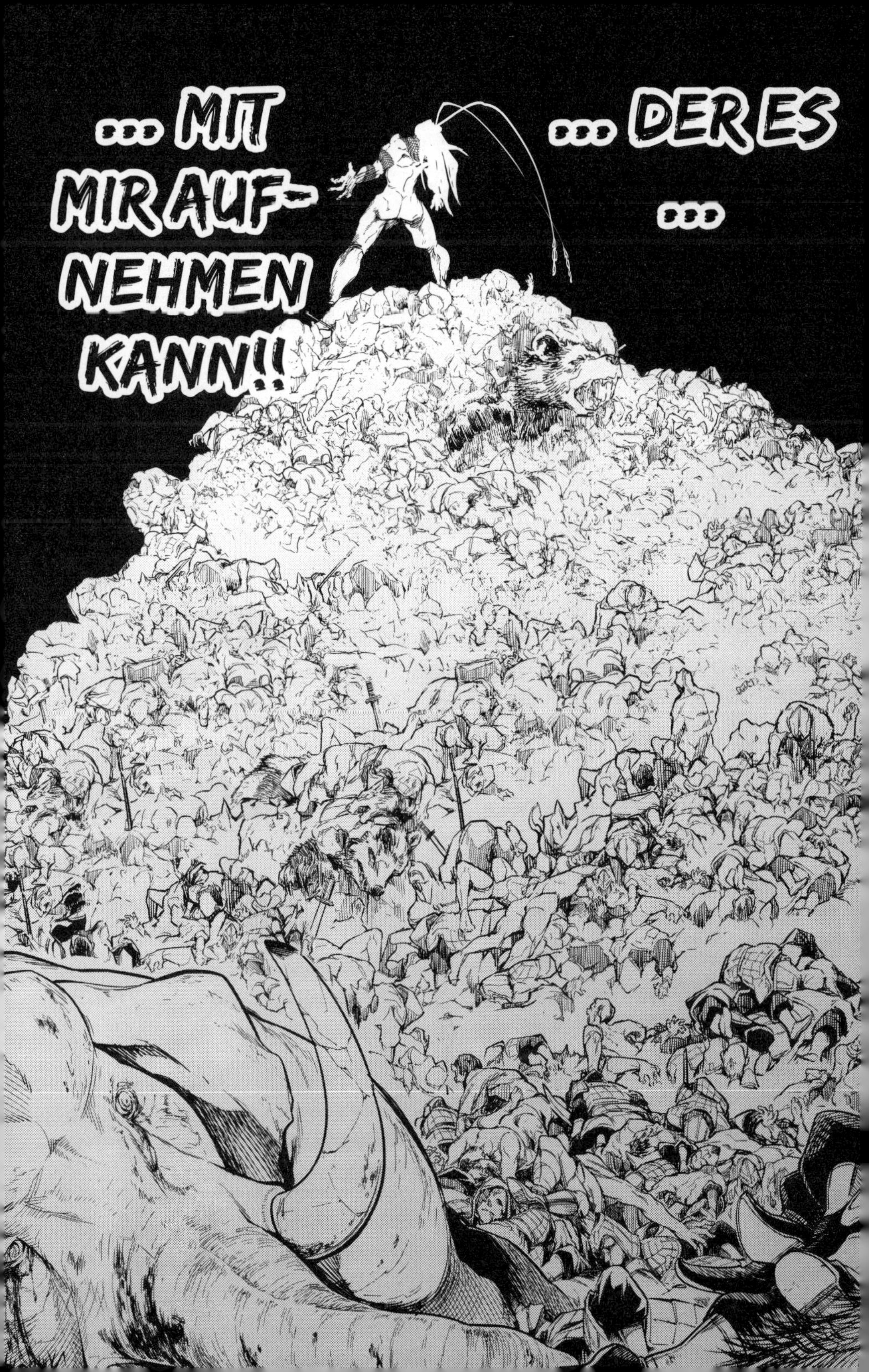
... DER ES ...
... MIT MIR AUF-NEHMEN KANN!!

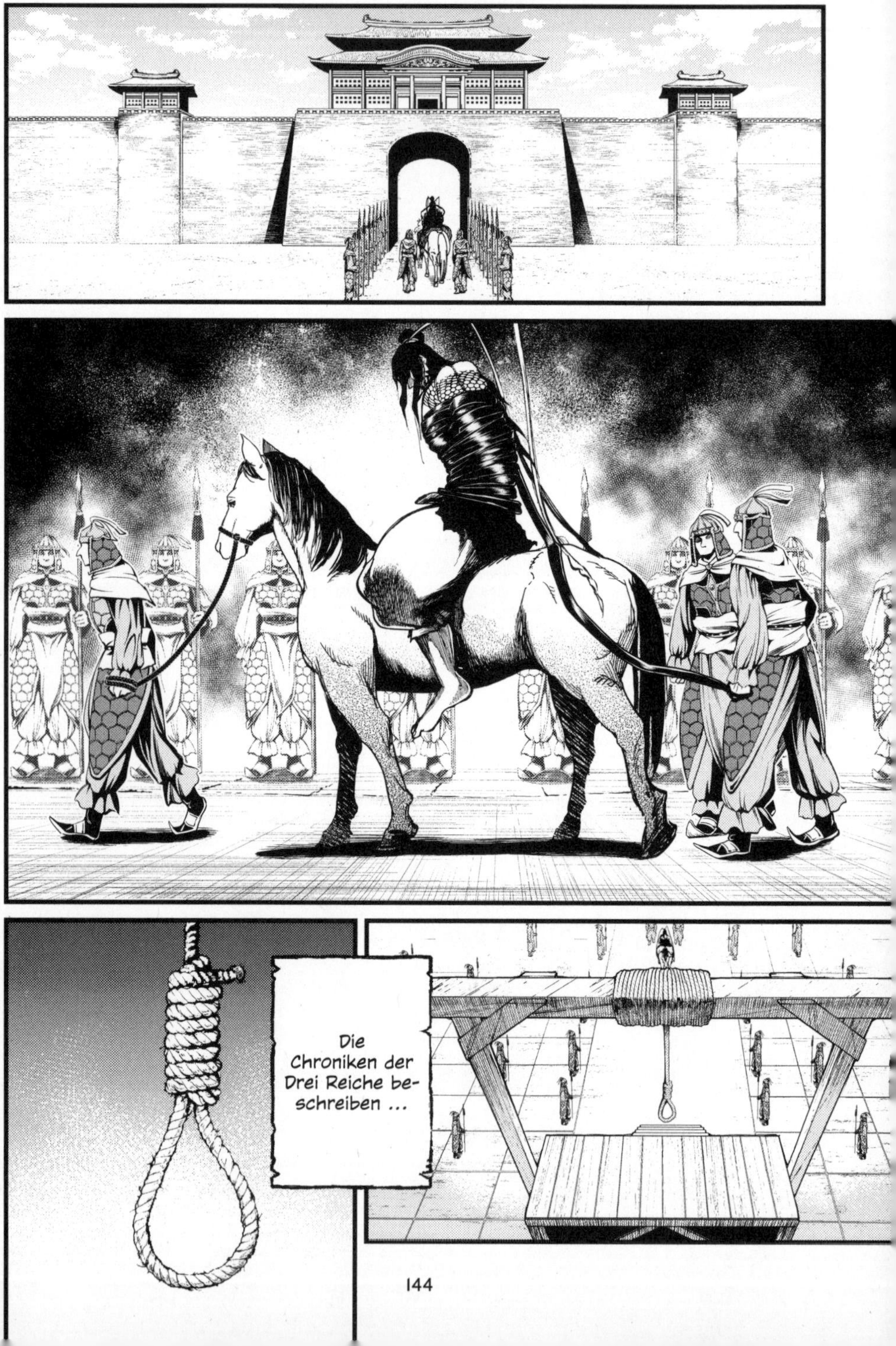
Die Chroniken der Drei Reiche beschreiben ...

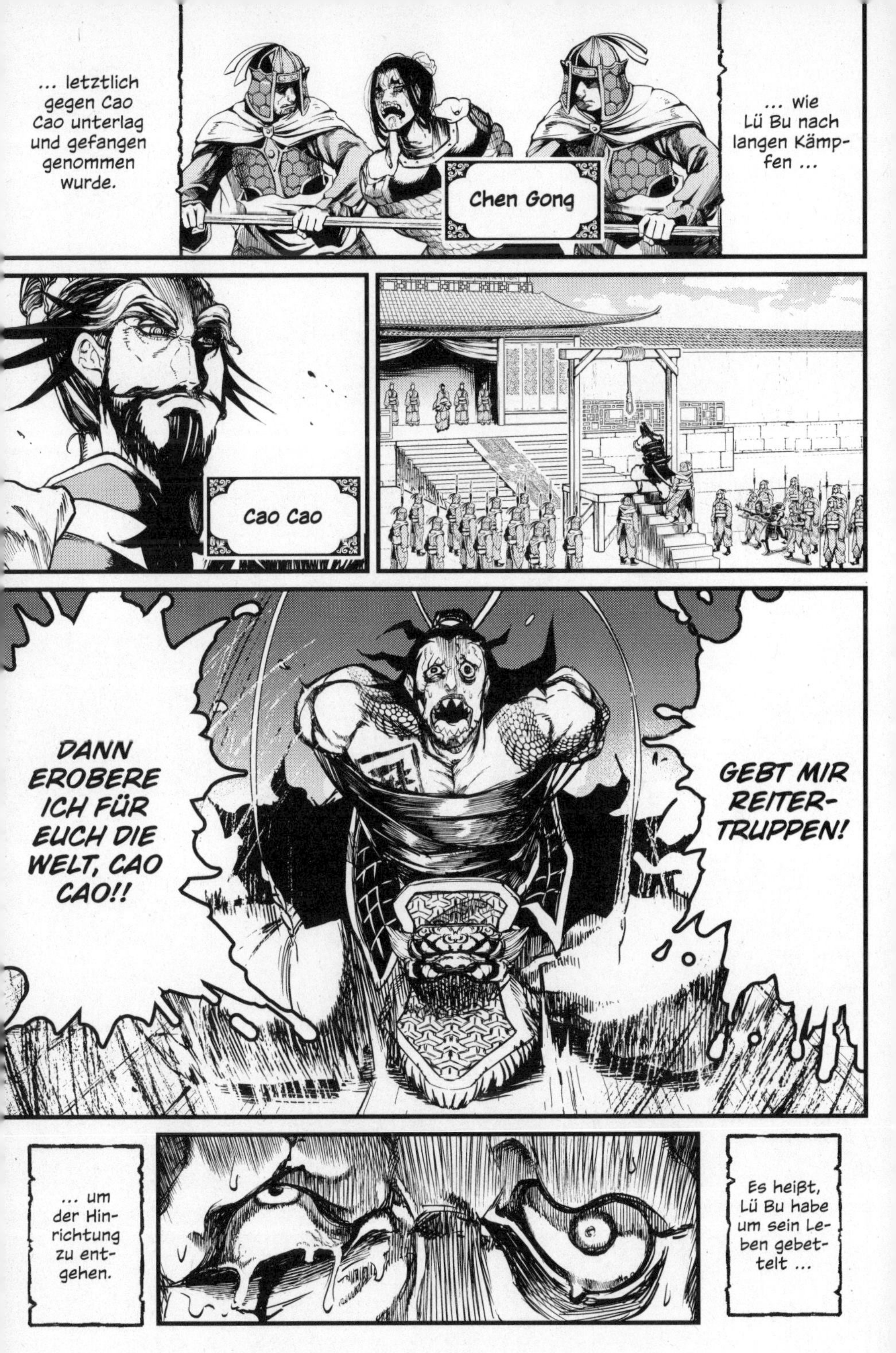

... wie Lü Bu nach langen Kämpfen ...
... letztlich gegen Cao Cao unterlag und gefangen genommen wurde.
Chen Gong
Cao Cao
GEBT MIR REITERTRUPPEN!
DANN EROBERE ICH FÜR EUCH DIE WELT, CAO CAO!!
Es heißt, Lü Bu habe um sein Leben gebettelt ...
... um der Hinrichtung zu entgehen.

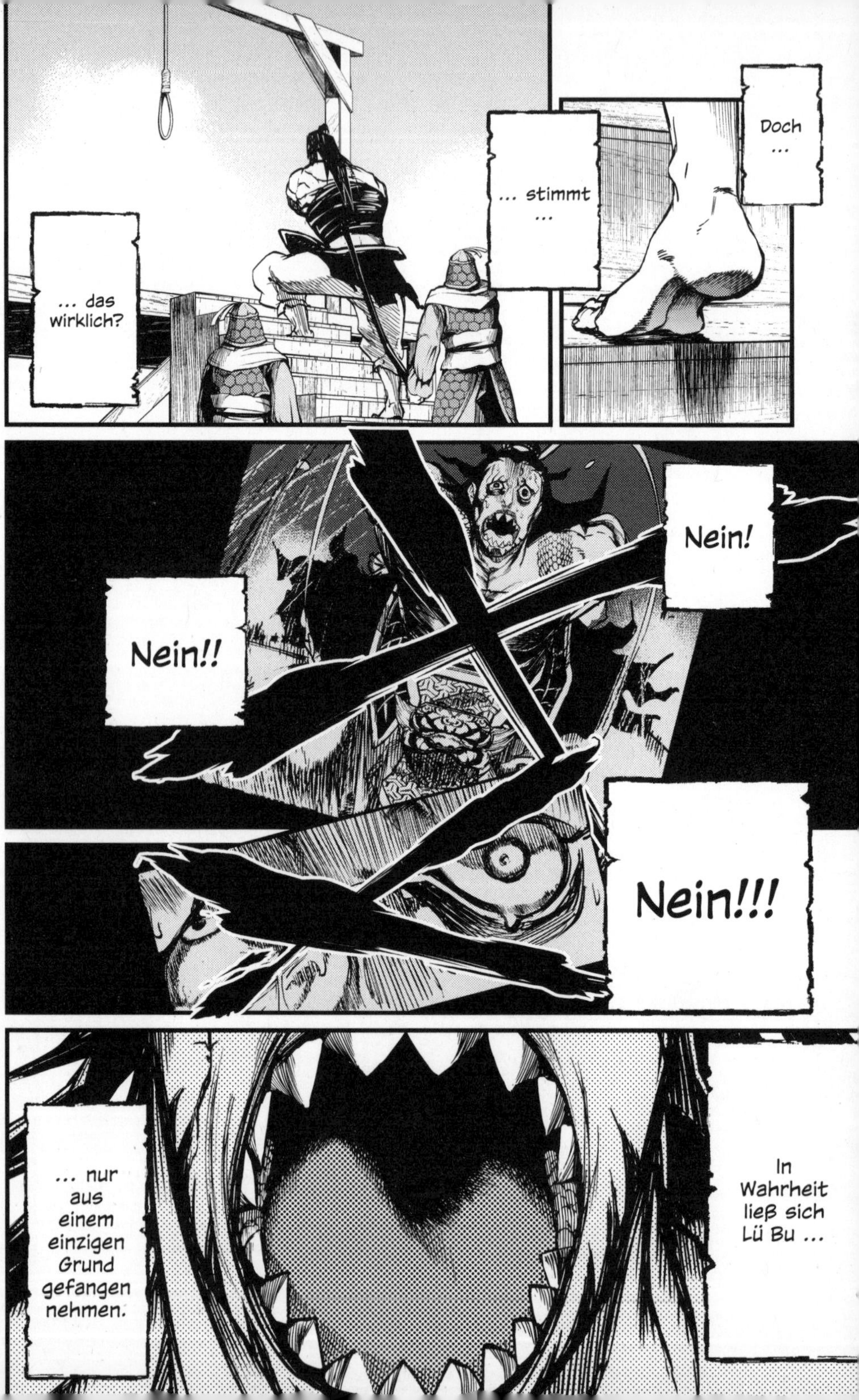
Doch ...
... stimmt ...
... das wirklich?
Nein!
Nein!!
Nein!!!
In Wahrheit ließ sich Lü Bu ...
... nur aus einem einzigen Grund gefangen nehmen.

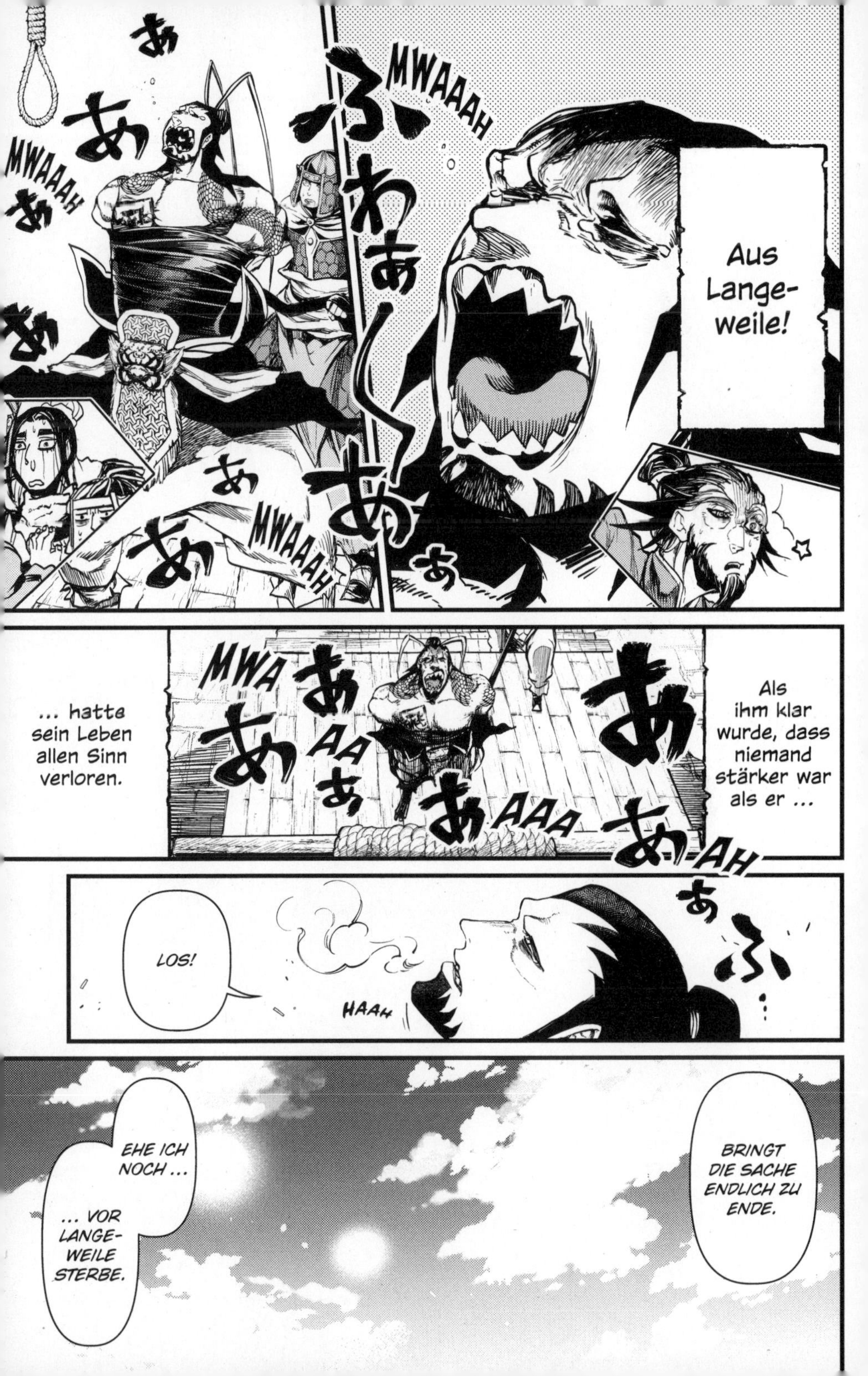
Aus Lange-weile!
MWAAAH
MWAAAH
MWAAAH
Als ihm klar wurde, dass niemand stärker war als er ...
... hatte sein Leben allen Sinn verloren.
MWA AA AAA AH
HAAH
LOS!
BRINGT DIE SACHE ENDLICH ZU ENDE.
EHE ICH NOCH ...
... VOR LANGE-WEILE STERBE.

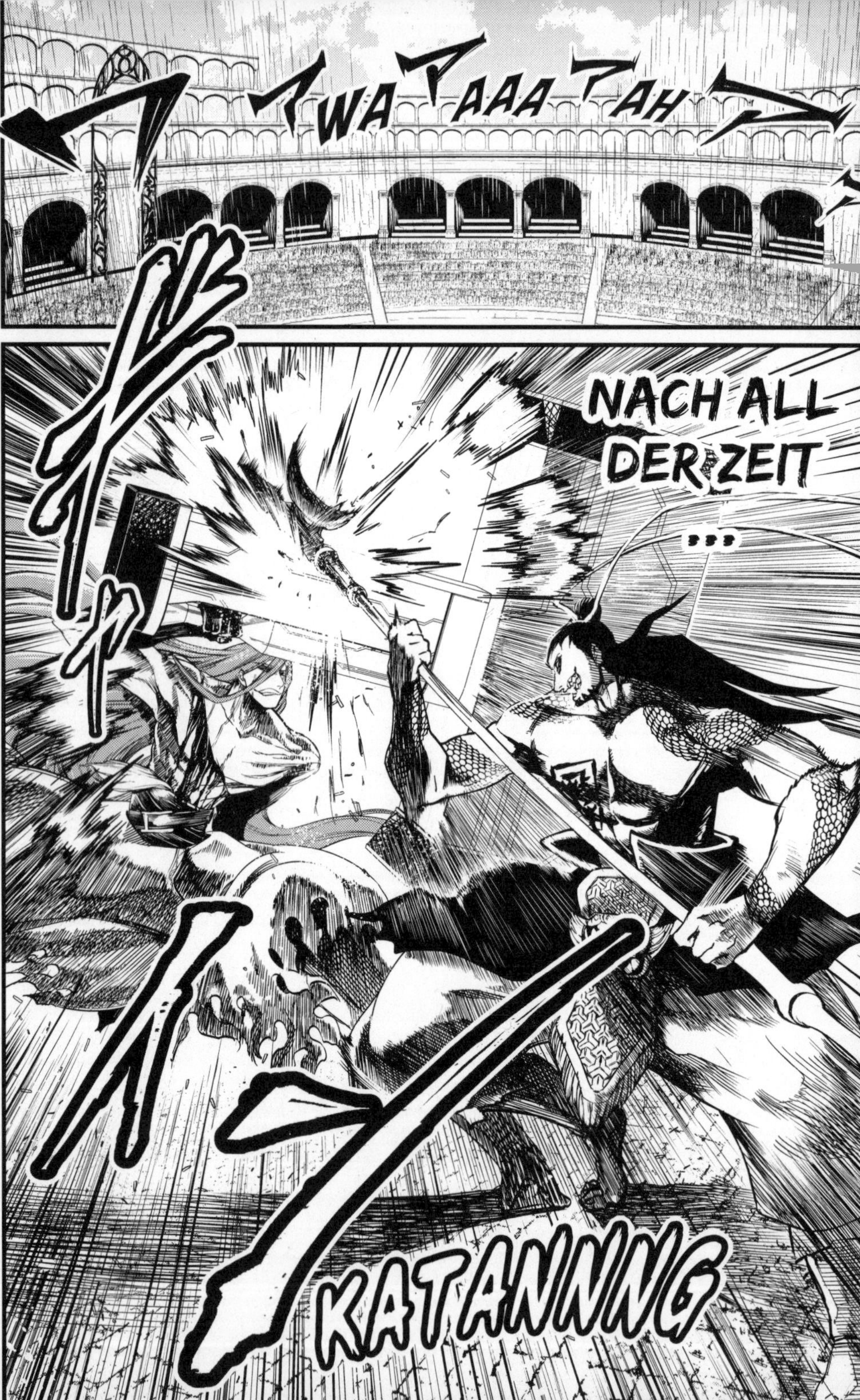
WAAAAAH
NACH ALL DER ZEIT ...
KATANNNG

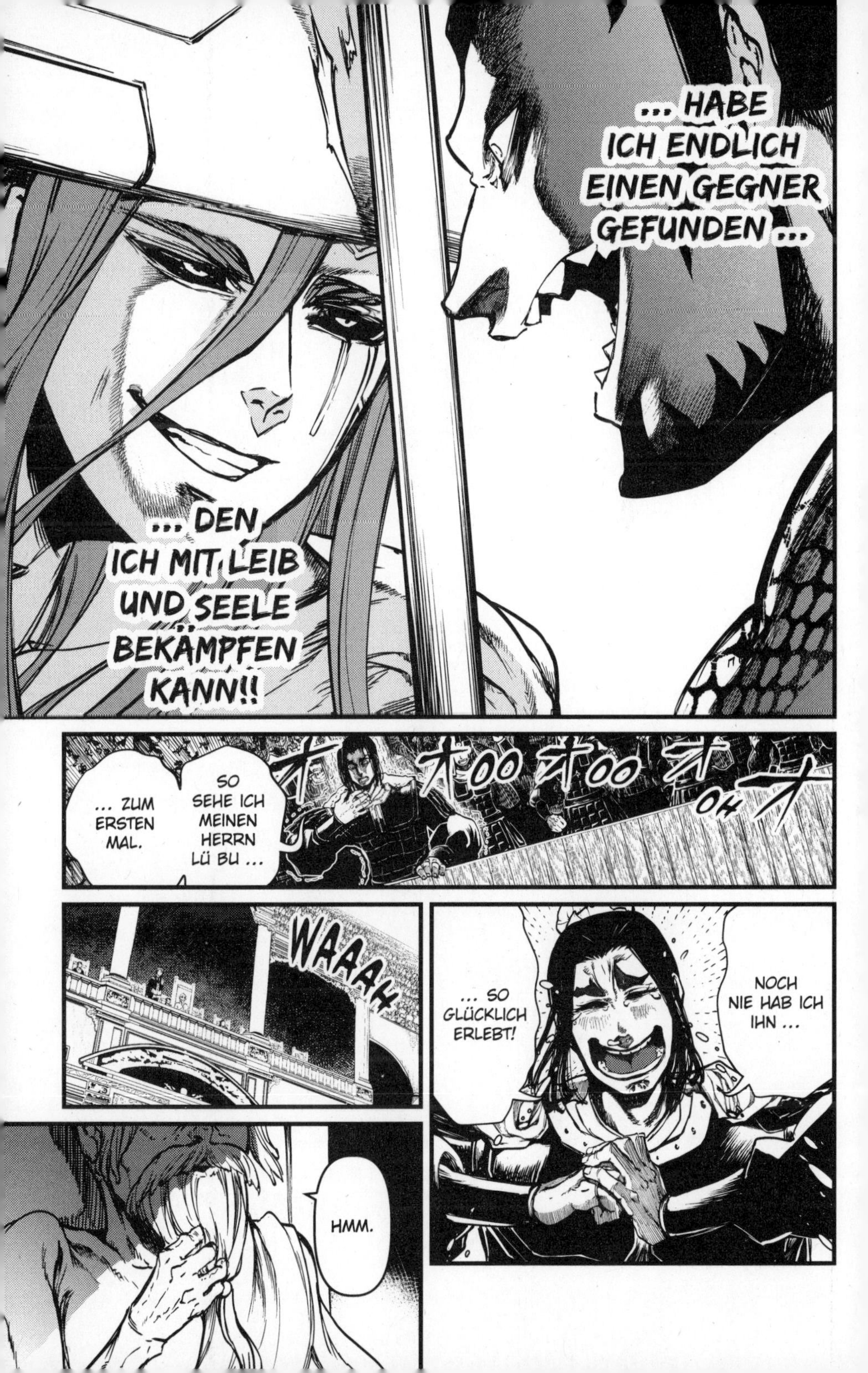
... HABE ICH ENDLICH EINEN GEGNER GEFUNDEN ...
... DEN ICH MIT LEIB UND SEELE BEKÄMPFEN KANN!!
OOO OOO OH
SO SEHE ICH MEINEN HERRN LÜ BU ...
... ZUM ERSTEN MAL.
WAAAAH
NOCH NIE HAB ICH IHN ...
... SO GLÜCKLICH ERLEBT!
HMM.

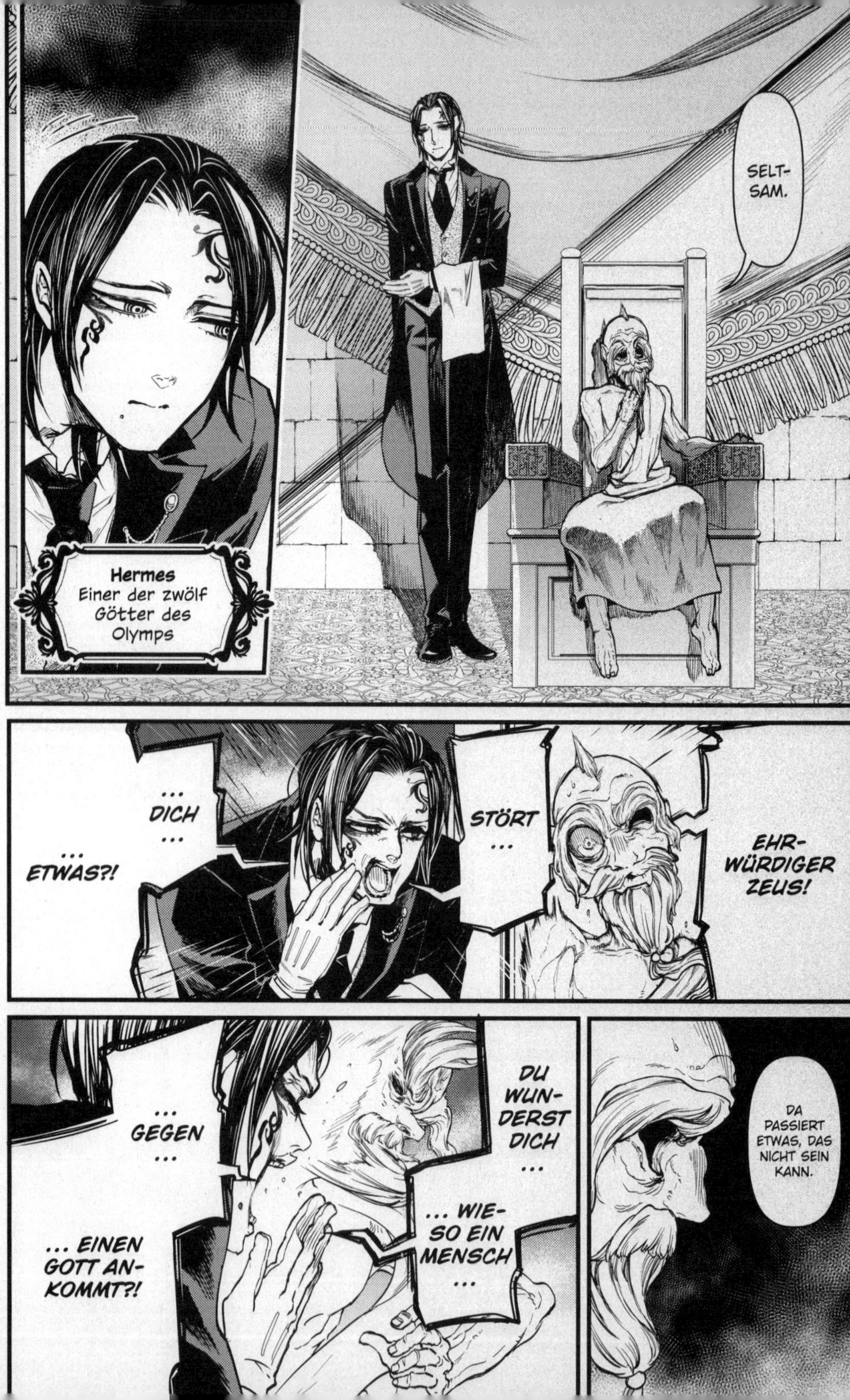
SELT-SAM.
Hermes Einer der zwölf Götter des Olymps
EHR-WÜRDIGER ZEUS!
STÖRT ...
... DICH ...
... ETWAS?!
DA PASSIERT ETWAS, DAS NICHT SEIN KANN.
DU WUNDERST DICH ...
... WIESO EIN MENSCH ...
... GEGEN ...
... EINEN GOTT ANKOMMT?!

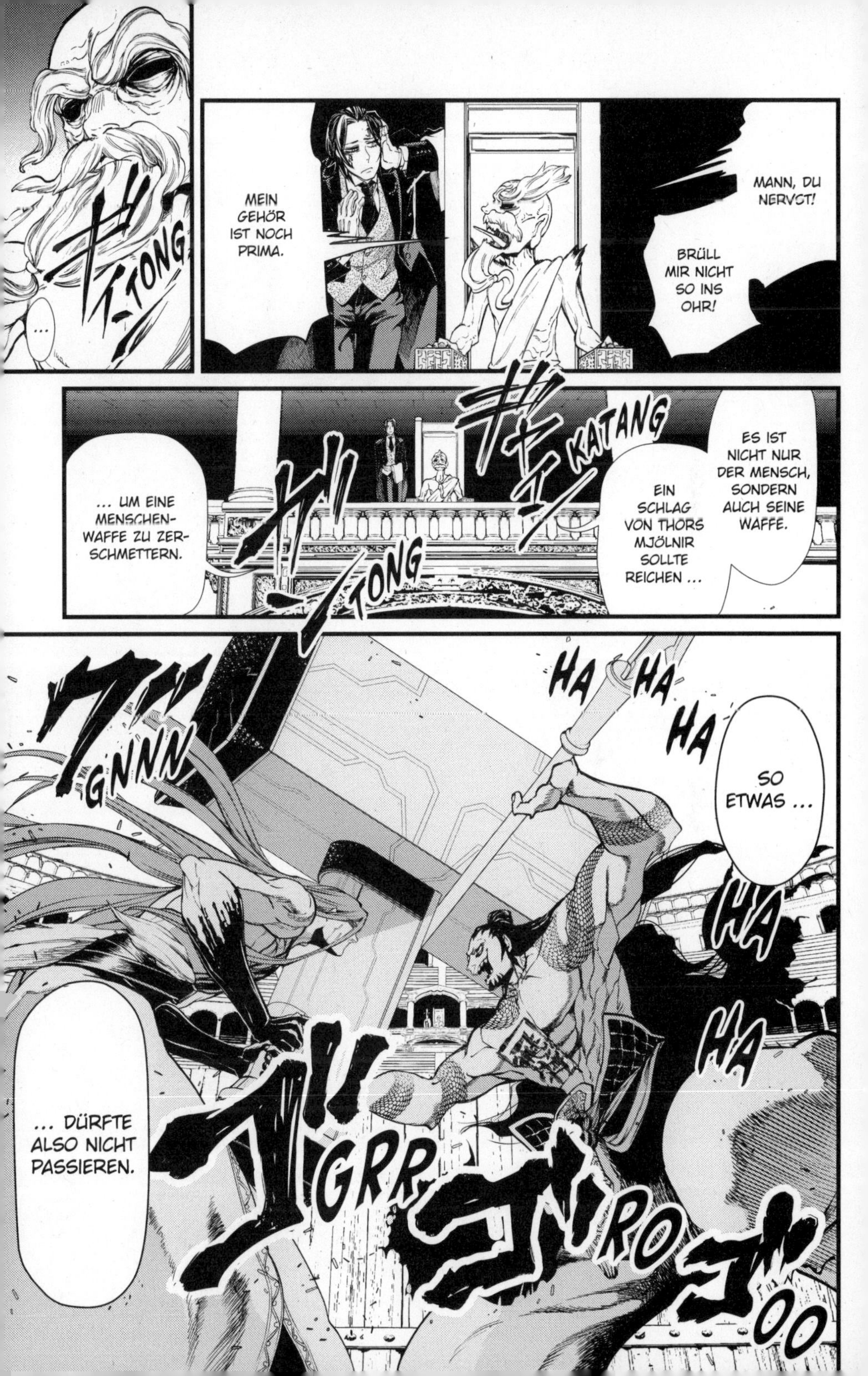
MANN, DU NERVST!
BRÜLL MIR NICHT SO INS OHR!
MEIN GEHÖR IST NOCH PRIMA.
TONG
...
ES IST NICHT NUR DER MENSCH, SONDERN AUCH SEINE WAFFE.
EIN SCHLAG VON THORS MJÖLNIR SOLLTE REICHEN ...
KATANG
TONG
... UM EINE MENSCHEN-WAFFE ZU ZER-SCHMETTERN.
HA HA HA
SO ETWAS ...
HA HA HA
GNNN
GRR
RO
OO
... DÜRFTE ALSO NICHT PASSIEREN.

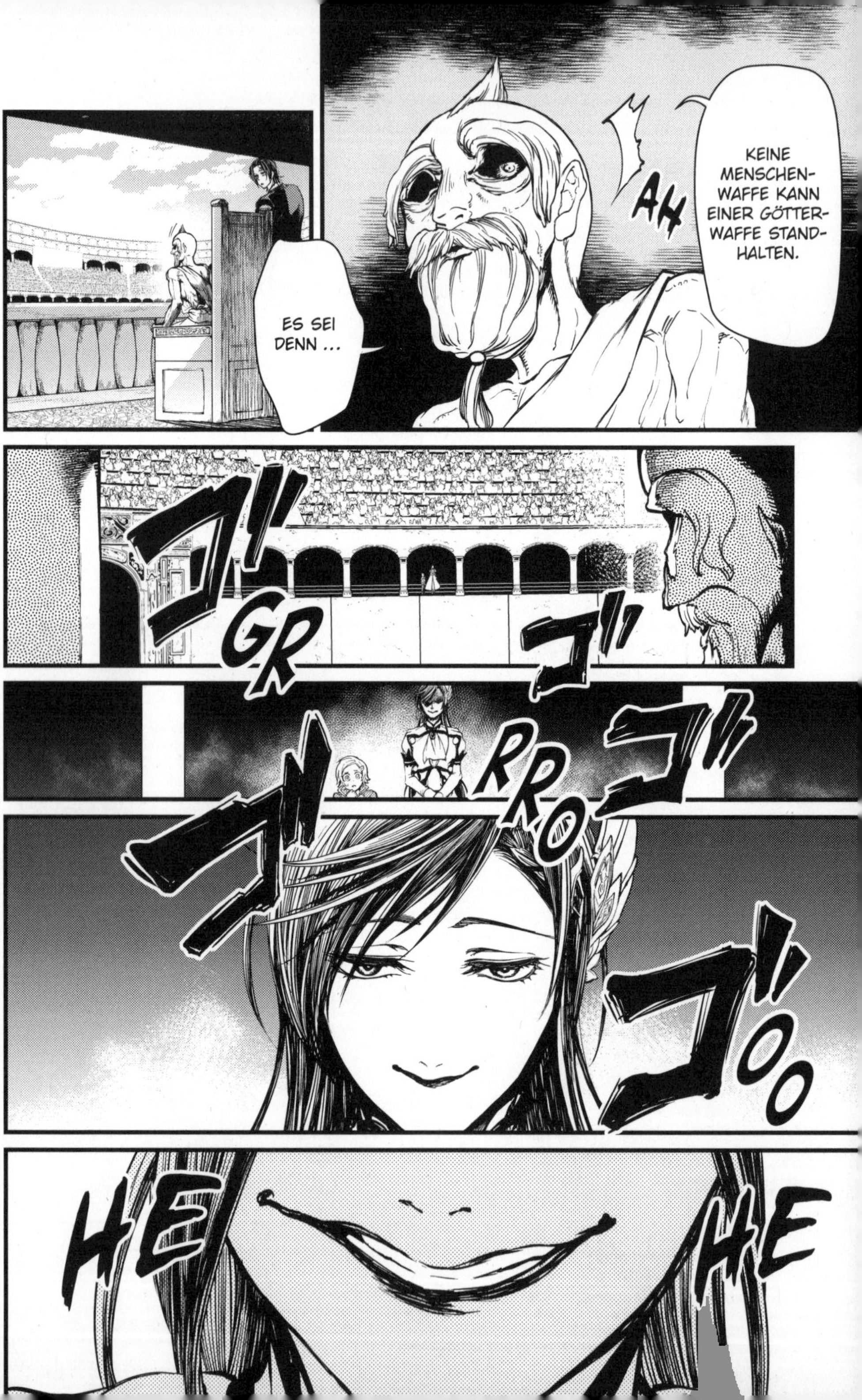
KEINE MENSCHEN-WAFFE KANN EINER GÖTTER-WAFFE STAND-HALTEN.
AH
ES SEI DENN ...
GR
RRO
HE
HE

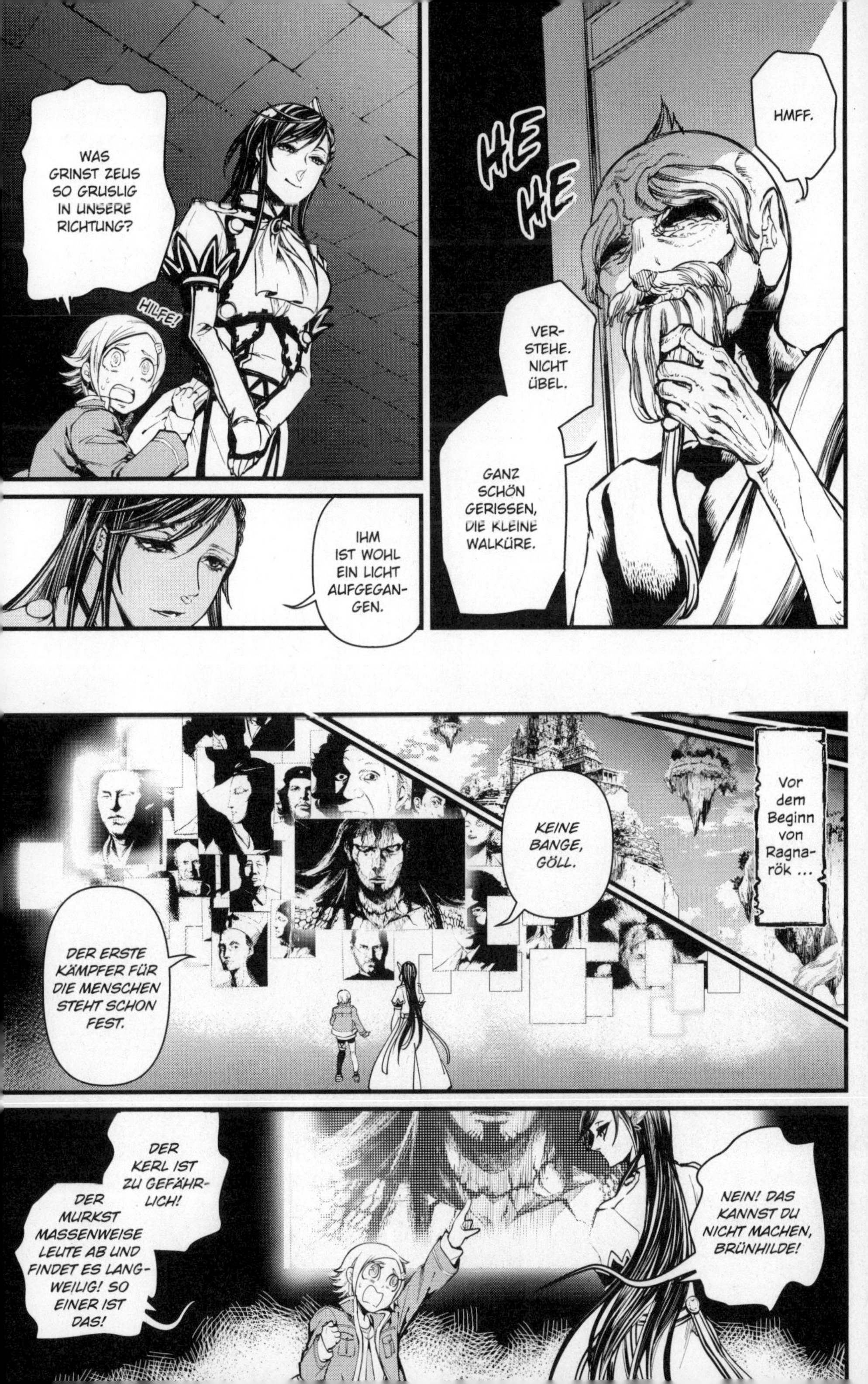
HMFF.
HE HE
VER-STEHE. NICHT ÜBEL.
GANZ SCHÖN GERISSEN, DIE KLEINE WALKÜRE.
WAS GRINST ZEUS SO GRUSLIG IN UNSERE RICHTUNG?
HILFE!
IHM IST WOHL EIN LICHT AUFGEGANGEN.
Vor dem Beginn von Ragnarök ...
KEINE BANGE, GÖLL.
DER ERSTE KÄMPFER FÜR DIE MENSCHEN STEHT SCHON FEST.
NEIN! DAS KANNST DU NICHT MACHEN, BRÜNHILDE!
DER KERL IST ZU GEFÄHRLICH!
DER MURKST MASSENWEISE LEUTE AB UND FINDET ES LANGWEILIG! SO EINER IST DAS!

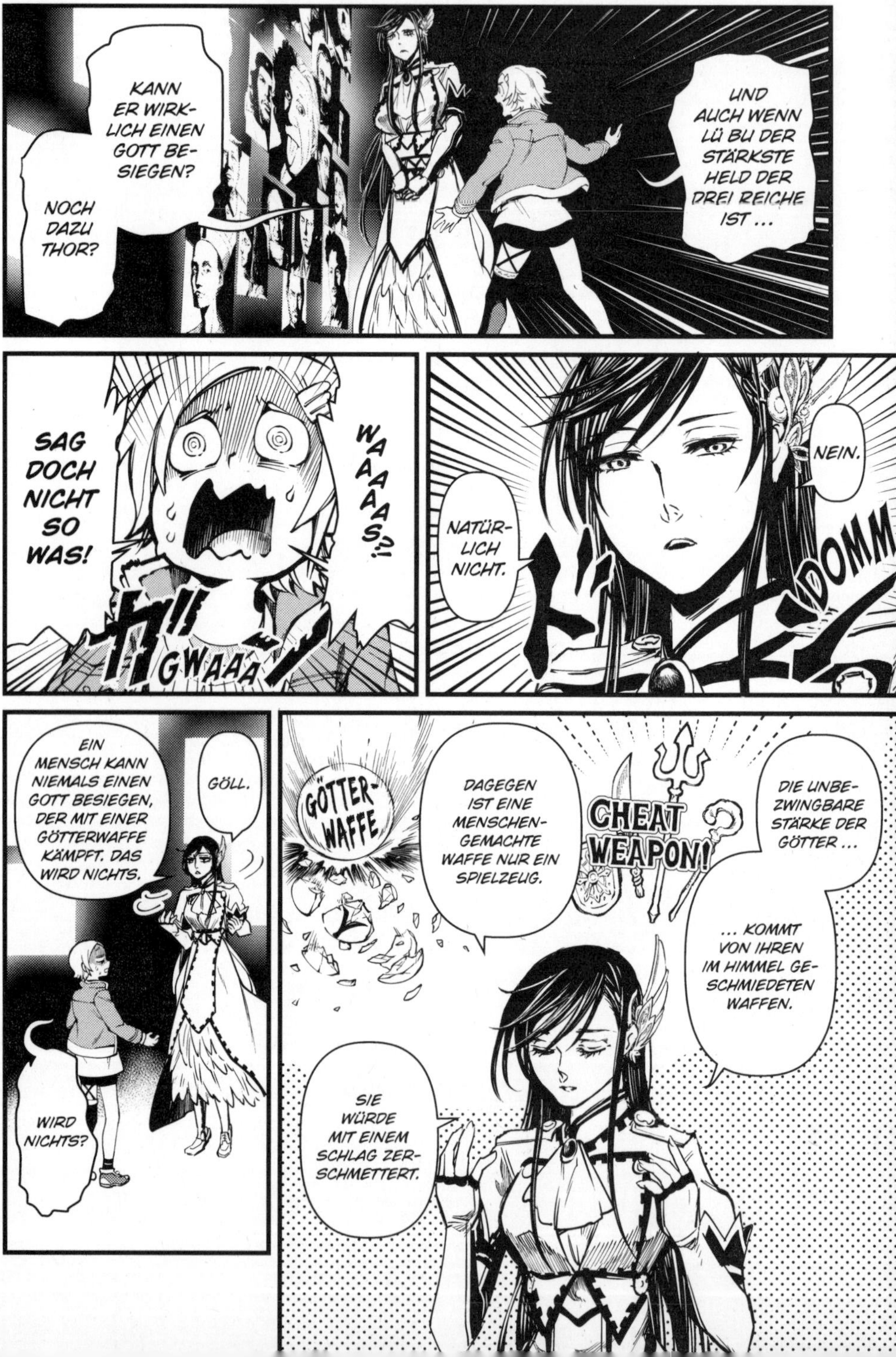
UND AUCH WENN LÜ BU DER STÄRKSTE HELD DER DREI REICHE IST …
KANN ER WIRKLICH EINEN GOTT BESIEGEN?
NOCH DAZU THOR?
NEIN.
NATÜRLICH NICHT.
DOMM
WAAAAAS?!
GWAAA
SAG DOCH NICHT SO WAS!
DIE UNBEZWINGBARE STÄRKE DER GÖTTER …
CHEAT WEAPON!
… KOMMT VON IHREN IM HIMMEL GESCHMIEDETEN WAFFEN.
DAGEGEN IST EINE MENSCHENGEMACHTE WAFFE NUR EIN SPIELZEUG.
GÖTTERWAFFE
SIE WÜRDE MIT EINEM SCHLAG ZERSCHMETTERT.
GÖLL.
EIN MENSCH KANN NIEMALS EINEN GOTT BESIEGEN, DER MIT EINER GÖTTERWAFFE KÄMPFT. DAS WIRD NICHTS.
WIRD NICHTS?

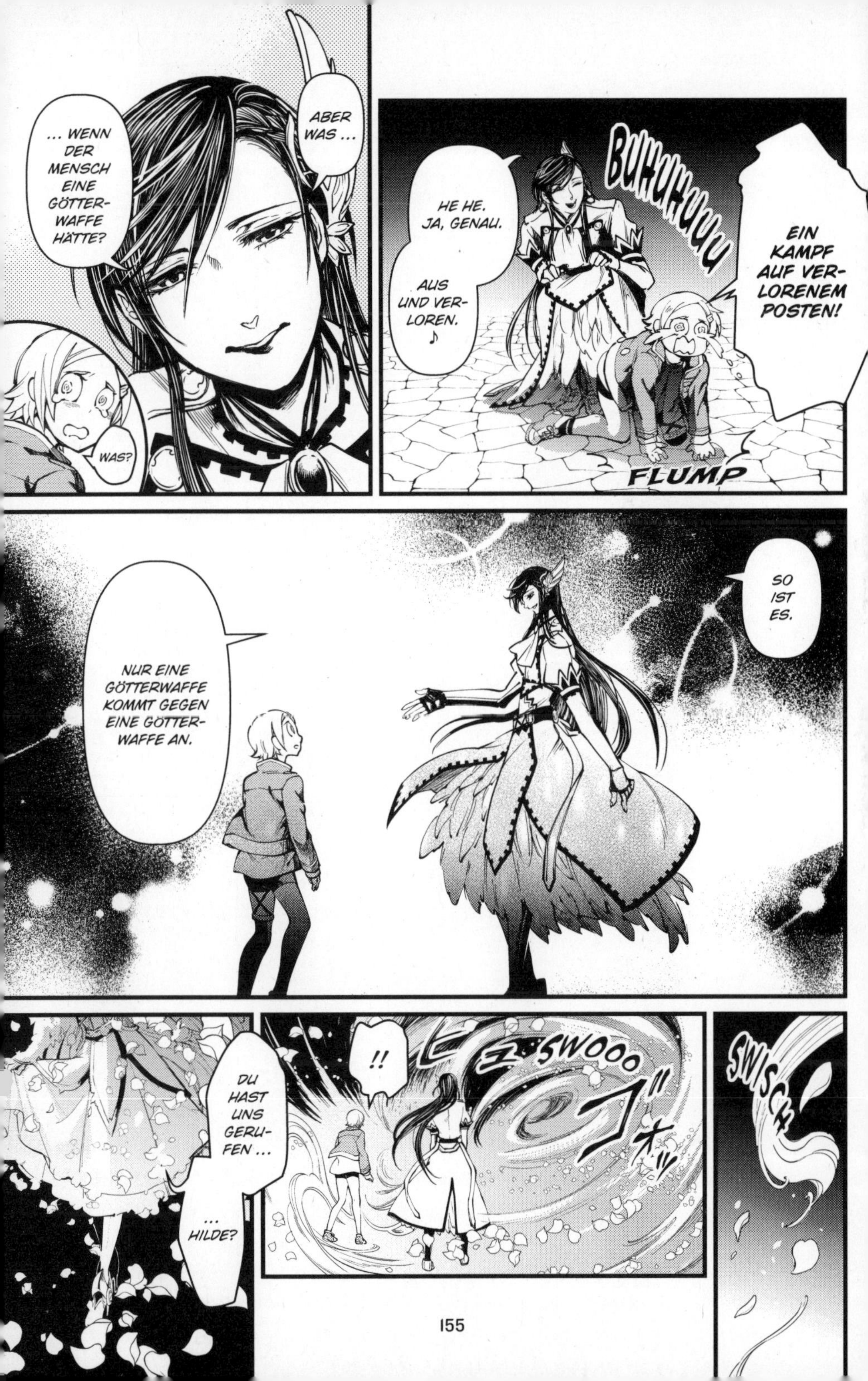
EIN KAMPF AUF VERLORENEM POSTEN!
BUHUHUUU
HE HE. JA, GENAU.
AUS UND VERLOREN. ♪
FLUMP
ABER WAS …
… WENN DER MENSCH EINE GÖTTERWAFFE HÄTTE?
WAS?
SO IST ES.
NUR EINE GÖTTERWAFFE KOMMT GEGEN EINE GÖTTERWAFFE AN.
SWISCH
SWOOO
!!
DU HAST UNS GERUFEN …
… HILDE?

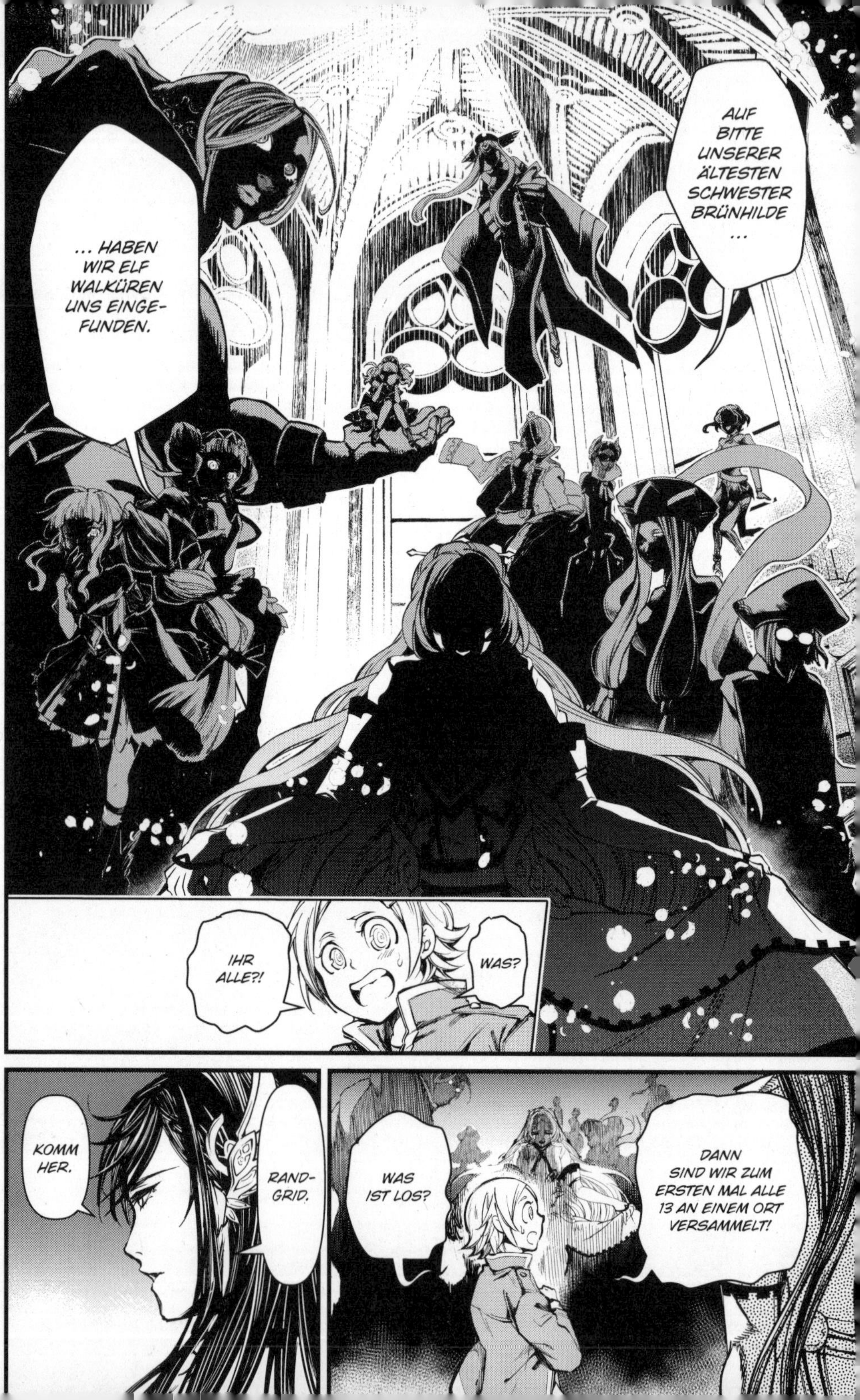
AUF BITTE UNSERER ÄLTESTEN SCHWESTER BRÜNHILDE …
… HABEN WIR ELF WALKÜREN UNS EINGE-FUNDEN.
WAS?
IHR ALLE?!
DANN SIND WIR ZUM ERSTEN MAL ALLE 13 AN EINEM ORT VERSAMMELT!
WAS IST LOS?
RAND-GRID.
KOMM HER.

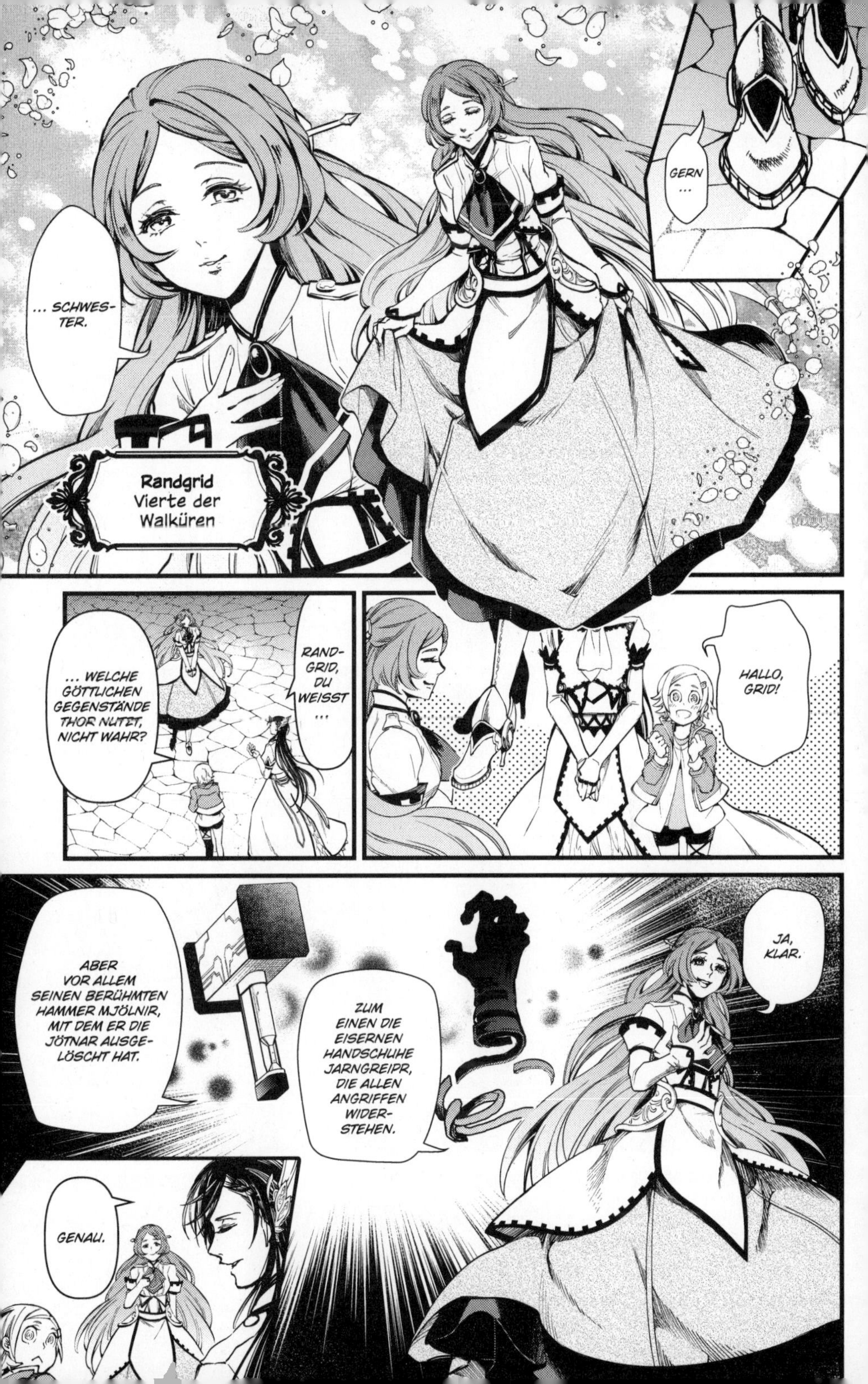
GERN ...
... SCHWESTER.
Randgrid
Vierte der Walküren
HALLO, GRID!
RANDGRID, DU WEISST ...
... WELCHE GÖTTLICHEN GEGENSTÄNDE THOR NUTZT, NICHT WAHR?
JA, KLAR.
ZUM EINEN DIE EISERNEN HANDSCHUHE JARNGREIPR, DIE ALLEN ANGRIFFEN WIDERSTEHEN.
ABER VOR ALLEM SEINEN BERÜHMTEN HAMMER MJÖLNIR, MIT DEM ER DIE JÖTNAR AUSGELÖSCHT HAT.
GENAU.

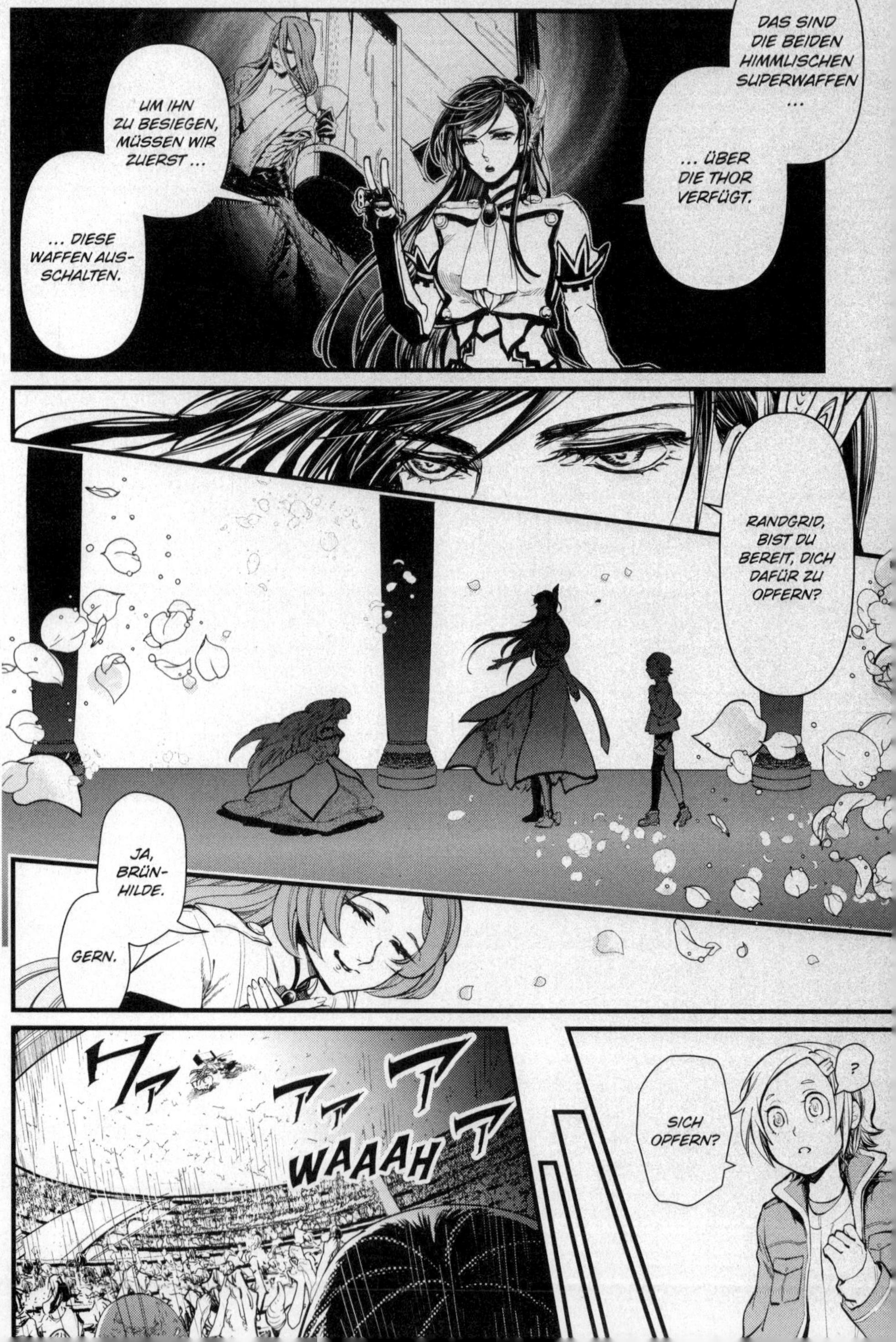
DAS SIND DIE BEIDEN HIMMLISCHEN SUPERWAFFEN …
… ÜBER DIE THOR VERFÜGT.
UM IHN ZU BESIEGEN, MÜSSEN WIR ZUERST …
… DIESE WAFFEN AUS-SCHALTEN.
RANDGRID, BIST DU BEREIT, DICH DAFÜR ZU OPFERN?
JA, BRÜN-HILDE.
GERN.
SICH OPFERN?
?
WAAAH

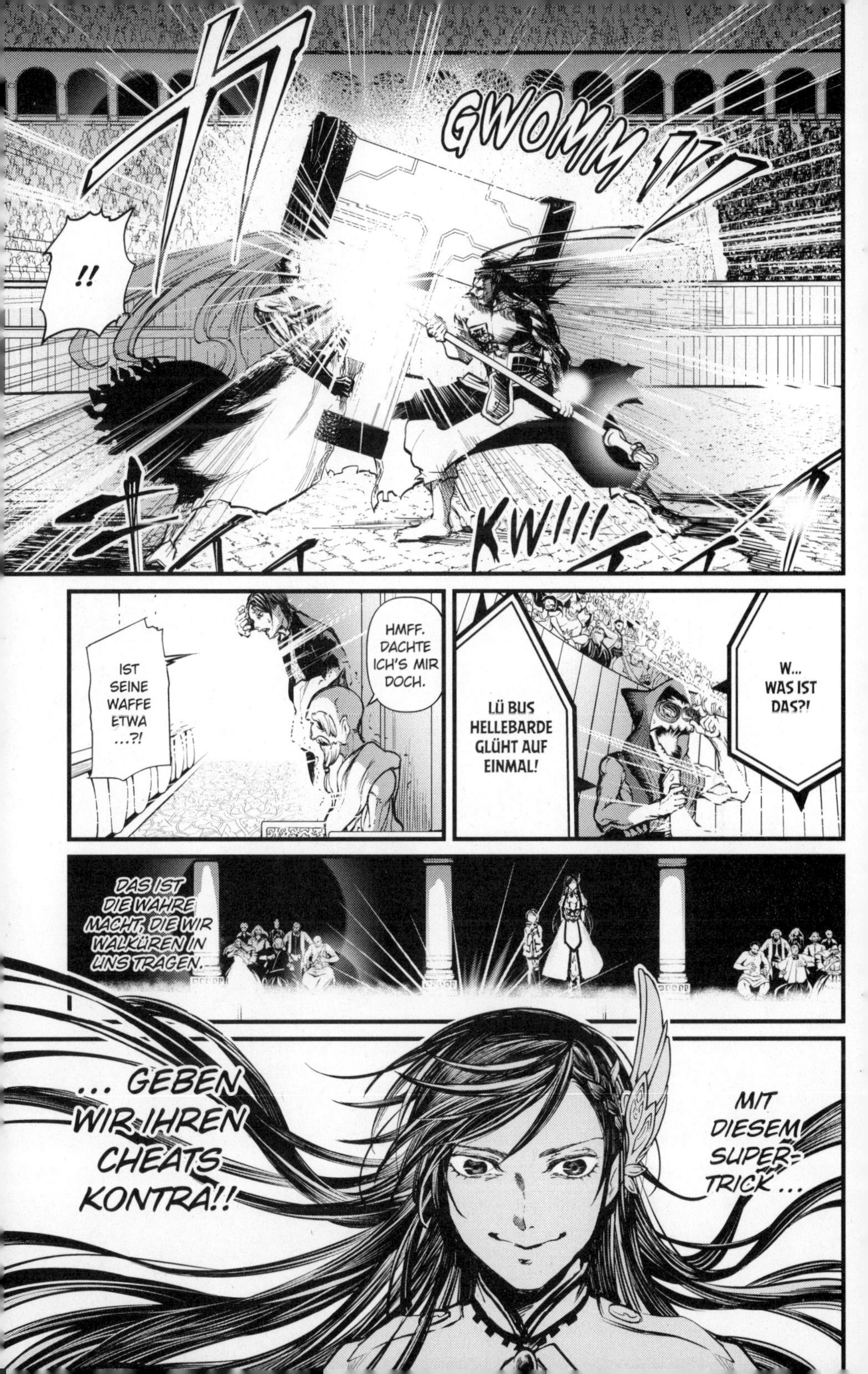

GWOMM
!!
KWIII
W... WAS IST DAS?!
LÜ BUS HELLEBARDE GLÜHT AUF EINMAL!
HMFF. DACHTE ICH'S MIR DOCH.
IST SEINE WAFFE ETWA ...?!
DAS IST DIE WAHRE MACHT, DIE WIR WALKÜREN IN UNS TRAGEN.
MIT DIESEM SUPER-TRICK ...
... GEBEN WIR IHREN CHEATS KONTRA!!

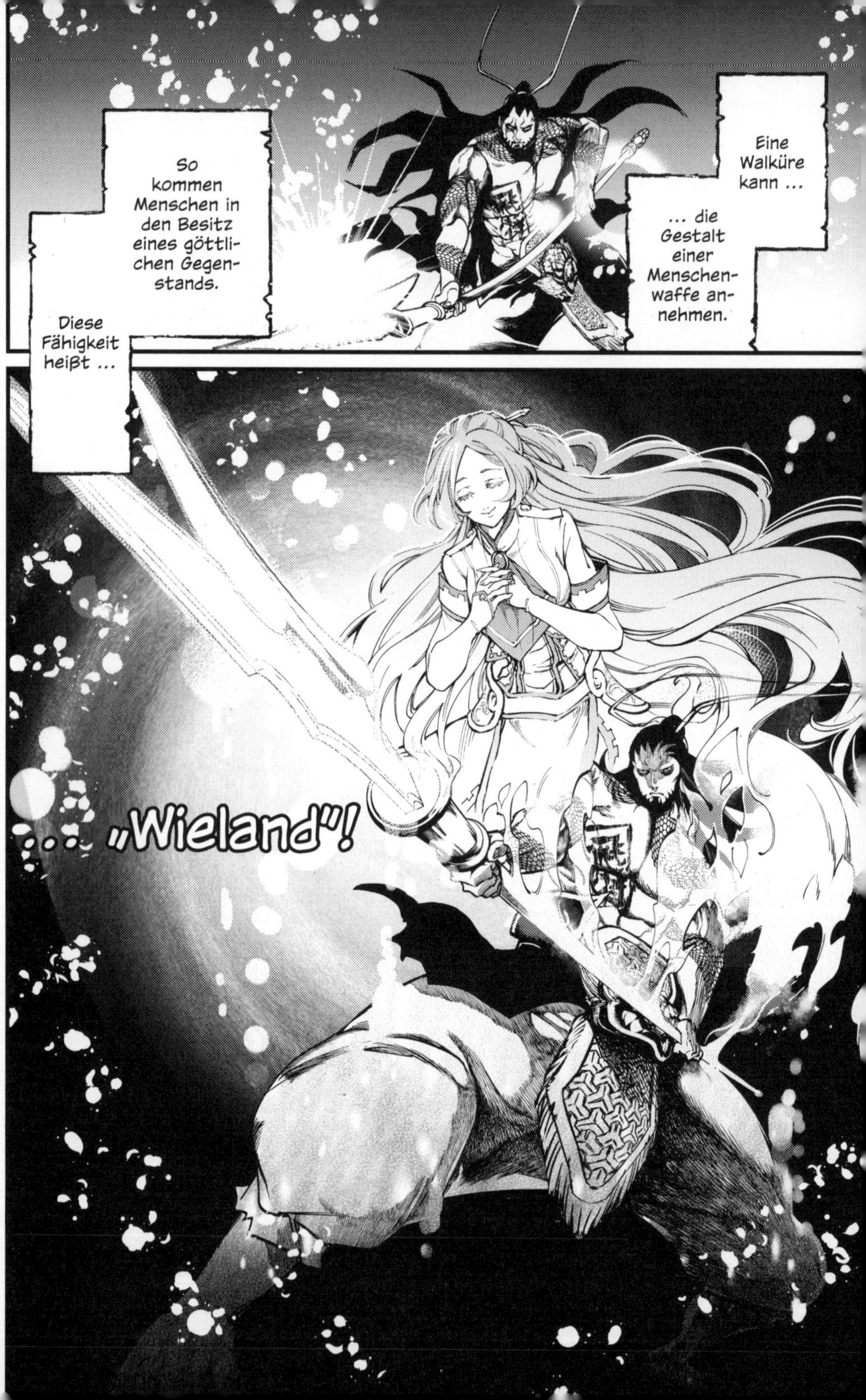

Eine Walküre kann …
… die Gestalt einer Menschenwaffe annehmen.
So kommen Menschen in den Besitz eines göttlichen Gegenstands.
Diese Fähigkeit heißt …
… „Wieland“!

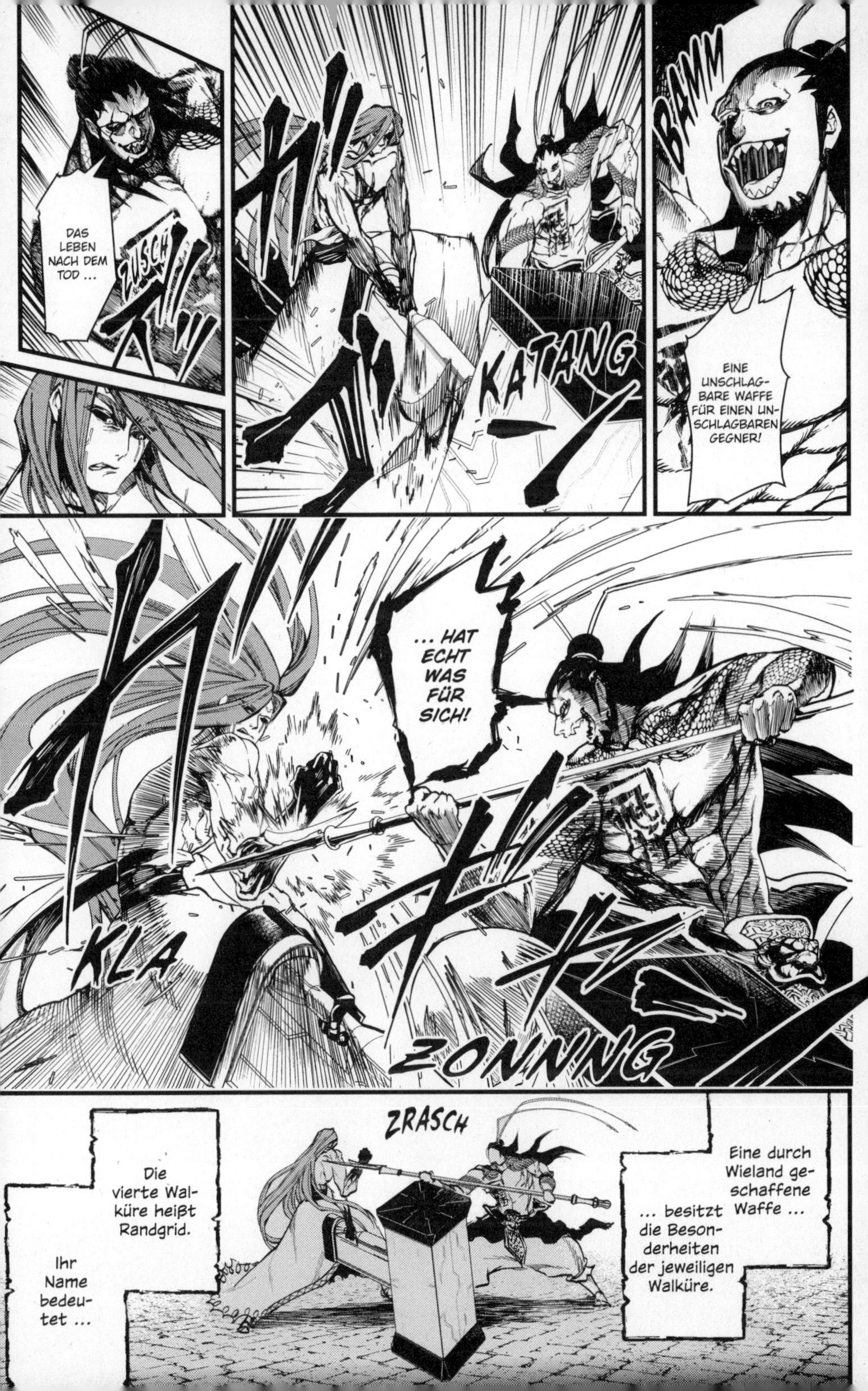
EINE UNSCHLAGBARE WAFFE FÜR EINEN UNSCHLAGBAREN GEGNER!
BAMM
KATANG
DAS LEBEN NACH DEM TOD ...
ZUSCH
... HAT ECHT WAS FÜR SICH!
KLA
ZONNNG
ZRASCH
Eine durch Wieland geschaffene Waffe ...
... besitzt die Besonderheiten der jeweiligen Walküre.
Die vierte Walküre heißt Randgrid.
Ihr Name bedeutet ...

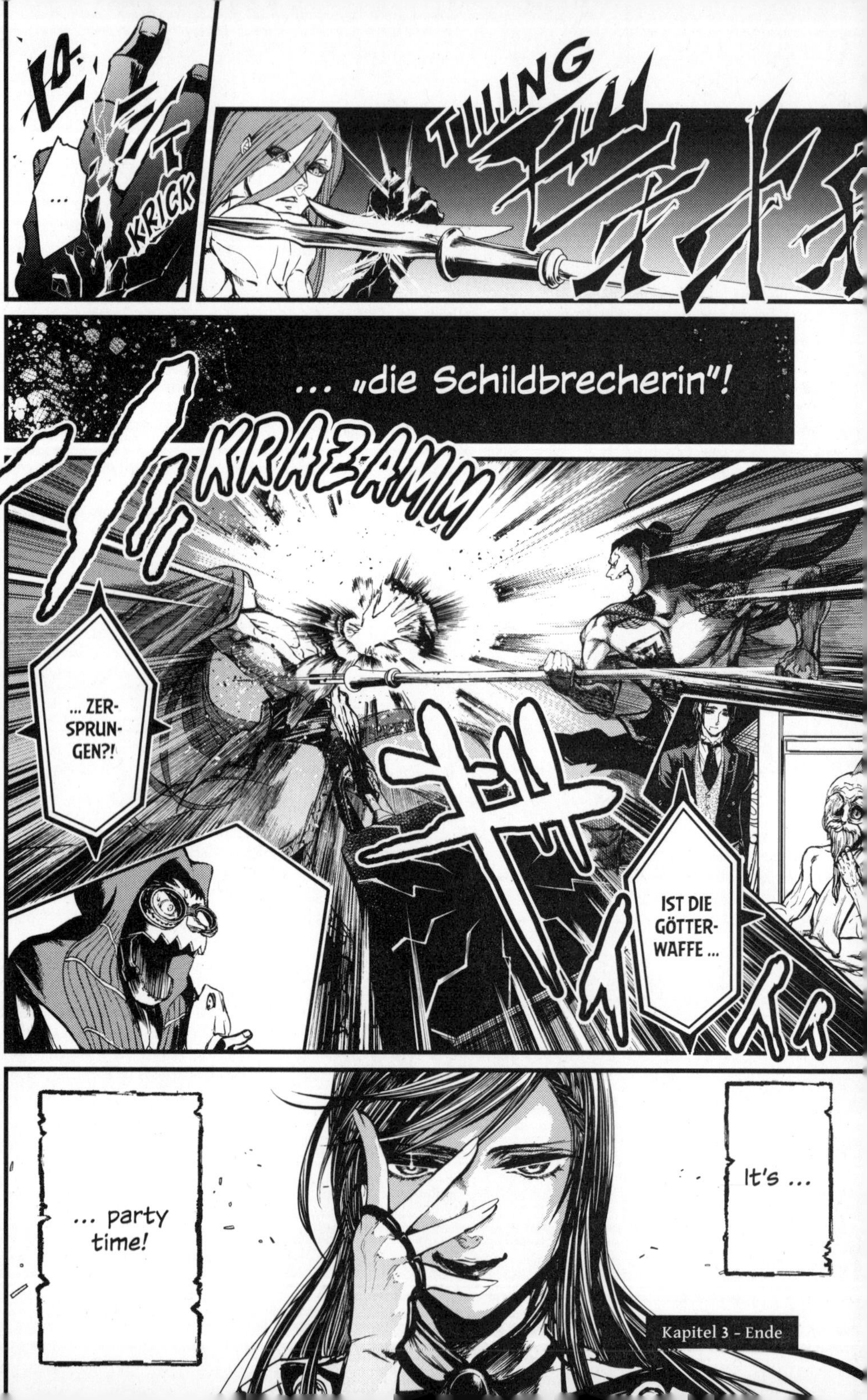
KRICK
...
TIIING
... „die Schildbrecherin"!
KRAZAMM
... ZER-SPRUN-GEN?!
IST DIE GÖTTER-WAFFE ...
It's ...
... party time!
Kapitel 3 - Ende

RECORD OF RAGNAROK

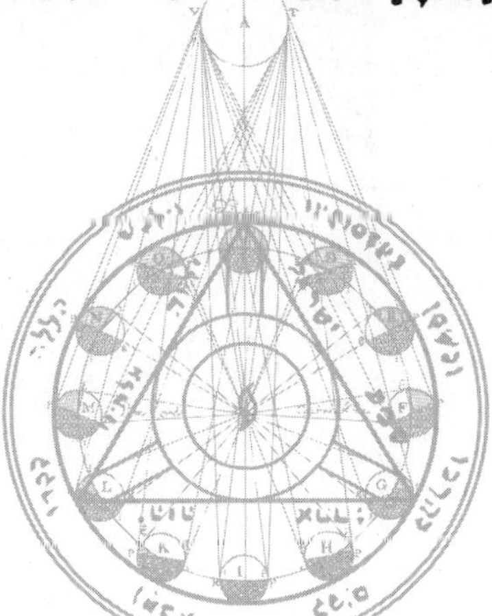

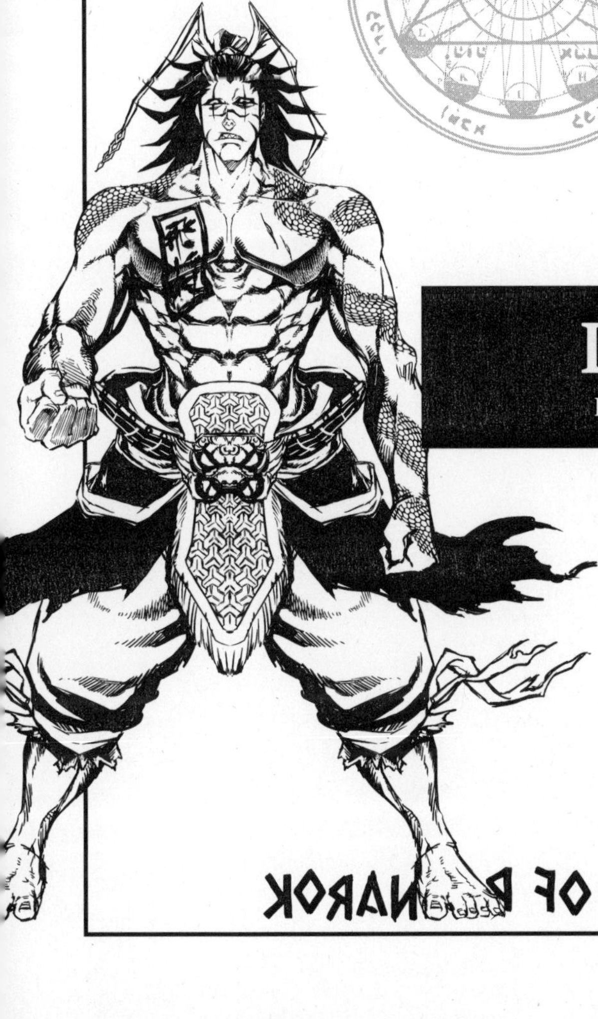

Lü Bu

Frühe Skizze

RECORD OF

RAGNAROK

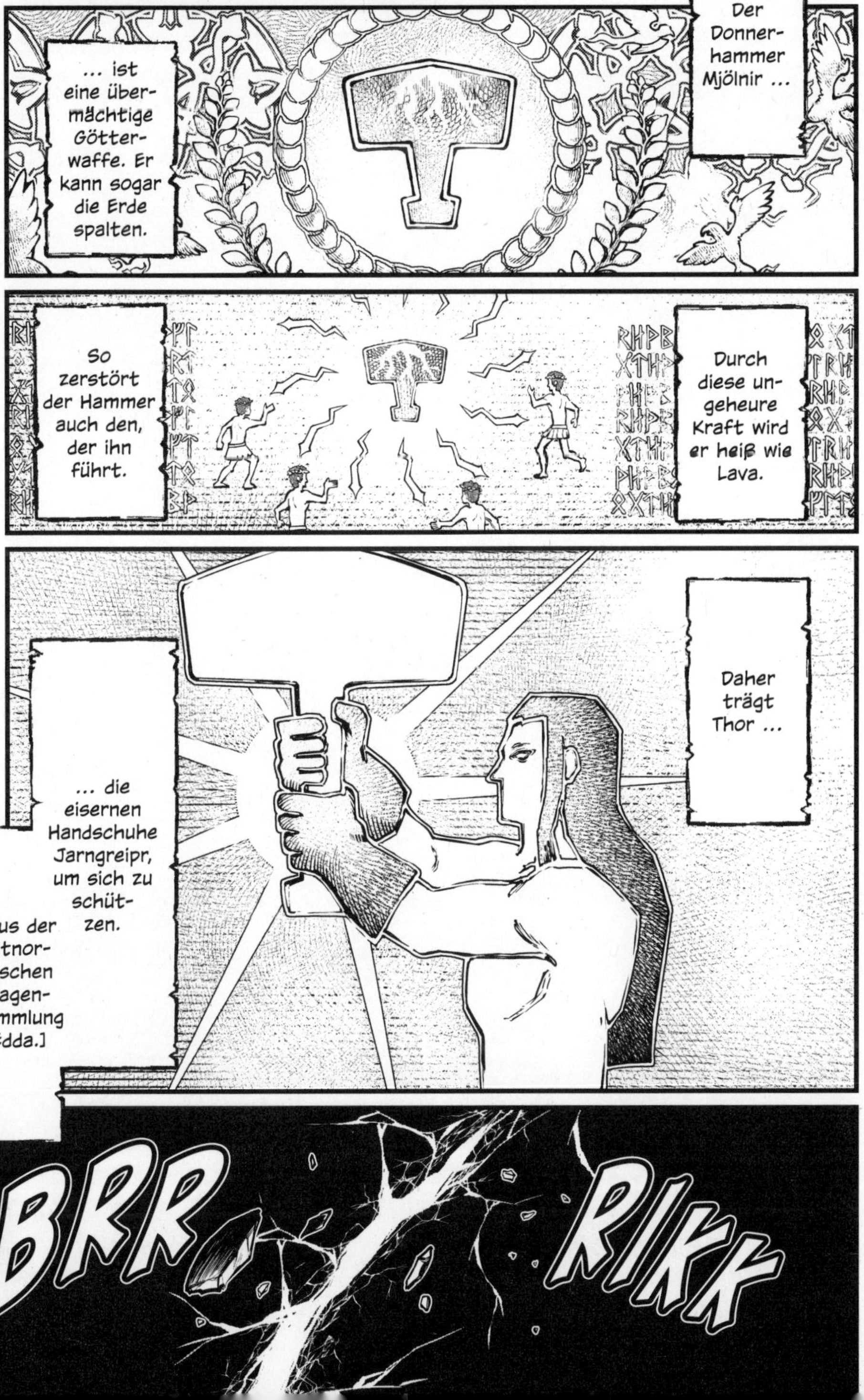
Der Donnerhammer Mjölnir …
… ist eine übermächtige Götterwaffe. Er kann sogar die Erde spalten.
Durch diese ungeheure Kraft wird er heiß wie Lava.
So zerstört der Hammer auch den, der ihn führt.
Daher trägt Thor …
… die eisernen Handschuhe Jarngreipr, um sich zu schützen.
[Aus der altnordischen Sagensammlung Edda.]
BRRRIKK

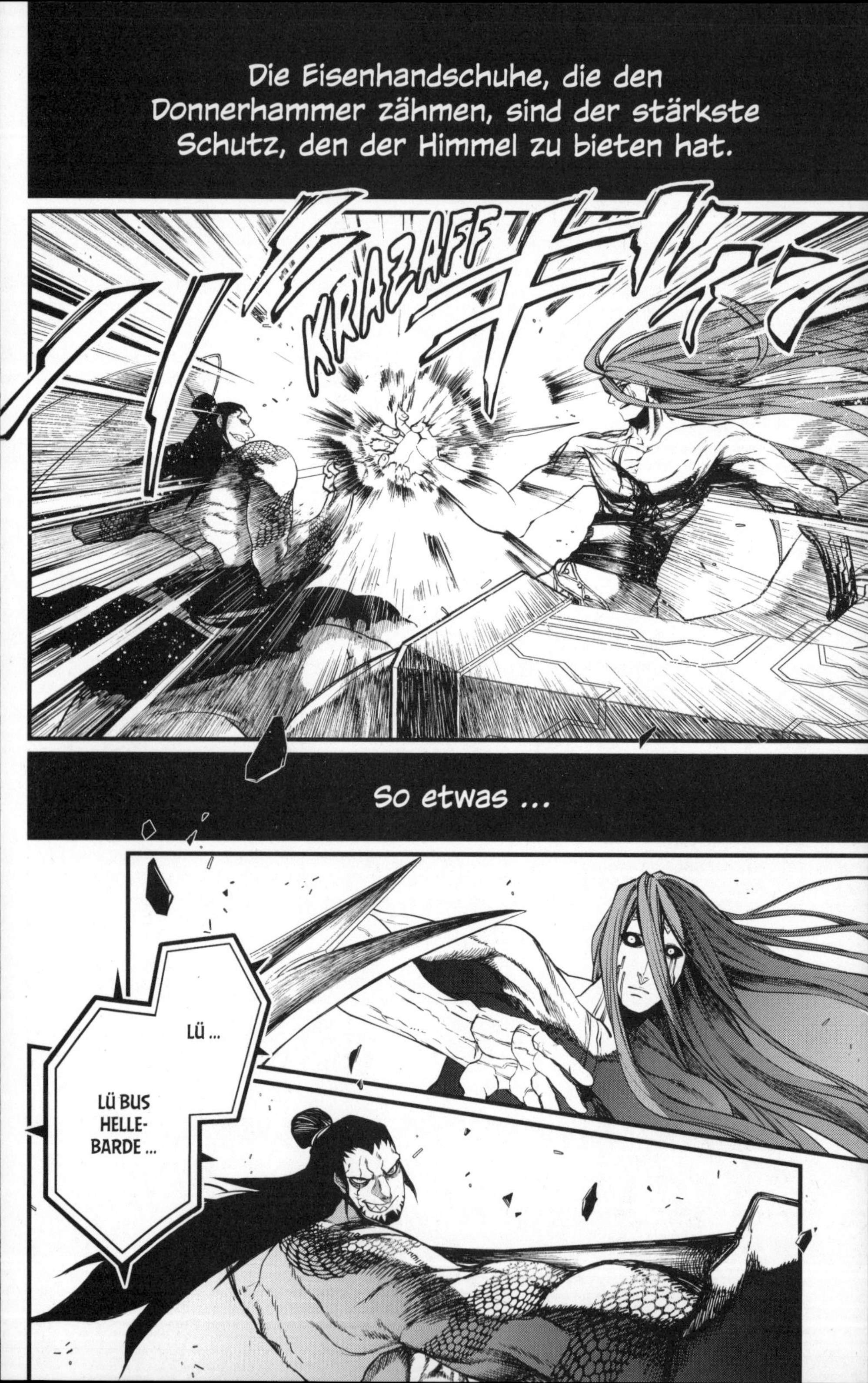
Die Eisenhandschuhe, die den Donnerhammer zähmen, sind der stärkste Schutz, den der Himmel zu bieten hat.
KRAZAFF
So etwas ...
LÜ ...
LÜ BUS HELLE-BARDE ...

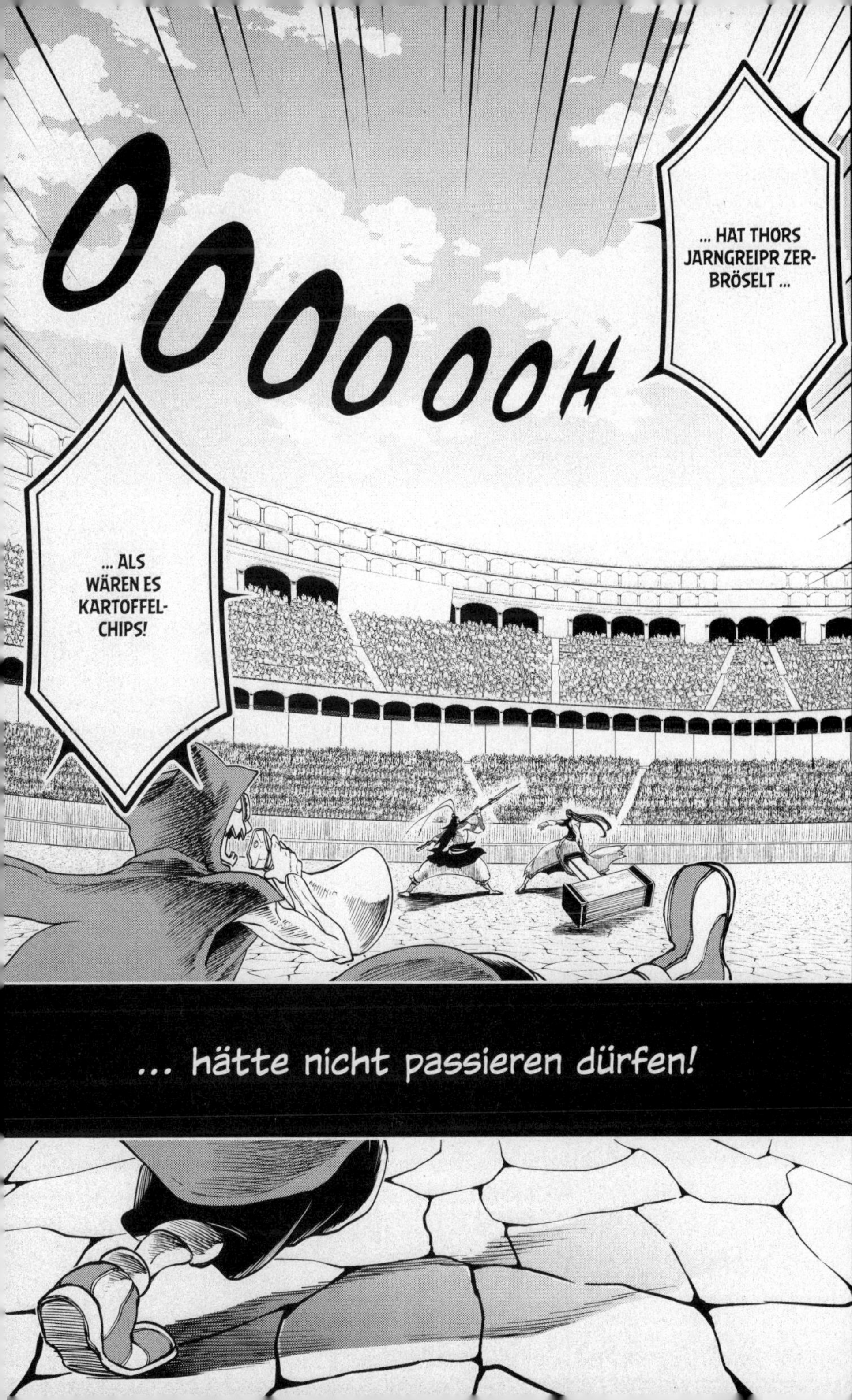
OOOOOOOH
... HAT THORS JARNGREIPR ZERBRÖSELT ...
... ALS WÄREN ES KARTOFFELCHIPS!
... hätte nicht passieren dürfen!

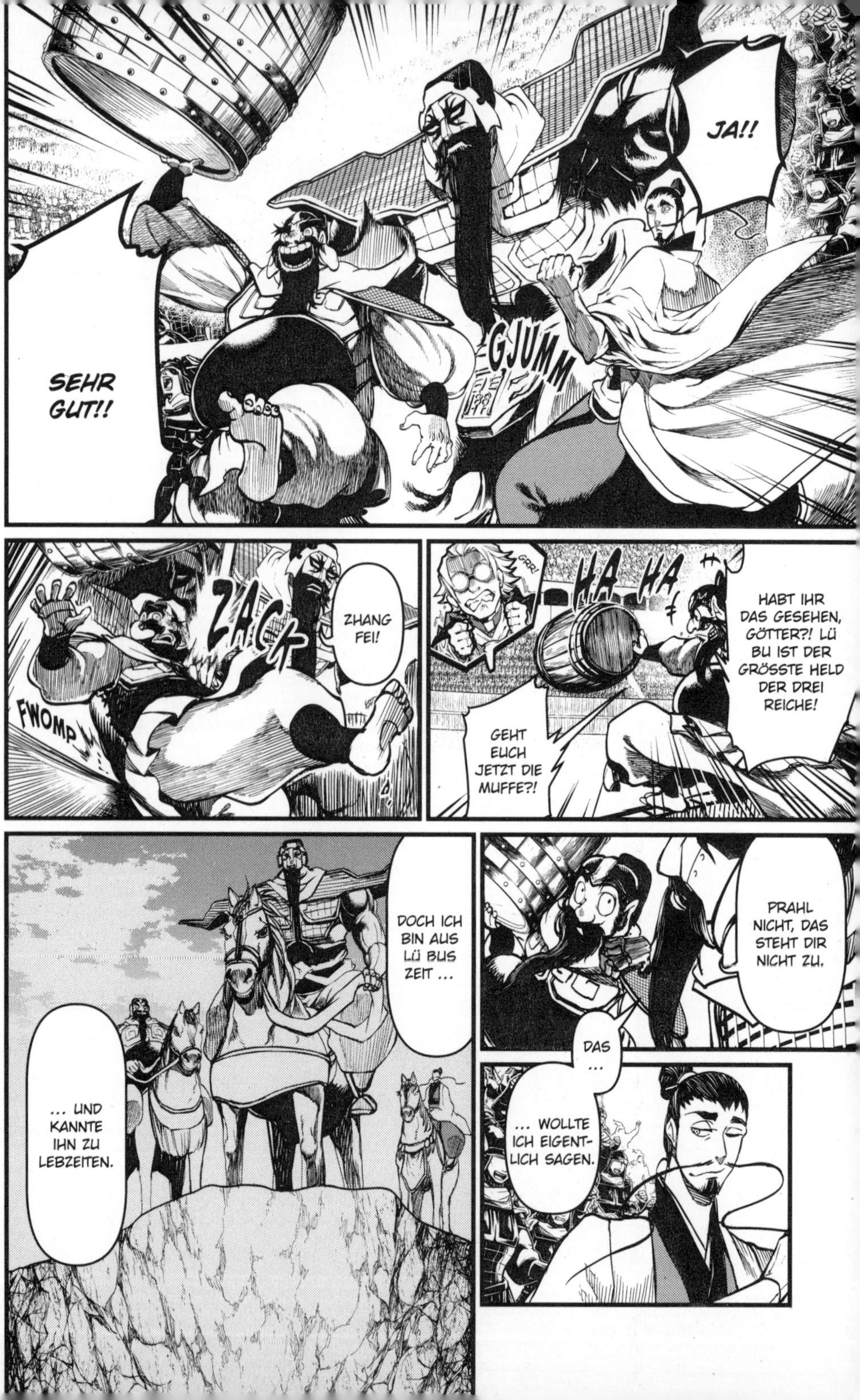
JA!!
GJUMM
SEHR GUT!!
HA HA
GRR!
HABT IHR DAS GESEHEN, GÖTTER?! LÜ BU IST DER GRÖSSTE HELD DER DREI REICHE!
GEHT EUCH JETZT DIE MUFFE?!
ZACK
ZHANG FEI!
FWOMP
PRAHL NICHT, DAS STEHT DIR NICHT ZU.
DOCH ICH BIN AUS LÜ BUS ZEIT …
… UND KANNTE IHN ZU LEBZEITEN.
DAS …
… WOLLTE ICH EIGENT-LICH SAGEN.

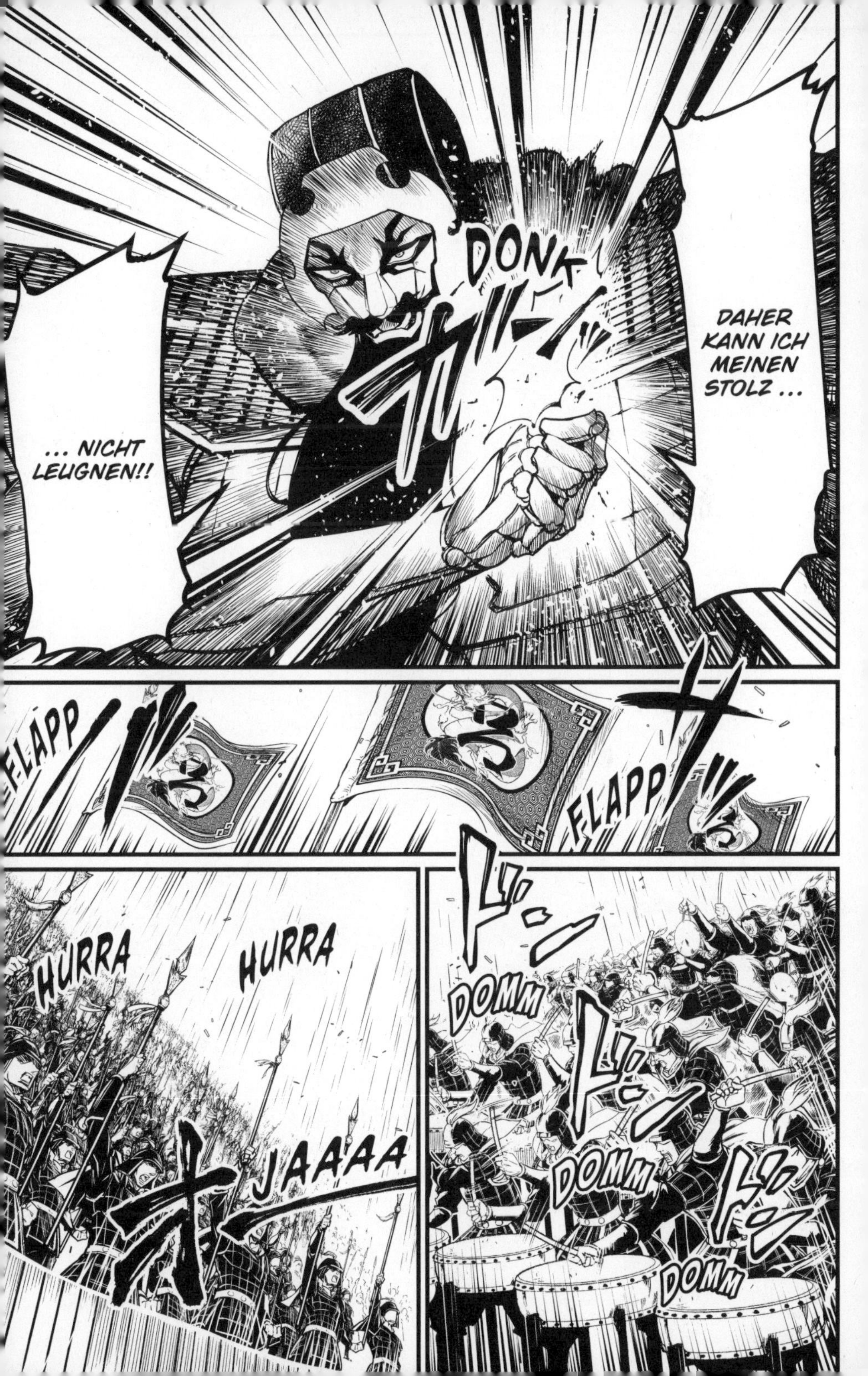
DAHER KANN ICH MEINEN STOLZ ...
DONK
... NICHT LEUGNEN!!
FLAPP
FLAPP
DOMM
DOMM
DOMM
HURRA
HURRA
JAAAA

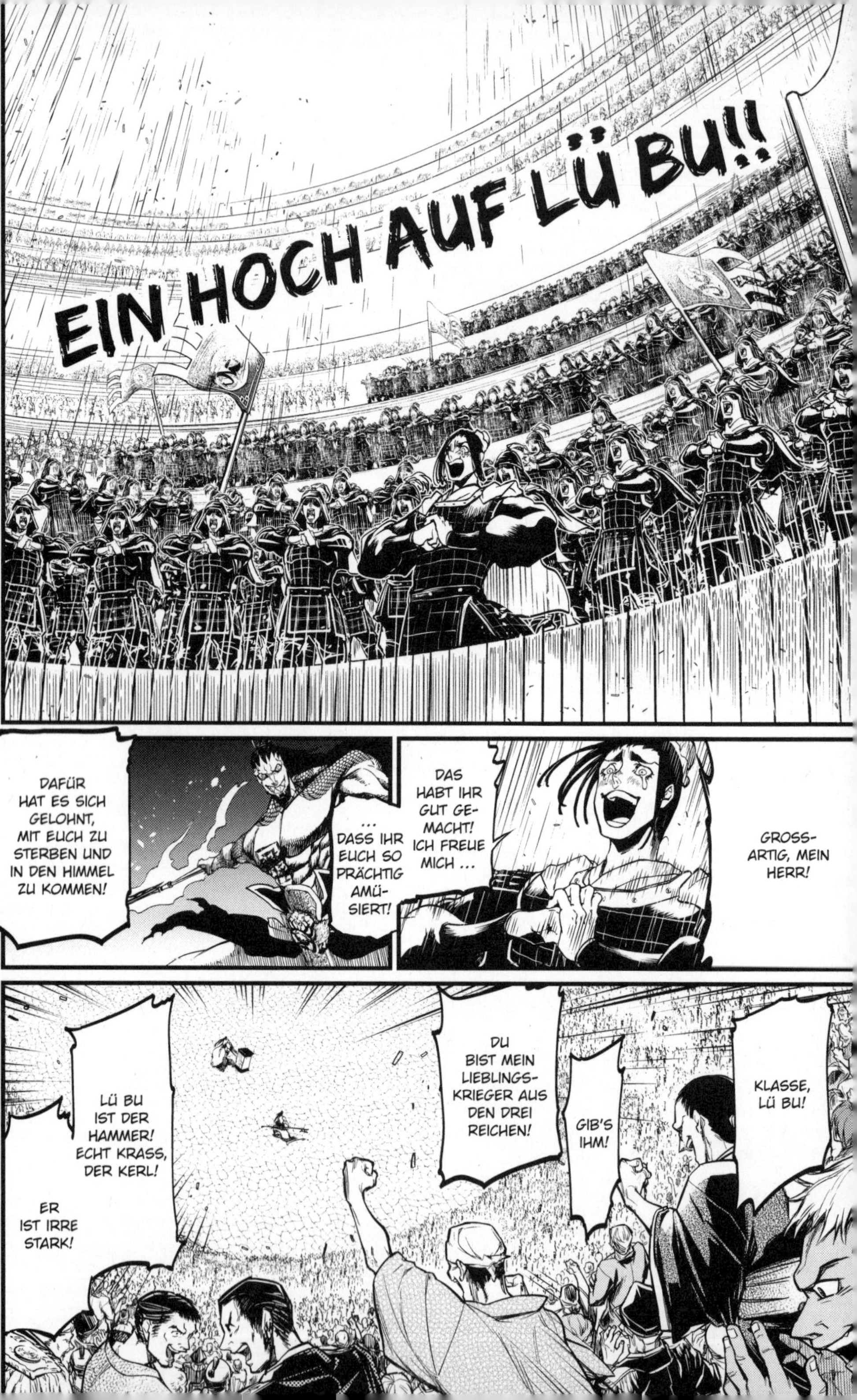
EIN HOCH AUF LÜ BU!!
GROSS-ARTIG, MEIN HERR!
DAS HABT IHR GUT GE-MACHT! ICH FREUE MICH ...
... DASS IHR EUCH SO PRÄCHTIG AMÜ-SIERT!
DAFÜR HAT ES SICH GELOHNT, MIT EUCH ZU STERBEN UND IN DEN HIMMEL ZU KOMMEN!
KLASSE, LÜ BU!
GIB'S IHM!
DU BIST MEIN LIEBLINGS-KRIEGER AUS DEN DREI REICHEN!
LÜ BU IST DER HAMMER! ECHT KRASS, DER KERL!
ER IST IRRE STARK!

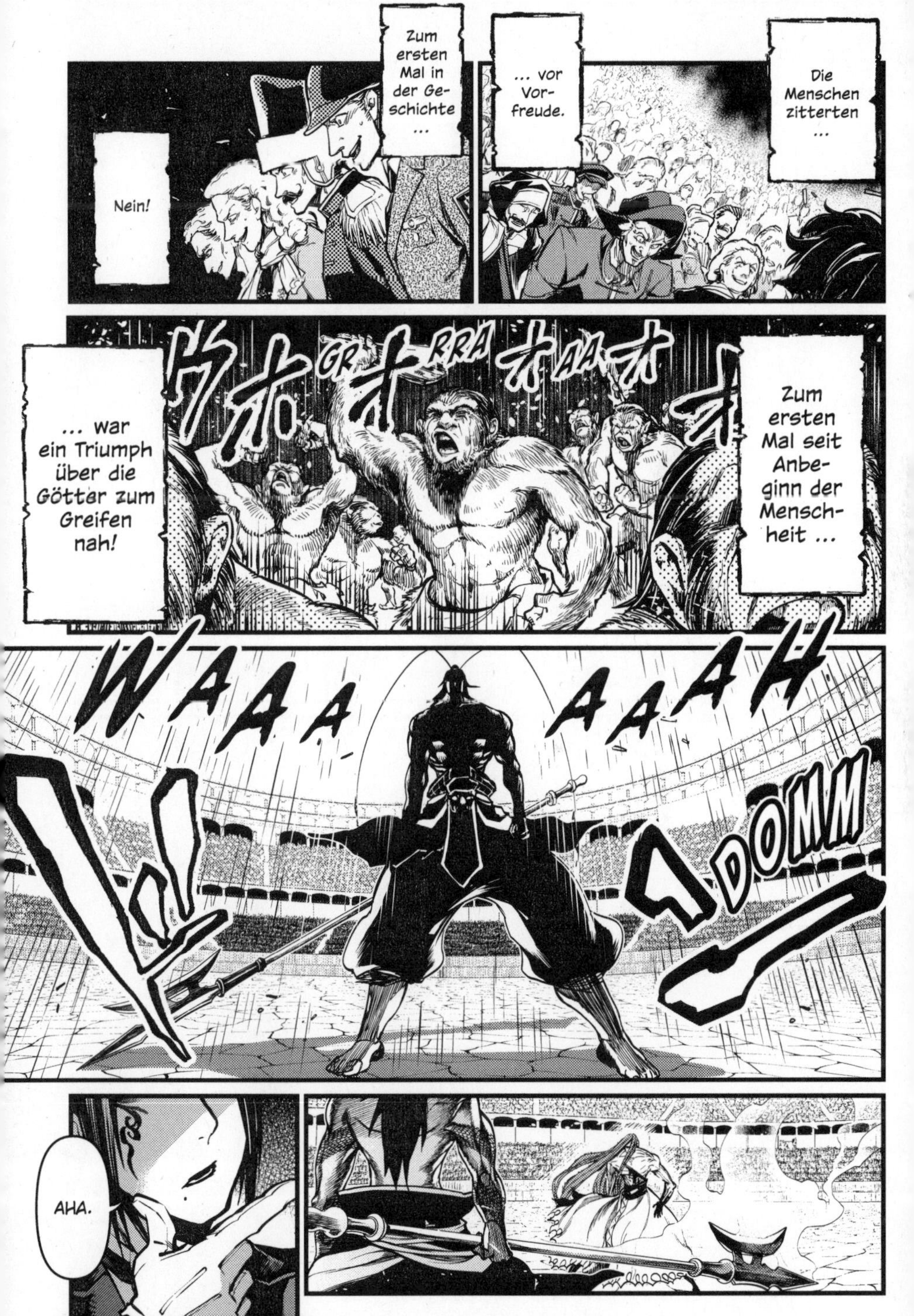
Die Menschen zitterten ...
... vor Vorfreude.
Zum ersten Mal in der Geschichte ...
Nein!
Zum ersten Mal seit Anbeginn der Menschheit ...
GR RRA AA
... war ein Triumph über die Götter zum Greifen nah!
WAAAA AAAH
DOMM
AHA.

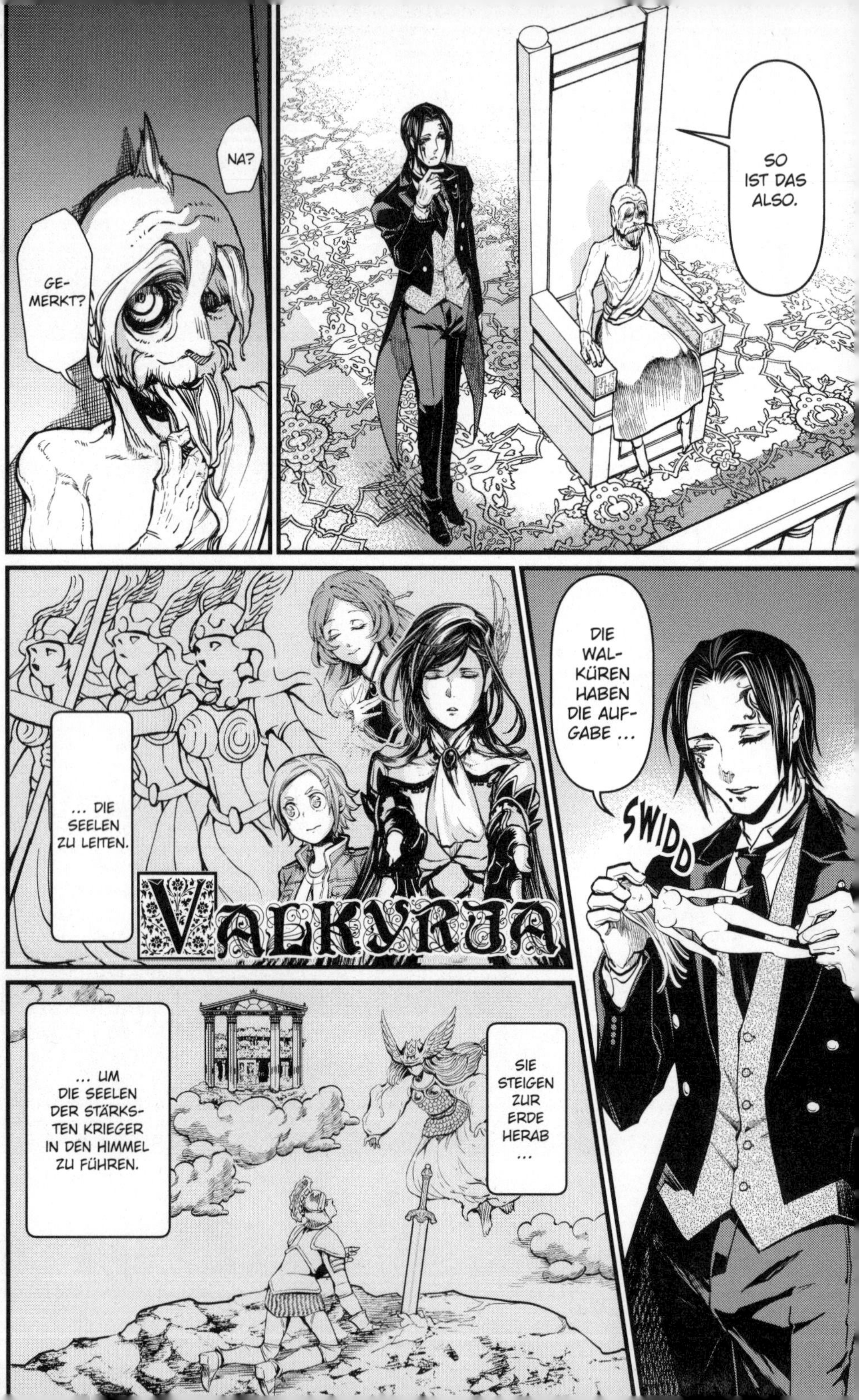
SO IST DAS ALSO.
NA?
GE-MERKT?
DIE WAL-KÜREN HABEN DIE AUF-GABE …
SWIDD
… DIE SEELEN ZU LEITEN.
VALKYRJA
SIE STEIGEN ZUR ERDE HERAB …
… UM DIE SEELEN DER STÄRKS-TEN KRIEGER IN DEN HIMMEL ZU FÜHREN.

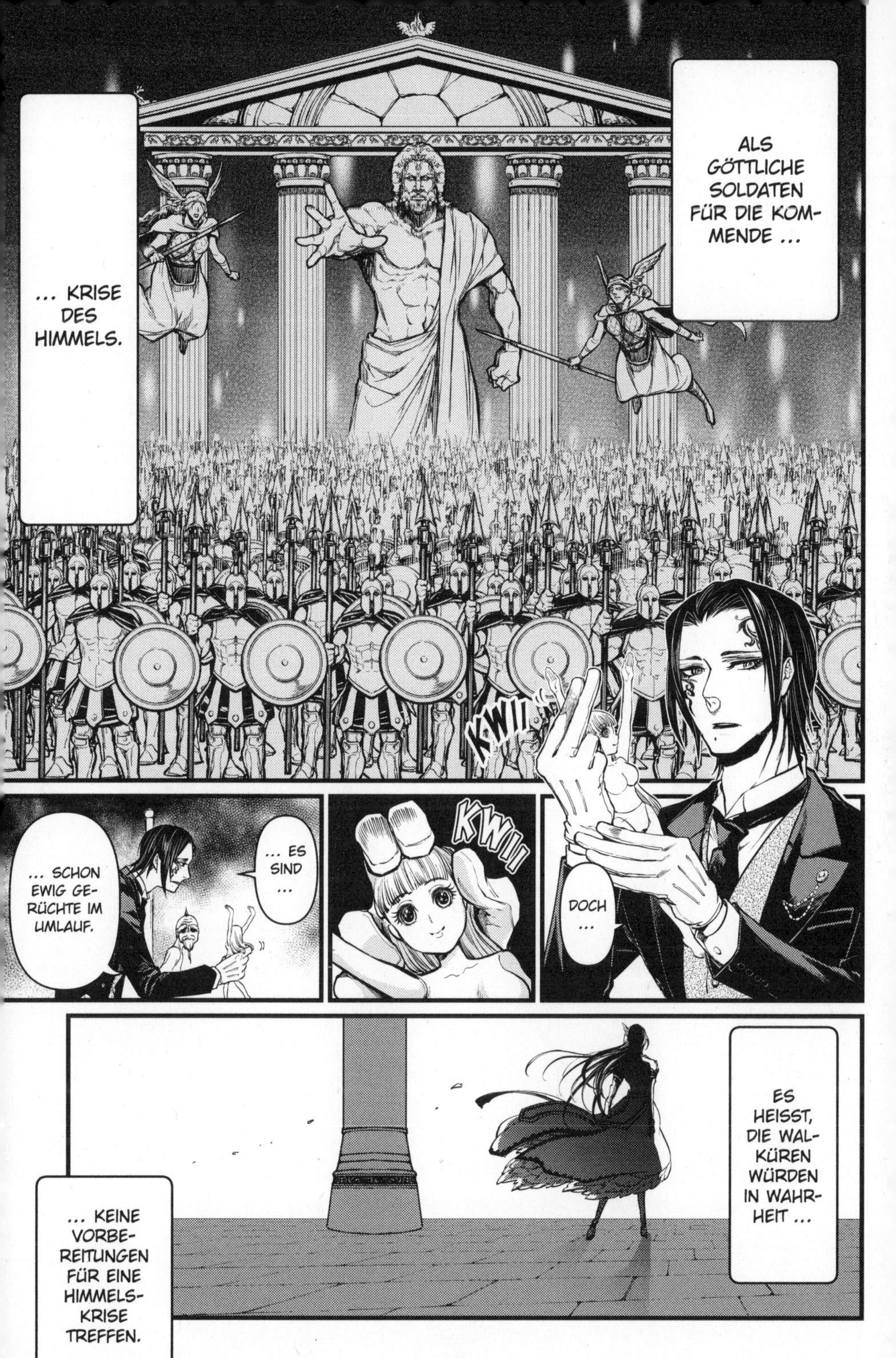
ALS GÖTTLICHE SOLDATEN FÜR DIE KOMMENDE …
… KRISE DES HIMMELS.
KWII
DOCH …
KWII
… ES SIND …
… SCHON EWIG GERÜCHTE IM UMLAUF.
ES HEISST, DIE WALKÜREN WÜRDEN IN WAHRHEIT …
… KEINE VORBEREITUNGEN FÜR EINE HIMMELSKRISE TREFFEN.

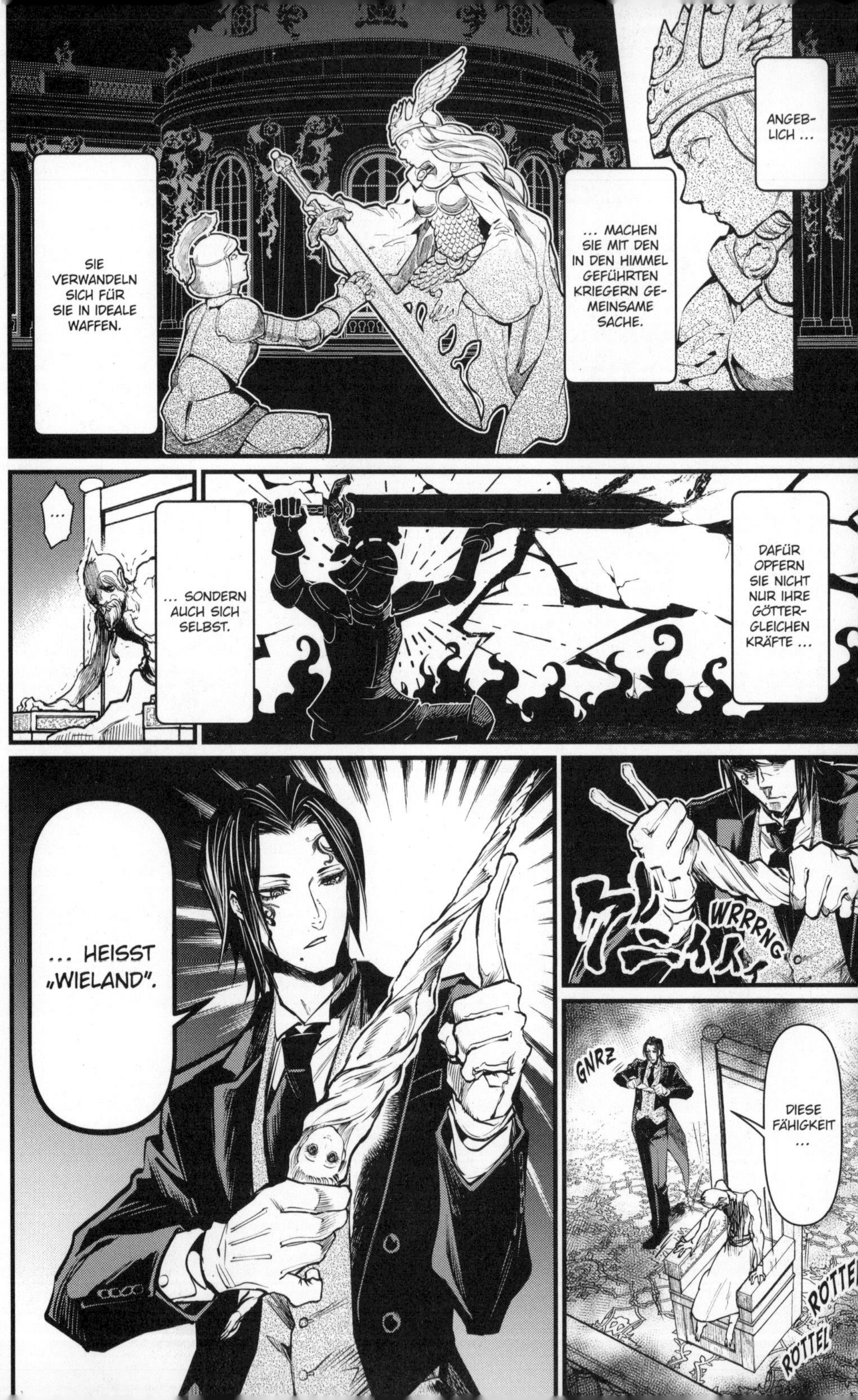
ANGEB-
LICH …
… MACHEN
SIE MIT DEN
IN DEN HIMMEL
GEFÜHRTEN
KRIEGERN GE-
MEINSAME
SACHE.
SIE
VERWANDELN
SICH FÜR
SIE IN IDEALE
WAFFEN.
DAFÜR
OPFERN
SIE NICHT
NUR IHRE
GÖTTER-
GLEICHEN
KRÄFTE …
… SONDERN
AUCH SICH
SELBST.
…
WRRRNG
DIESE
FÄHIGKEIT
…
GNRZ
RÖTTEL
RÖTTEL
… HEISST
„WIELAND“.

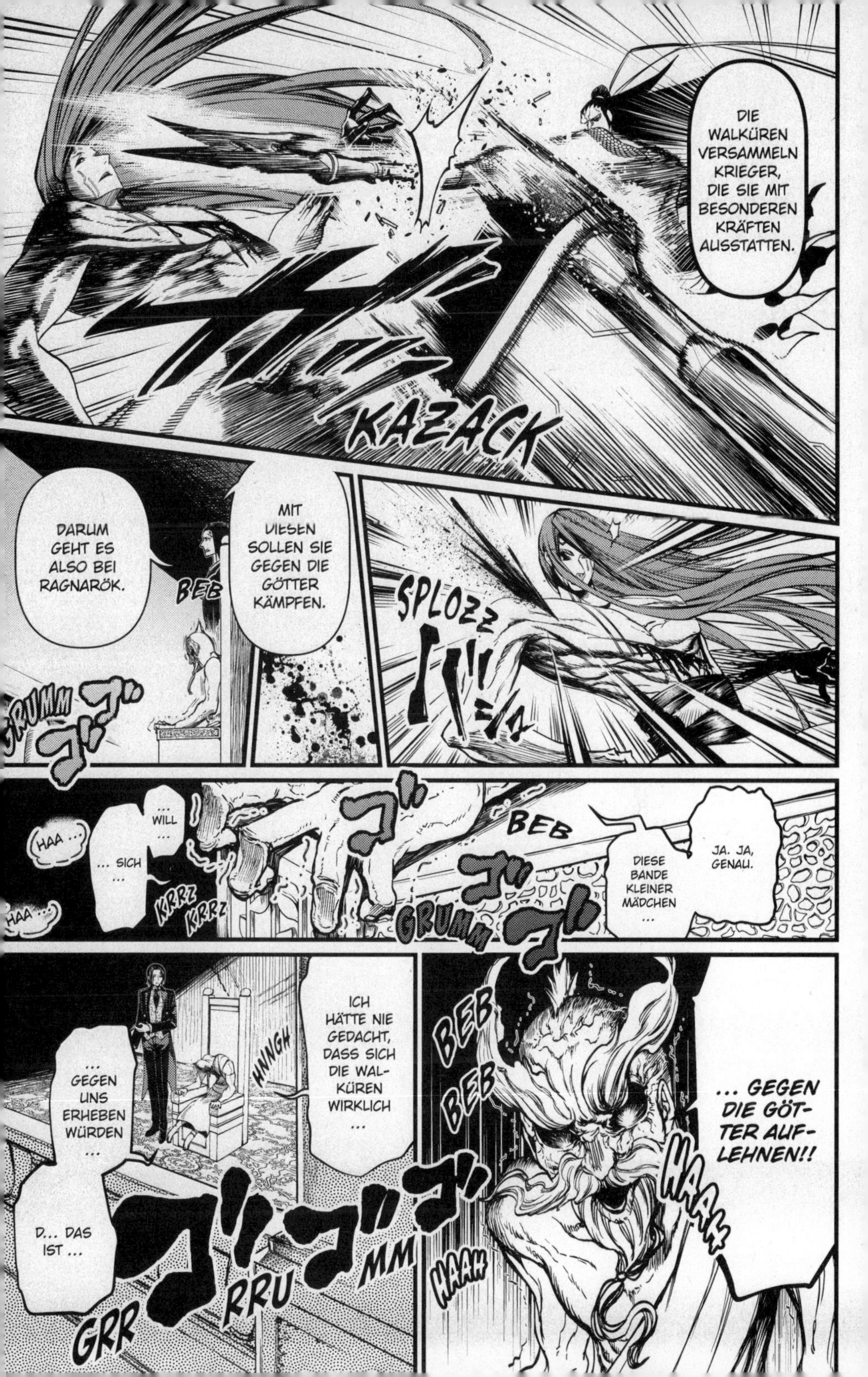
DIE WALKÜREN VERSAMMELN KRIEGER, DIE SIE MIT BESONDEREN KRÄFTEN AUSSTATTEN.
KAZACK
SPLOZZ
MIT DIESEN SOLLEN SIE GEGEN DIE GÖTTER KÄMPFEN.
DARUM GEHT ES ALSO BEI RAGNARÖK.
BEB
GRUMM
JA, JA, GENAU.
DIESE BANDE KLEINER MÄDCHEN …
BEB
GRUMM
… WILL …
… SICH …
KRRZ KRRZ
HAA …
HAA …
… GEGEN DIE GÖTTER AUFLEHNEN!!
BEB BEB
HAAH
HAAH
ICH HÄTTE NIE GEDACHT, DASS SICH DIE WALKÜREN WIRKLICH …
HNNGH
… GEGEN UNS ERHEBEN WÜRDEN …
D… DAS IST …
GRR RRU MM

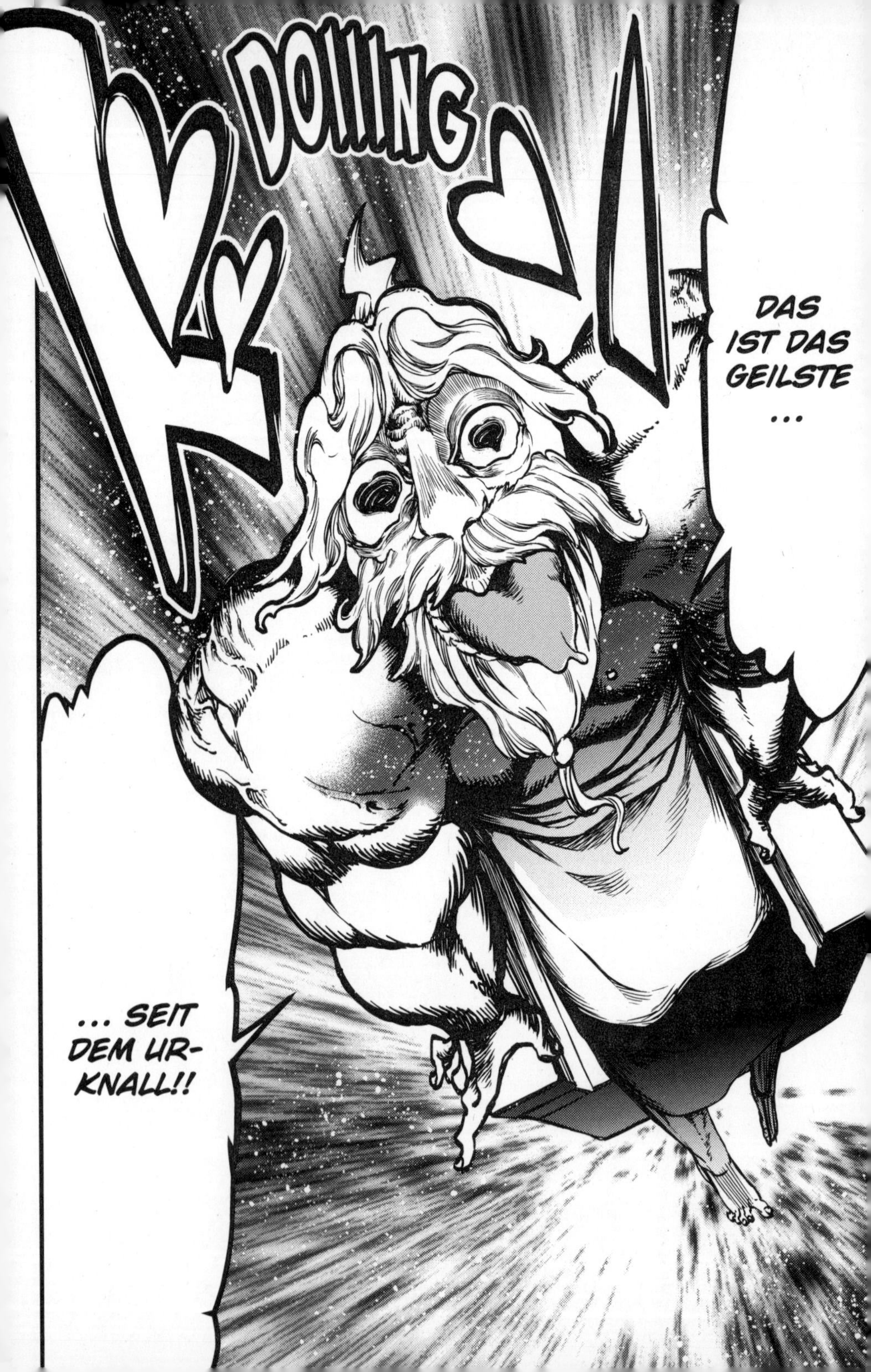
DOIIING
DAS IST DAS GEILSTE …
… SEIT DEM UR-KNALL!!

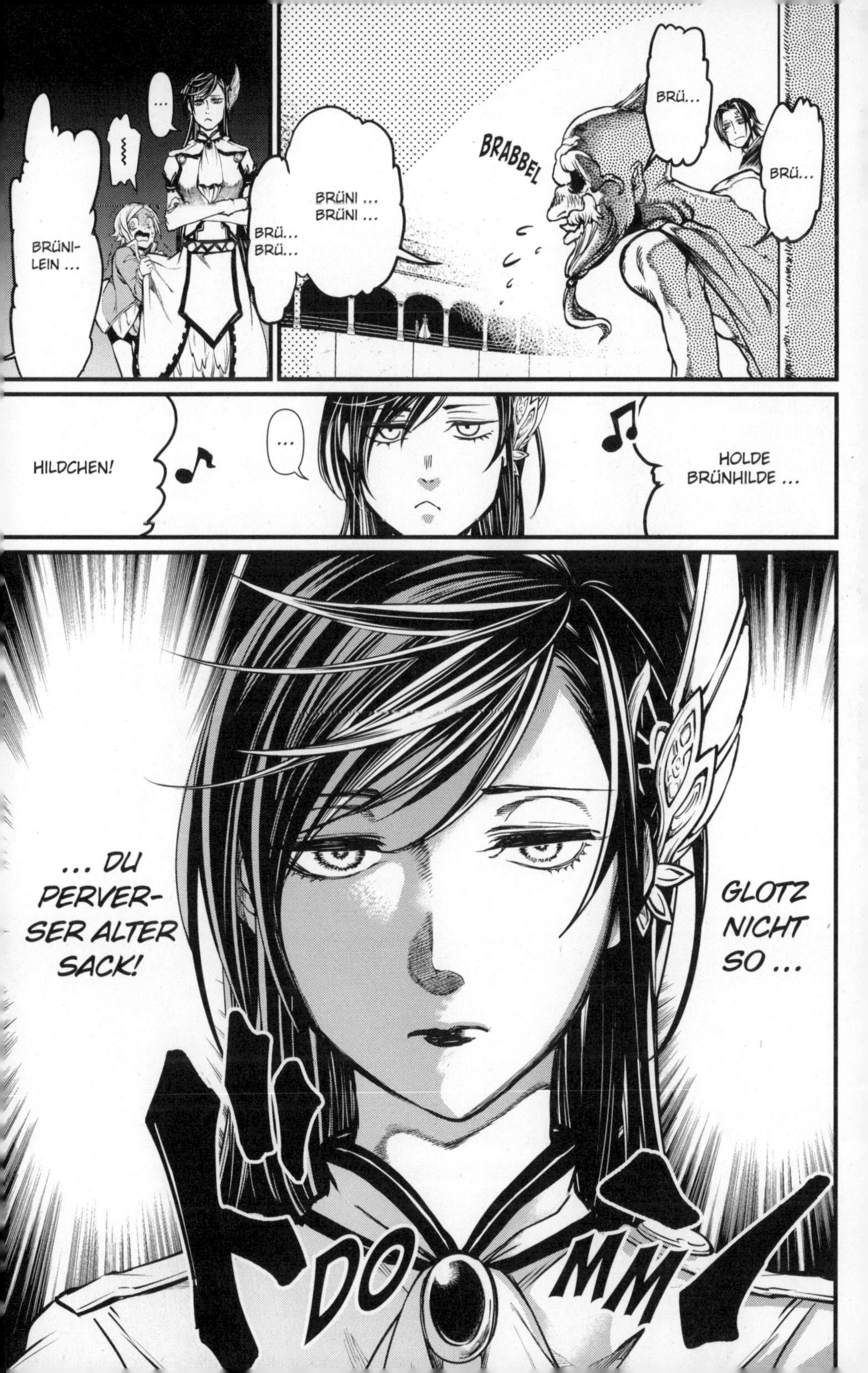

BRÜ…
BRÜ…
BRABBEL
BRÜNI … BRÜNI …
BRÜ… BRÜ…
…
…
BRÜNI-LEIN …
HOLDE BRÜNHILDE …
…
HILDCHEN!
GLOTZ NICHT SO …
… DU PERVER-SER ALTER SACK!
DOMM

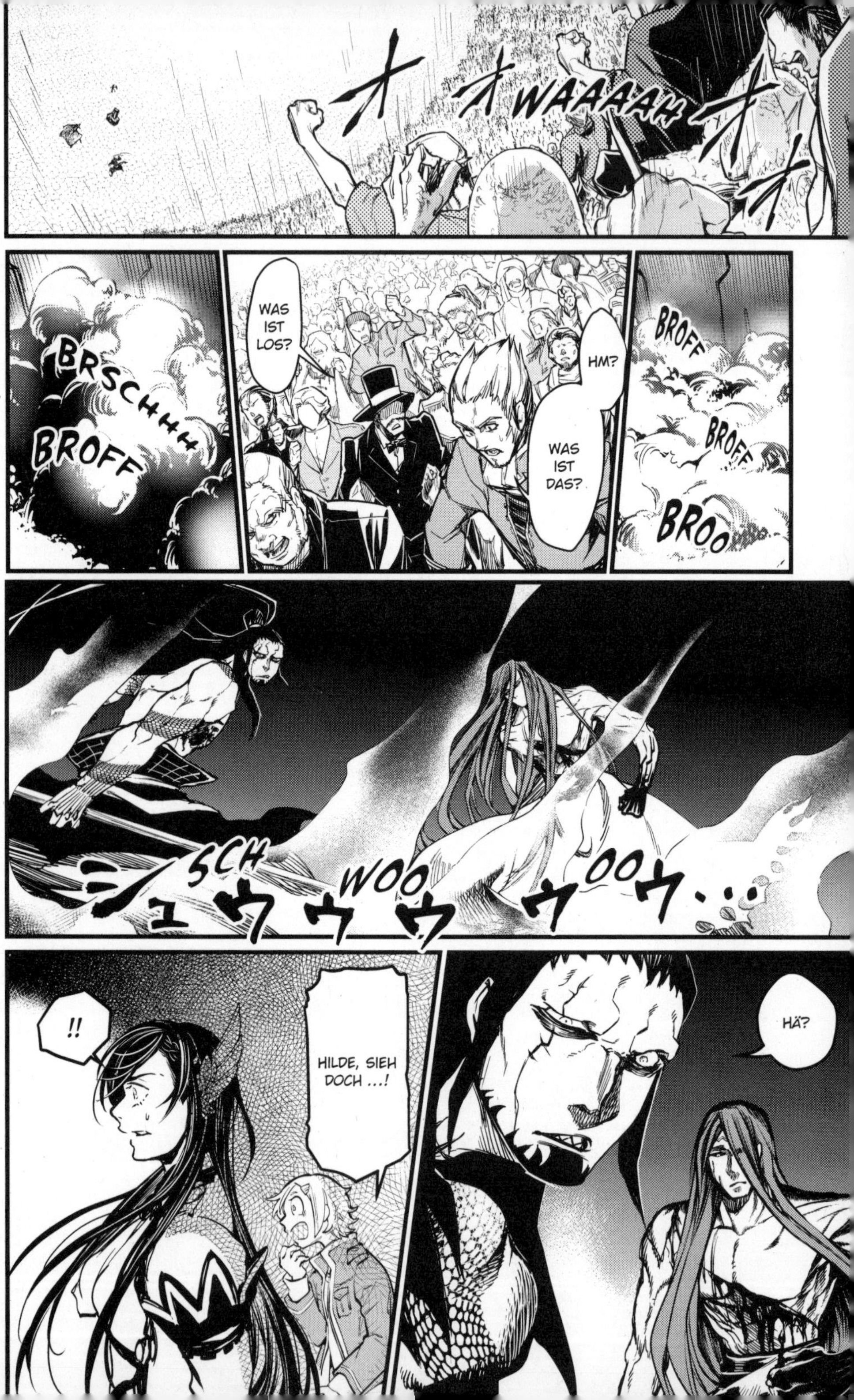
WAAAAH
BROFF
BROFF
BROO
HM?
WAS IST DAS?
WAS IST LOS?
BRSCHHH
BROFF
SCH
WOO
OOO
HÄ?
HILDE, SIEH DOCH ...!
!!

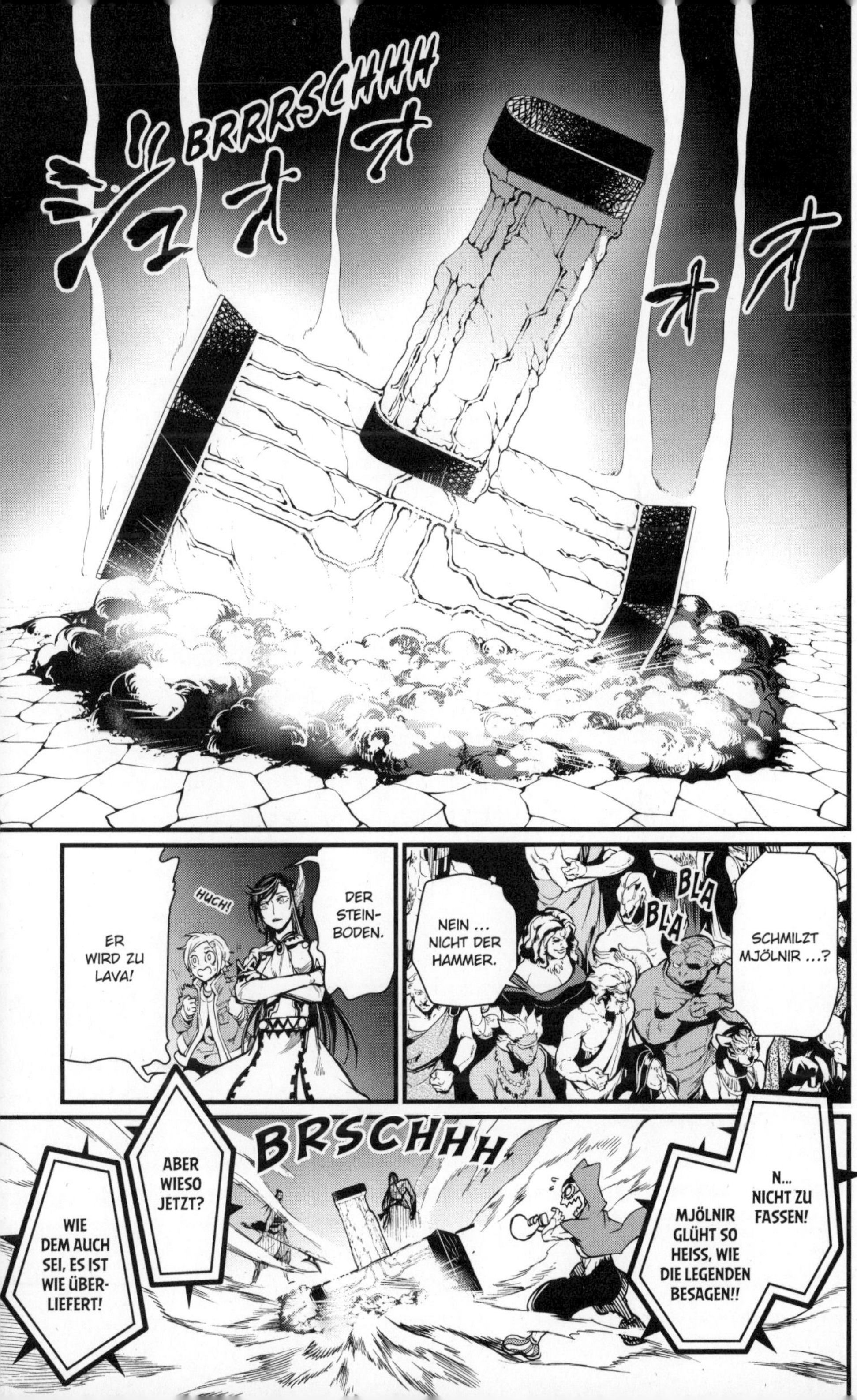
BRRRSCHHH
SCHMILZT MJÖLNIR …?
BLA BLA
NEIN … NICHT DER HAMMER.
DER STEIN-BODEN.
HUCH!
ER WIRD ZU LAVA!
N... NICHT ZU FASSEN!
MJÖLNIR GLÜHT SO HEISS, WIE DIE LEGENDEN BESAGEN!!
BRSCHHH
ABER WIESO JETZT?
WIE DEM AUCH SEI, ES IST WIE ÜBER-LIEFERT!

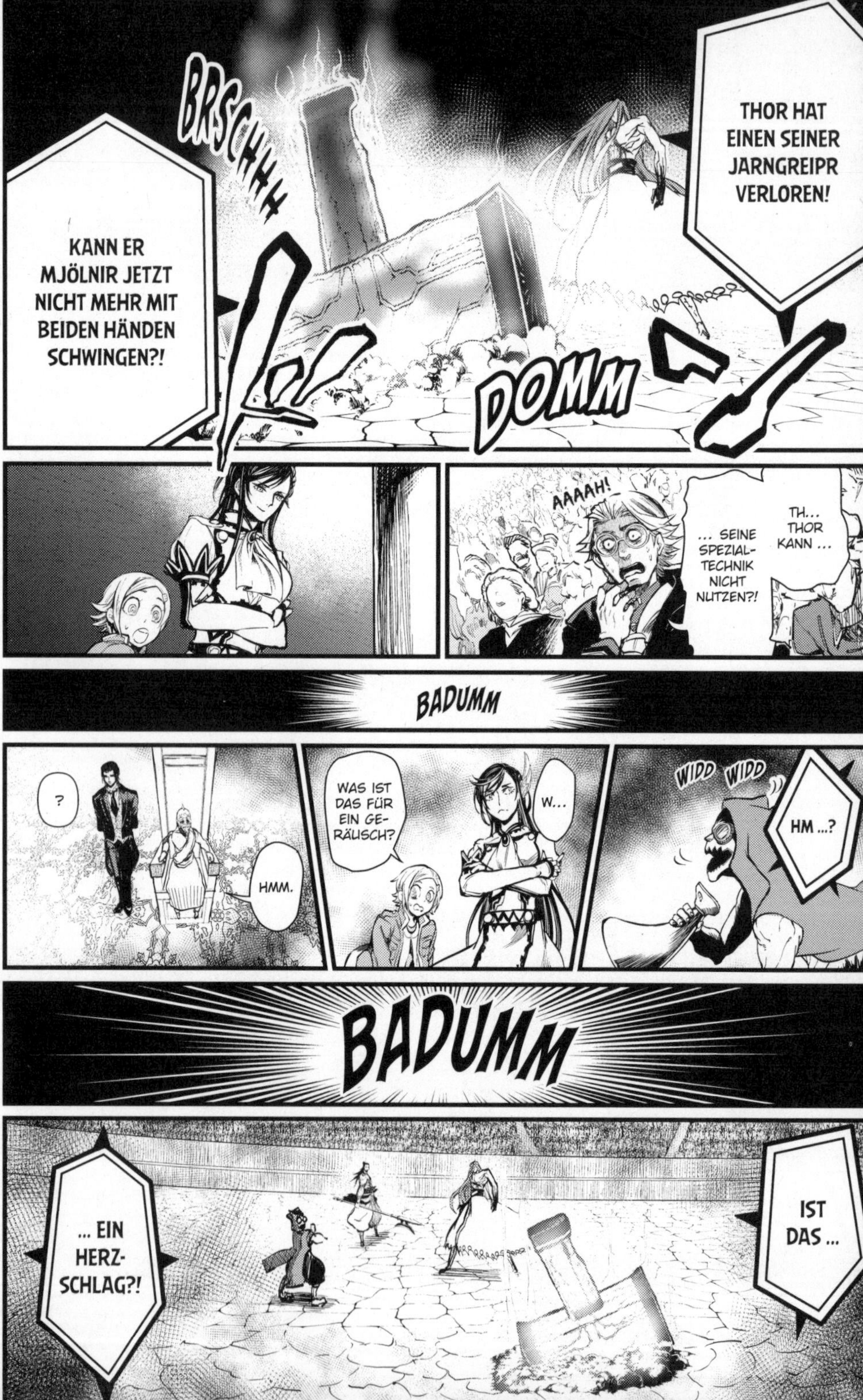

THOR HAT EINEN SEINER JARNGREIPR VERLOREN!
BRSCHHH
KANN ER MJÖLNIR JETZT NICHT MEHR MIT BEIDEN HÄNDEN SCHWINGEN?!
DOMM
TH... THOR KANN ...
... SEINE SPEZIALTECHNIK NICHT NUTZEN?!
AAAAH!
BADUMM
WIDD WIDD
HM ...?
W...
WAS IST DAS FÜR EIN GERÄUSCH?
?
HMM.
BADUMM
IST DAS ...
... EIN HERZSCHLAG?!

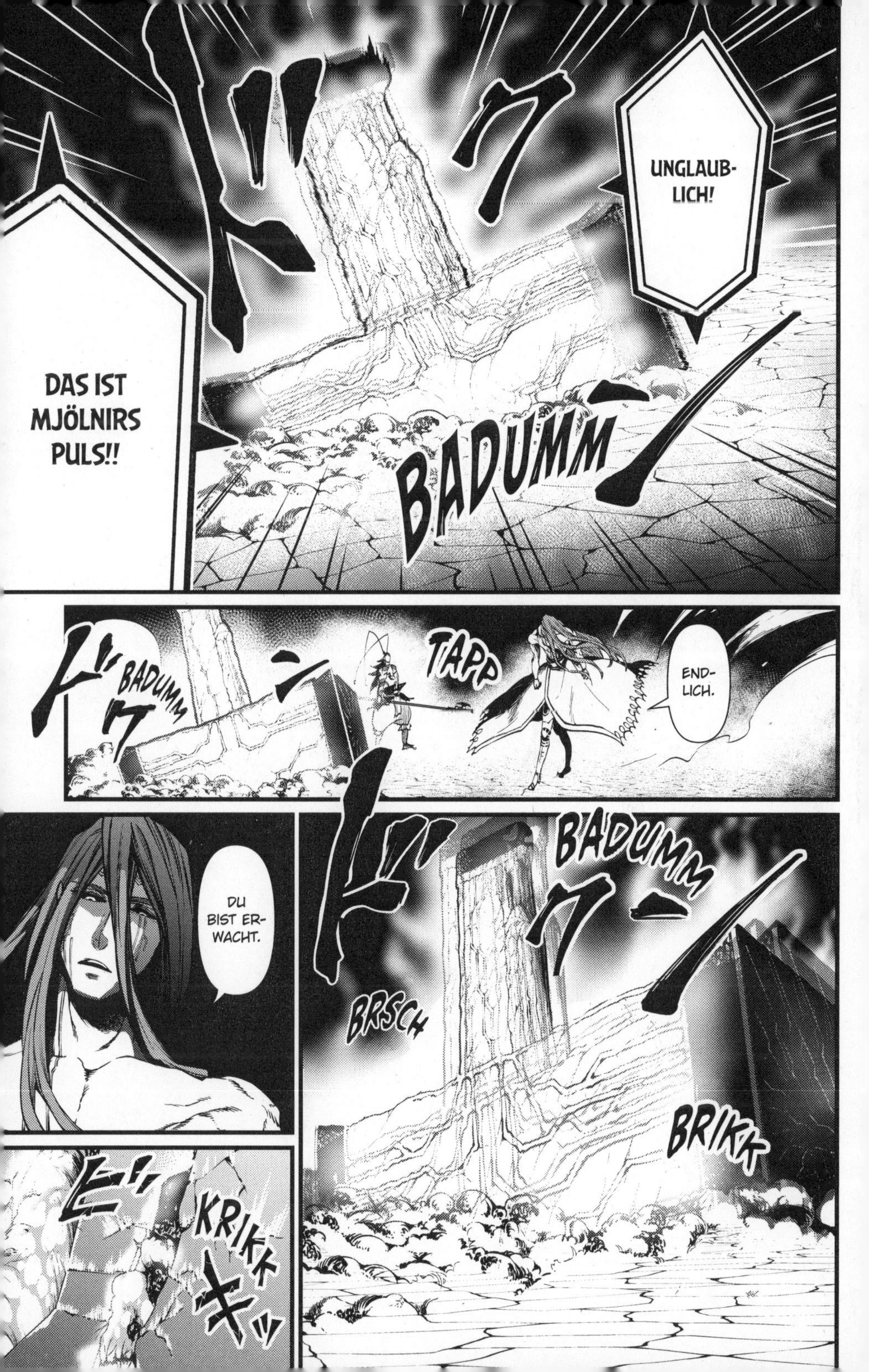
UNGLAUB-
LICH!
DAS IST
MJÖLNIRS
PULS!!
BADUMM
END-
LICH.
TAPP
BADUMM
BADUMM
BRIKK
BRSCH
DU
BIST ER-
WACHT.
KRIKK

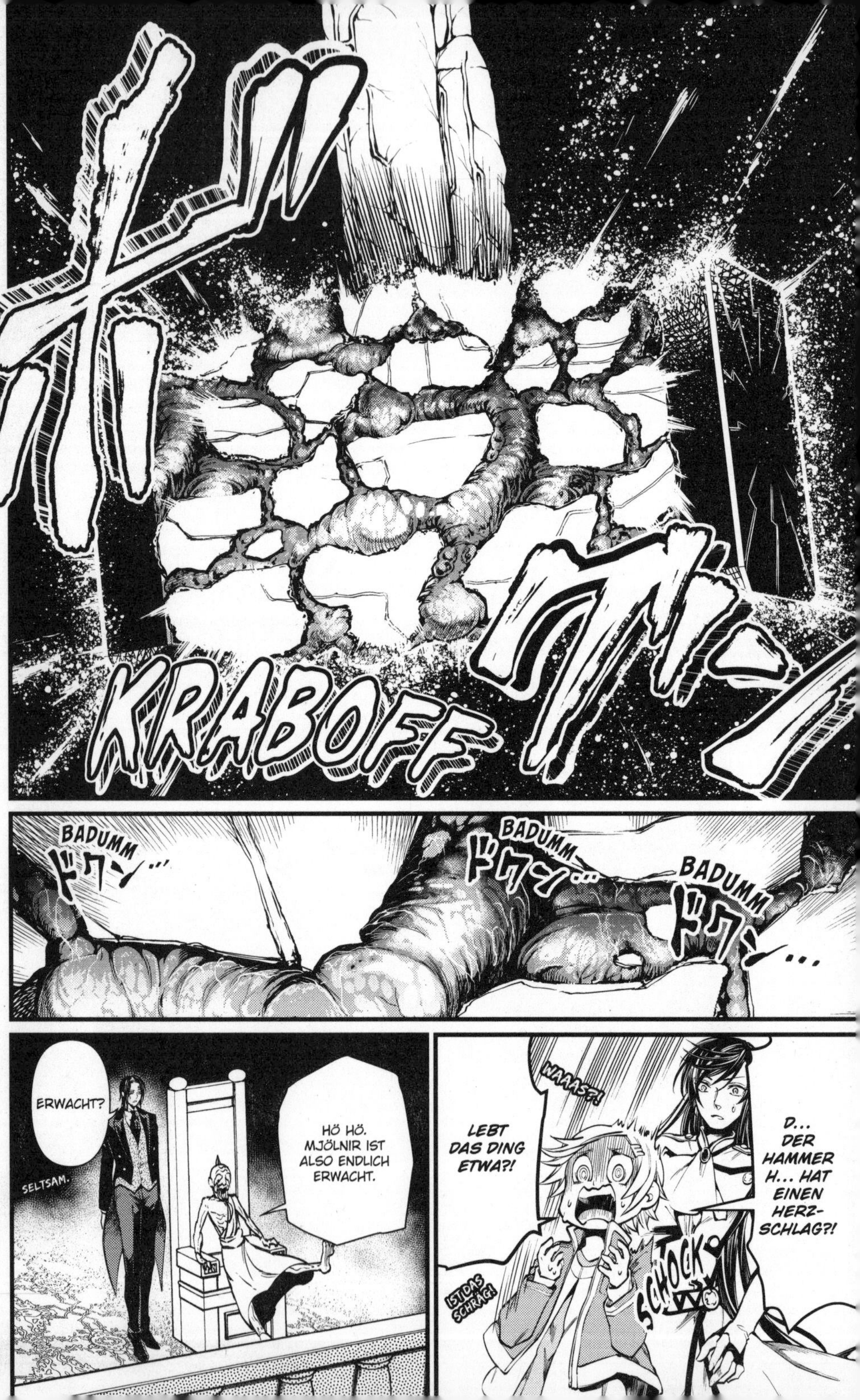
KRABOFF
BADUMM
BADUMM
BADUMM
WAAAS?!
LEBT DAS DING ETWA?!
D… DER HAMMER H… HAT EINEN HERZ-SCHLAG?!
SCHOCK
IST DAS SCHRÄG!
HÖ HÖ. MJÖLNIR IST ALSO ENDLICH ERWACHT.
ERWACHT?
SELTSAM.

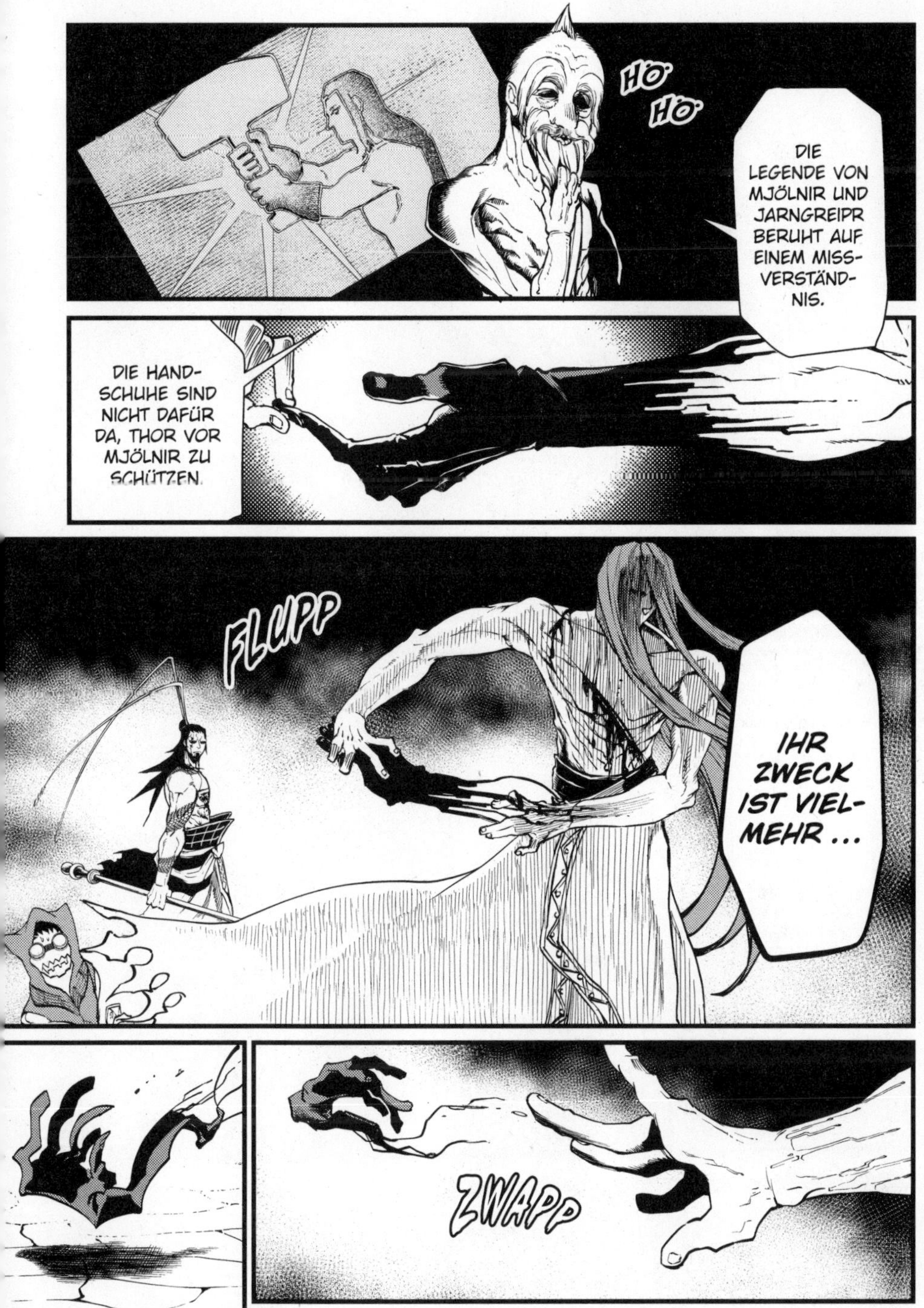
HÖ HÖ
DIE LEGENDE VON MJÖLNIR UND JARNGREIPR BERUHT AUF EINEM MISS-VERSTÄND-NIS.
DIE HAND-SCHUHE SIND NICHT DAFÜR DA, THOR VOR MJÖLNIR ZU SCHÜTZEN.
FLUPP
IHR ZWECK IST VIEL-MEHR ...
ZWAPP

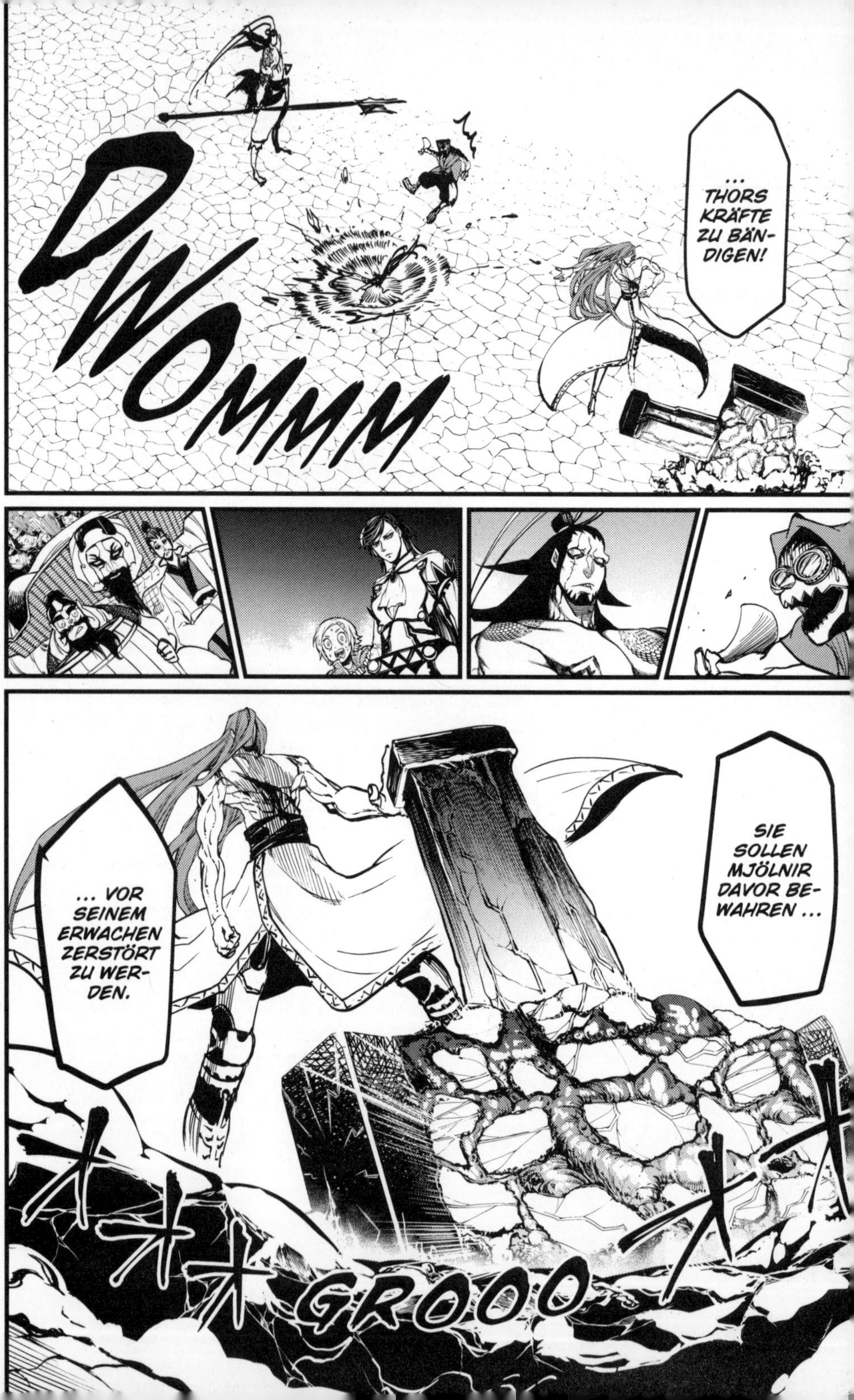
… THORS KRÄFTE ZU BÄNDIGEN!
DWOMMM
SIE SOLLEN MJÖLNIR DAVOR BEWAHREN …
… VOR SEINEM ERWACHEN ZERSTÖRT ZU WERDEN.
GROOO

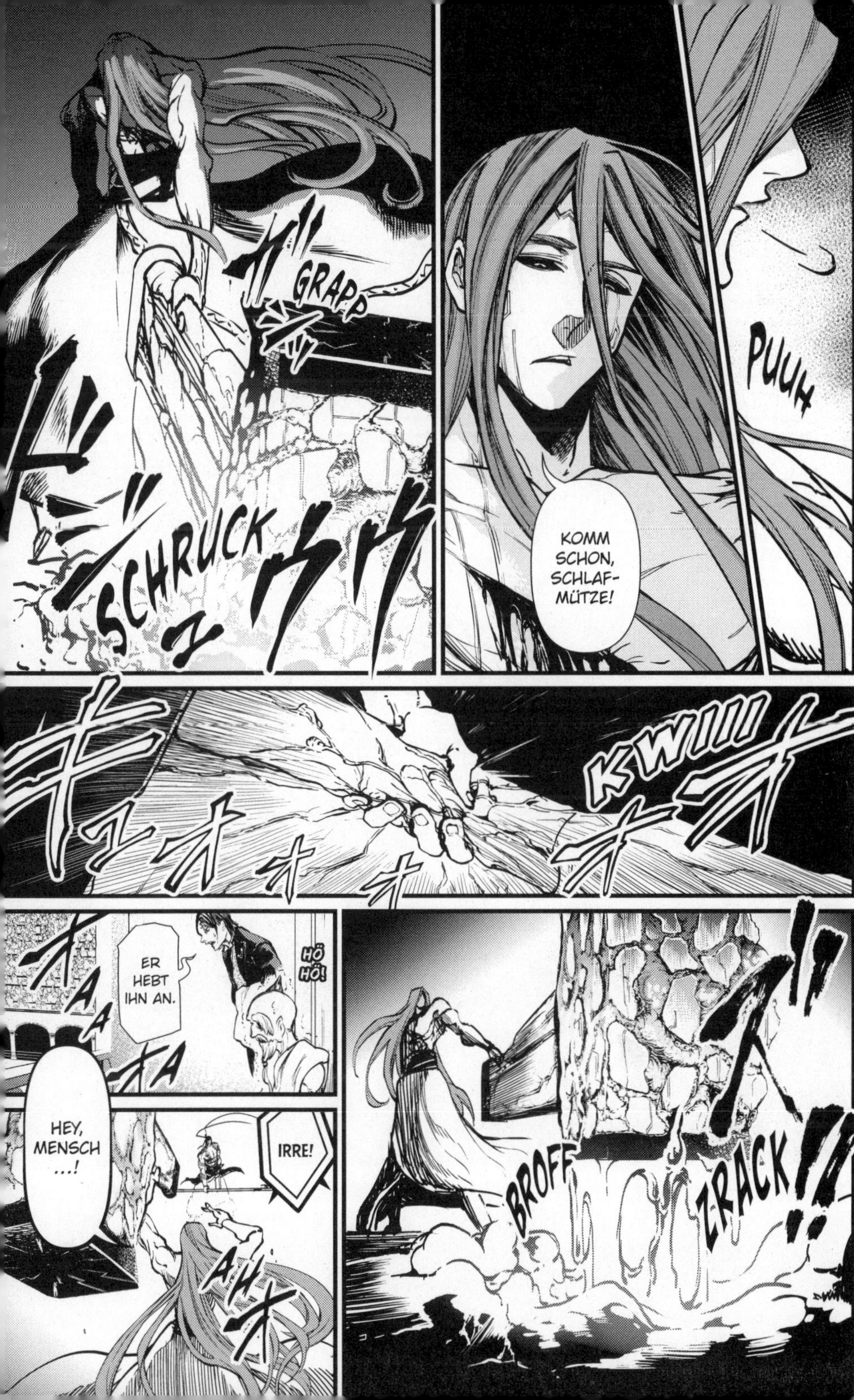
PUUH
KOMM SCHON, SCHLAF-MÜTZE!
GRAPP
SCHRUCK
KWIII
BROFF
ZRACK!!
HÖ HÖ!
ER HEBT IHN AN.
IRRE!
HEY, MENSCH ...!
AH

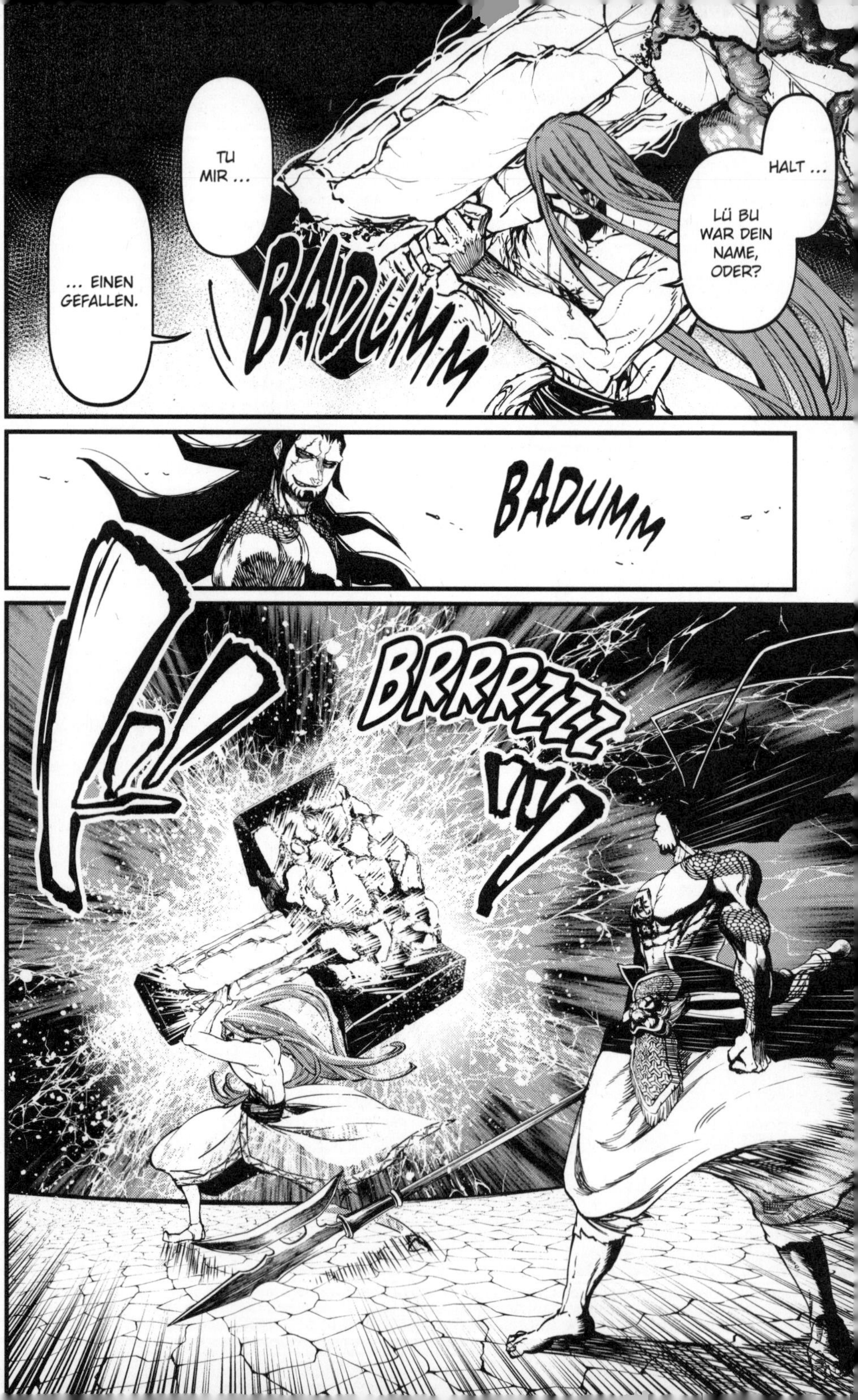
TU MIR …
… EINEN GEFALLEN.
BADUMM
HALT …
LÜ BU WAR DEIN NAME, ODER?
BADUMM
BRRRZZZ

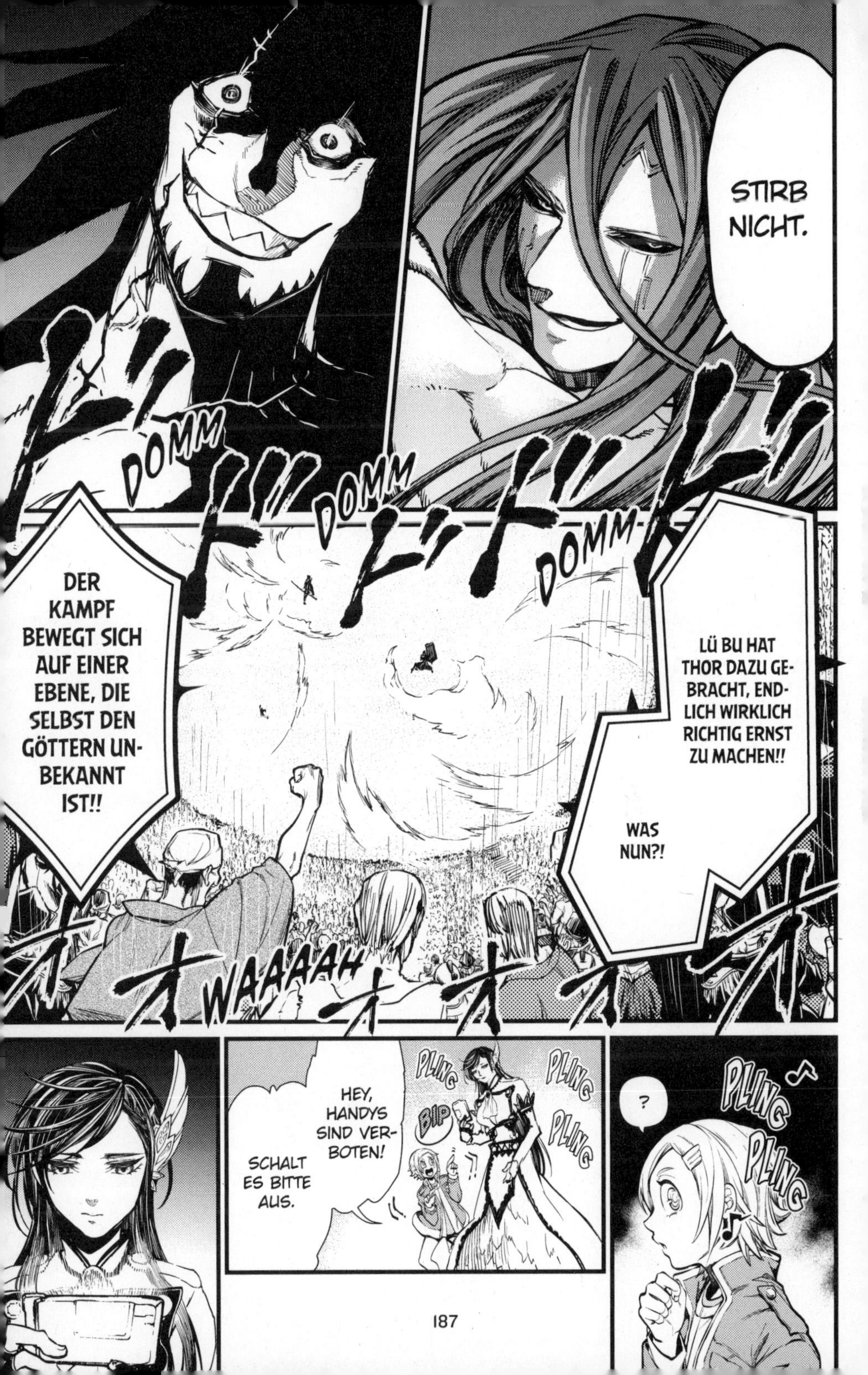
STIRB NICHT.
DOMM
DOMM
DOMM
LÜ BU HAT THOR DAZU GEBRACHT, ENDLICH WIRKLICH RICHTIG ERNST ZU MACHEN!!
WAS NUN?!
DER KAMPF BEWEGT SICH AUF EINER EBENE, DIE SELBST DEN GÖTTERN UNBEKANNT IST!!
WAAAAH
?
PLING
PLING
PLING
PLING
PLING
PLING
BIP
HEY, HANDYS SIND VERBOTEN!
SCHALT ES BITTE AUS.

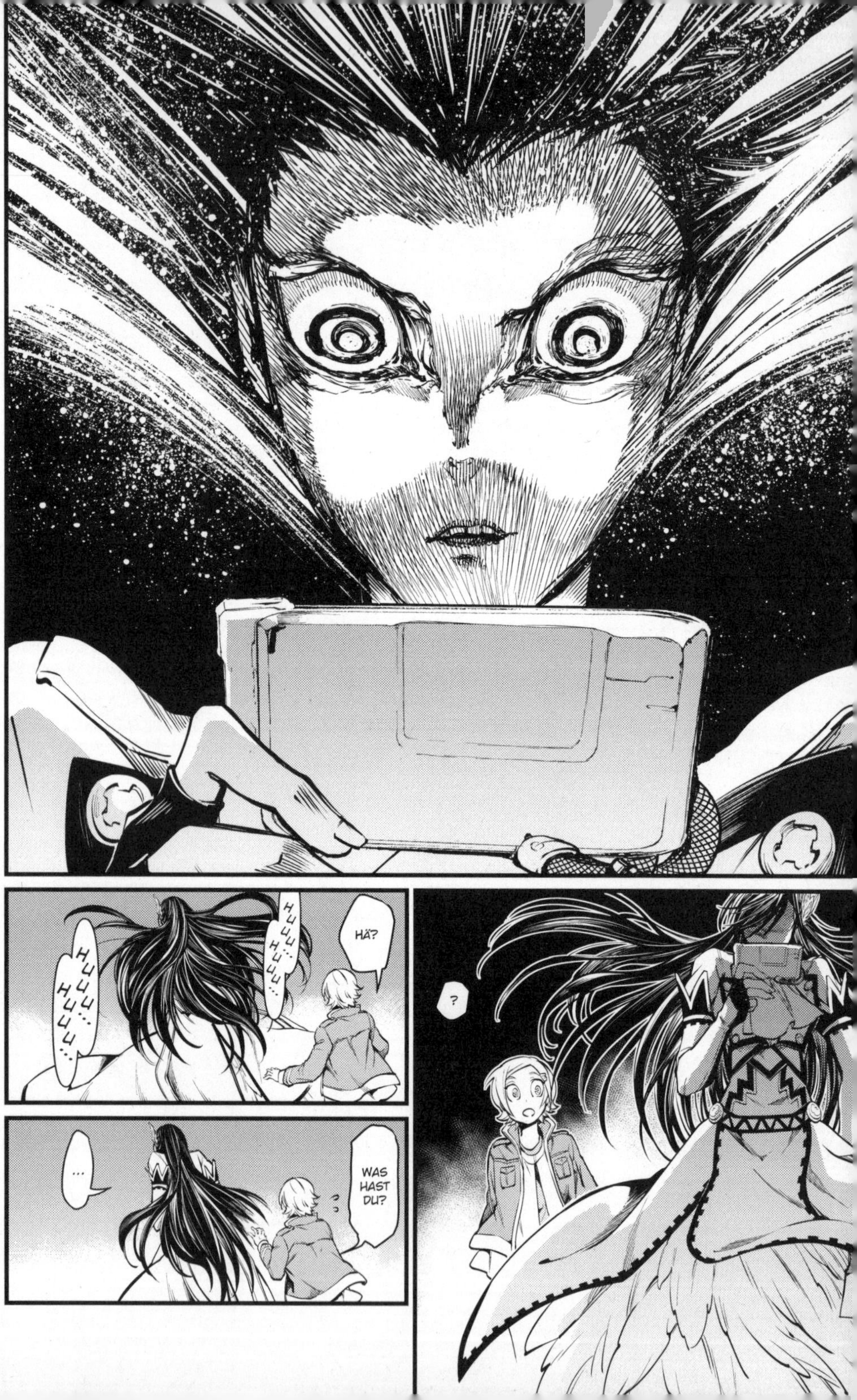
?
HÄ?
HUUU… HUUUU…
HUUU… HUUU…
WAS HAST DU?
…

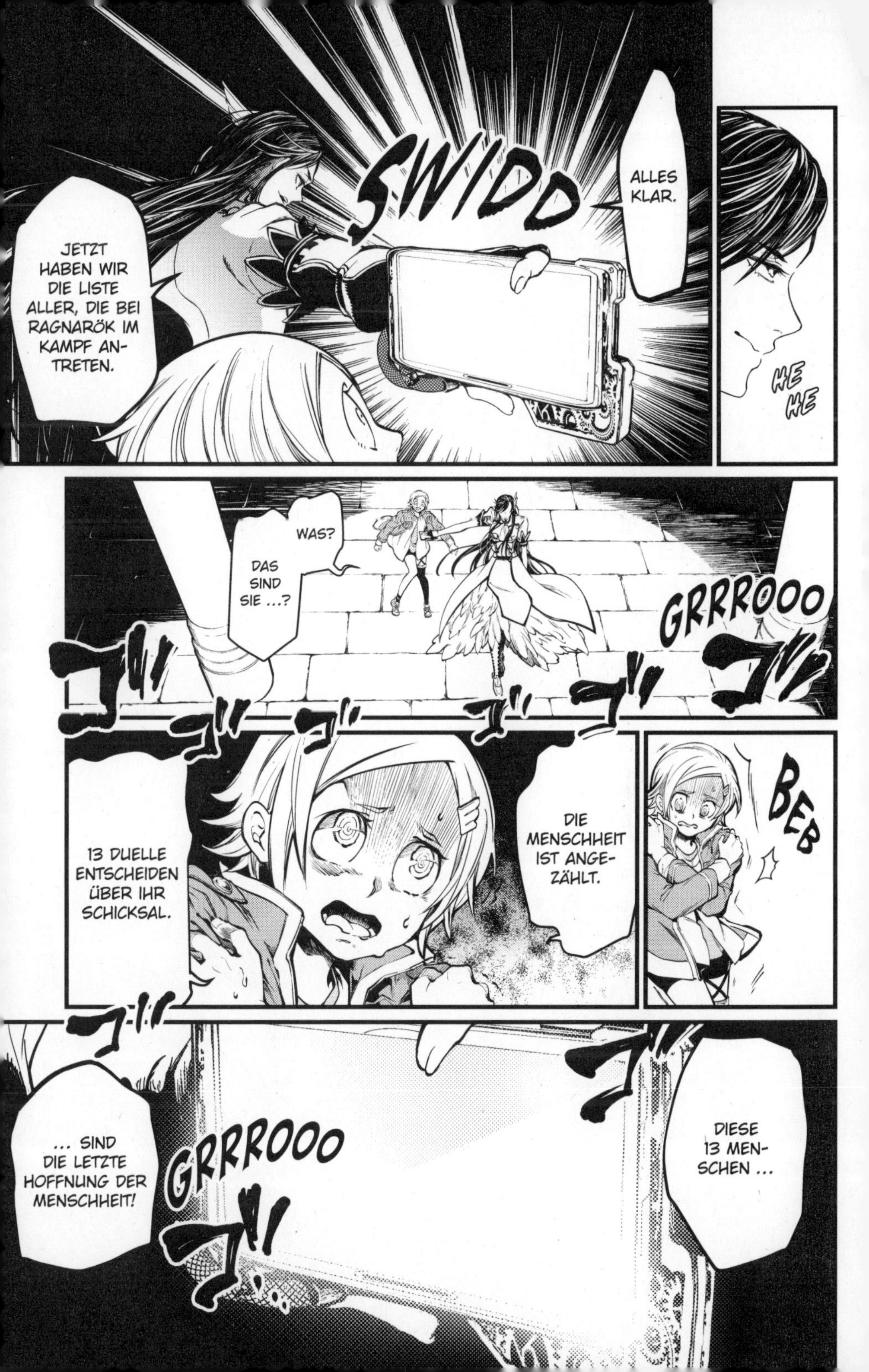
ALLES KLAR.
HE HE
SWIDD
JETZT HABEN WIR DIE LISTE ALLER, DIE BEI RAGNARÖK IM KAMPF AN-TRETEN.
WAS?
DAS SIND SIE …?
GRRROOO
BEB
DIE MENSCHHEIT IST ANGE-ZÄHLT.
13 DUELLE ENTSCHEIDEN ÜBER IHR SCHICKSAL.
DIESE 13 MEN-SCHEN …
… SIND DIE LETZTE HOFFNUNG DER MENSCHHEIT!
GRRROOO

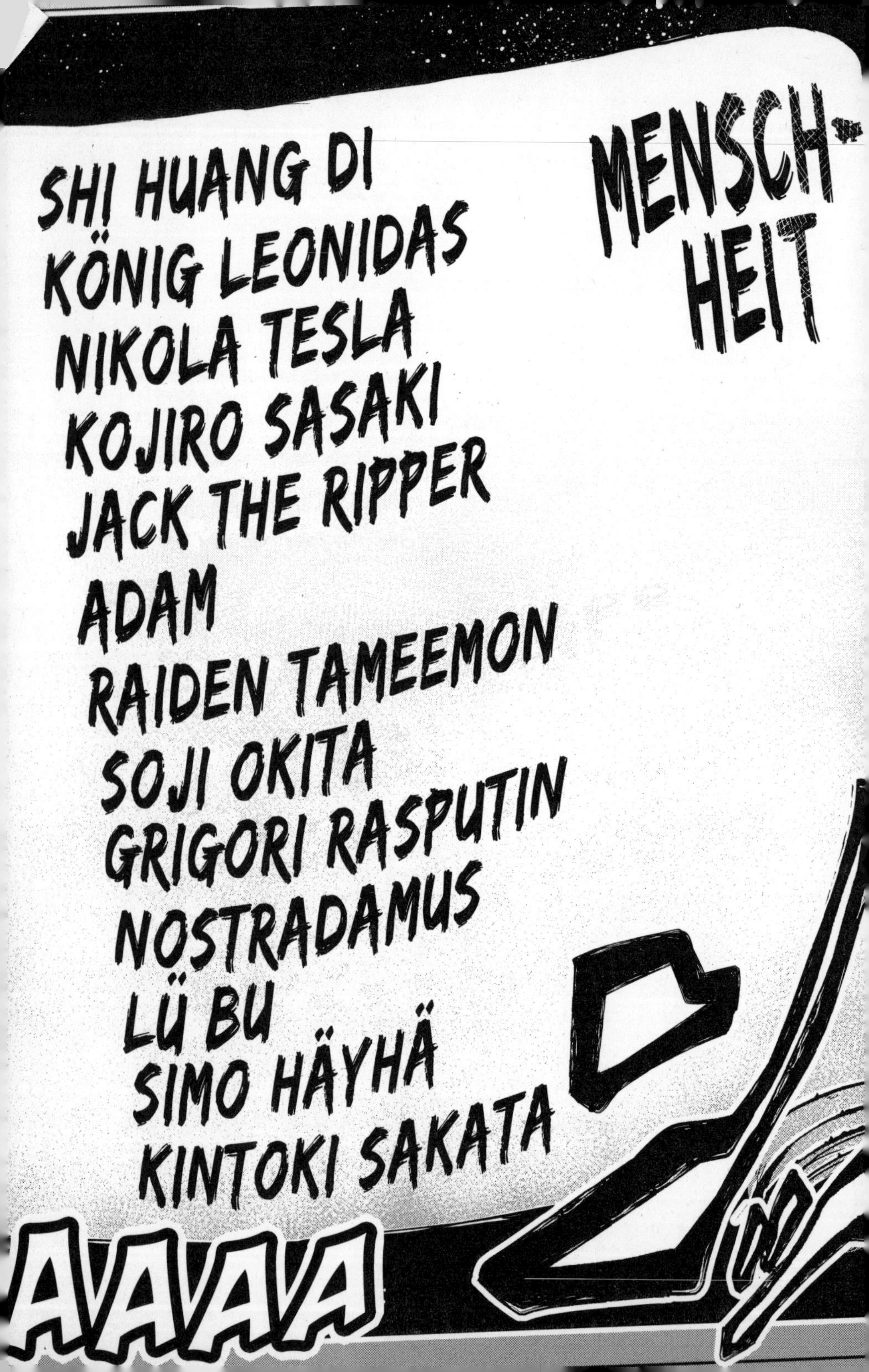
MENSCH-
HEIT
SHI HUANG DI
KÖNIG LEONIDAS
NIKOLA TESLA
KOJIRO SASAKI
JACK THE RIPPER
ADAM
RAIDEN TAMEEMON
SOJI OKITA
GRIGORI RASPUTIN
NOSTRADAMUS
LÜ BU
SIMO HÄYHÄ
KINTOKI SAKATA
AAAA

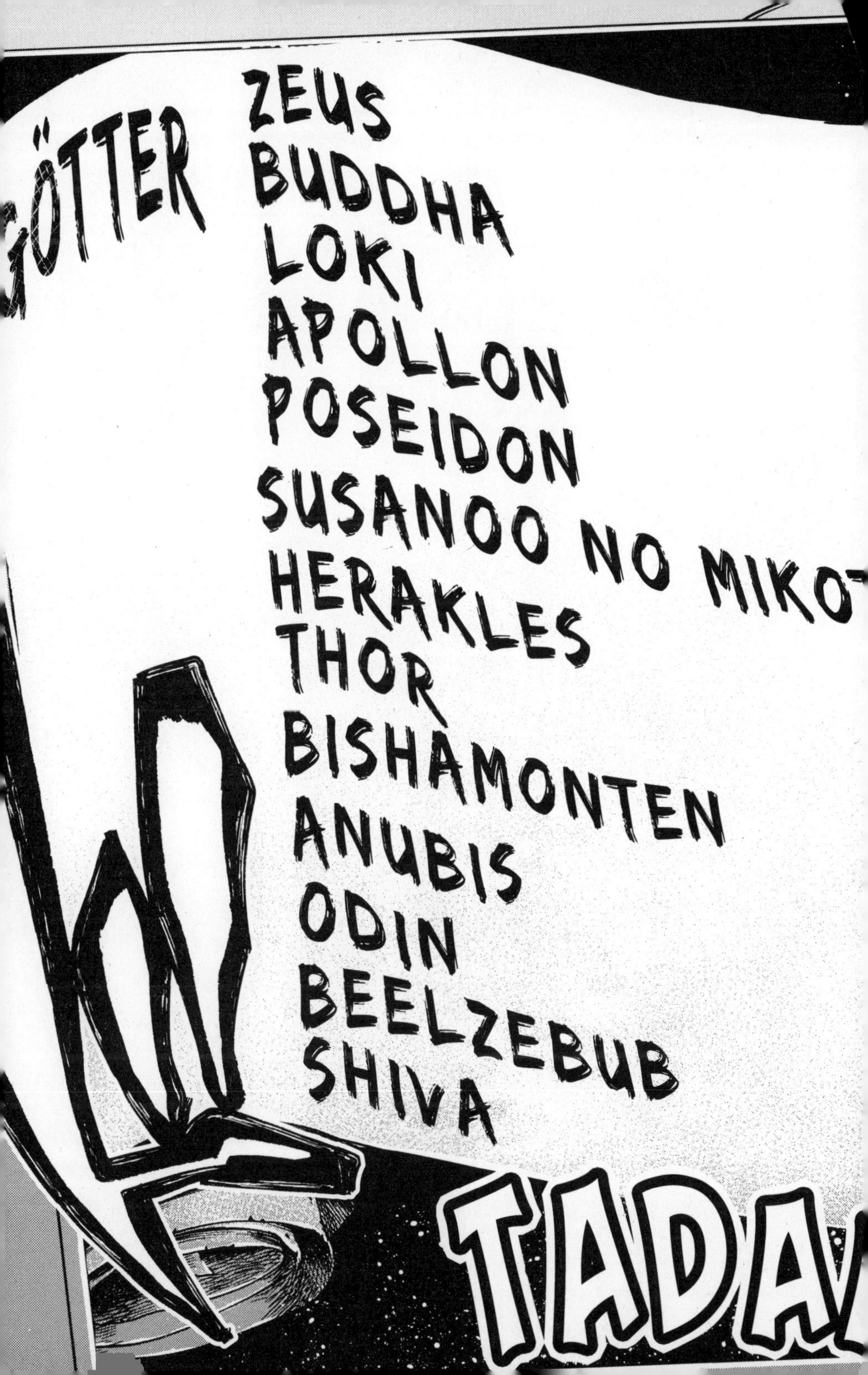
GÖTTER
ZEUS
BUDDHA
LOKI
APOLLON
POSEIDON
SUSANOO NO MIKO-
HERAKLES
THOR
BISHAMONTEN
ANUBIS
ODIN
BEELZEBUB
SHIVA
TADA

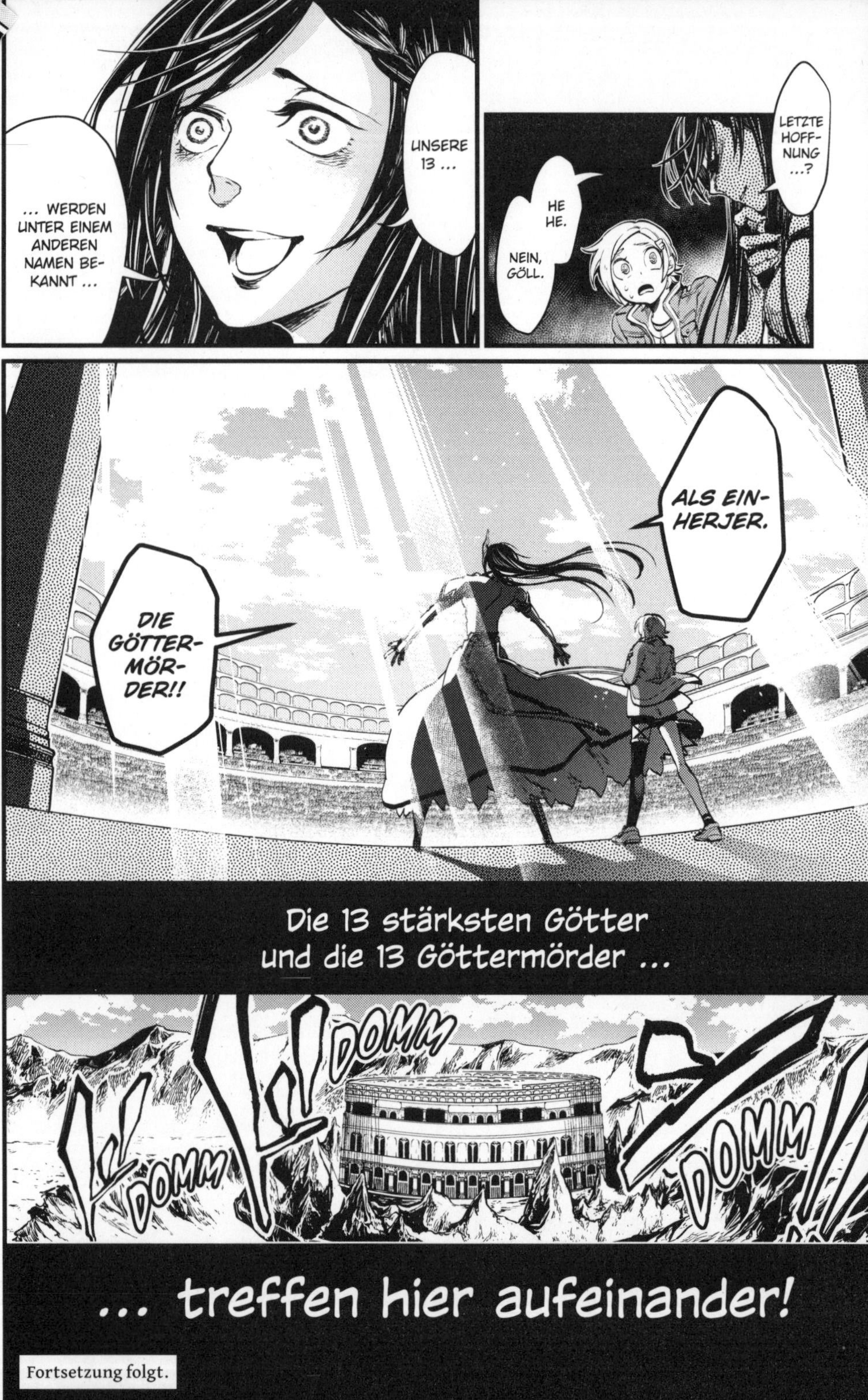
LETZTE HOFFNUNG ...?
HE HE.
NEIN, GÖLL.
UNSERE 13 ...
... WERDEN UNTER EINEM ANDEREN NAMEN BEKANNT ...
ALS EINHERJER.
DIE GÖTTERMÖRDER!!
Die 13 stärksten Götter und die 13 Göttermörder ...
DOMM
DOMM
DOMM
DOMM
... treffen hier aufeinander!
Fortsetzung folgt.

RECORD OF

RAGNAROK

STOPP!

STOPP! DIES IST DIE LETZTE SEITE!

RECORD OF RAGNAROK ist ein Manga, und einen japanischen Comic liest man von hinten nach vorne. Auch die Lesereihenfolge der Bilder und Sprechblasen auf den Seiten ist anders als gewohnt: von rechts oben nach links unten.

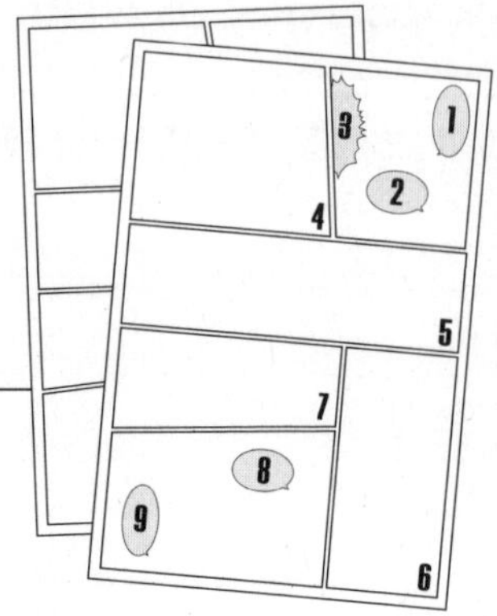

RECORD OF RAGNAROK 01

von

Azychika, Shinya Umemura, Takumi Fukui

2. Auflage, 2024
Deutsche Ausgabe/German Edition

Verlagsleitung: Andreas Mergenthaler & Luciana Bawidamann

Aus dem Japanischen von Christine Steinle

Programmleitung: Alexandra Grimsehl
Redaktion & Lektorat: Alexandra Grimsehl
Korrektorat: Denise Hedrich
Grafik/Produktionsleitung: Elke Epple
Layout und Lettering: Manga Cult, Datagrafix GSP GmbH, Berlin
Druck: GGP Media GmbH, Pößneck

Print-ISBN: 978-3-7573-0432-4

www.manga-cult.de | November 2024